빌로더(Bill-Roader)의 당구 에세이

구르는 공에 세월을 얹다

빌로더(Billiard Roader)의 당구 에세이

구르는 공에
세월을 얹다

정화 지음

추 천 의 글

직업 당구인이지만 이 책을 보니 더욱 즐겁게 당구를 쳐야 하겠다는 생각이 듭니다. _ 강지은(LPBA 프로)

당구가 단순한 오락 스포츠인 줄로만 알았는데 그냥 삶 그자체이네요. _ 김상아(LPBA 프로)

주말과 휴일에 아침부터 친구들과 치는 당구, 참 부럽습니다. _ 김세연(LPBA 프로)

당구에도 희노애락이 있다는 걸 이 책을 통해 새삼 깨닫게 됩니다. _ 마원희(PBA 프로/성남 파두스당구클럽 대표)

당구를 아무렇게나 치지 않고 상대를 배려하고 매너를 지키면 더 즐겁다는 걸 이 책을 통해 새삼 느끼게 됩니다. _ 백민주(LPBA 프로)

좋은 사람들과 행복한 당구를 즐기는 방법을 살짝 엿볼 수 있는 것 같습니다. _ 서한솔(LPBA 프로)

우리 선배들이 당구 치면서 살아가는 모습들이 고스란히 드러나 있

는 것 같아 좋습니다. _ 용현지(LPBA 프로)

예전 당구는 그냥 시간 보내는 게 주된 목적이었는데, 이 책을 통해서 보니 요즘 당구, 특히 3쿠션은 동호회를 중심으로 배우고 즐기려는 사람들이 많아진 것 같습니다. _ 이상용(PBA 프로)

행복하고 즐거워서 당구를 치는 것이 아니라 당구를 통해 행복과 즐거움을 찾아가는 모습들이 보기 좋습니다. _ 이종주(PBA 프로)

예전 당구장에 비해 요즘 당구장의 분위기는 남녀노소가 함께 즐기는 곳이라는 걸 이 책을 통해서도 알 수 있습니다. _ 임정숙(LPBA 프로)

당구장에서 당구 치는 것 외에도 이렇게 다양한 생각과 교류가 동반될 수 있다는 걸 실증하는 책인 것 같습니다.
_ 정성찬(분당 썬당구장 대표)

당구를 통해 친구들 간의 우정이 더욱 돈독해지는 것 같아 좋습니다.
_ 최원준(PBA 프로)

당구만 치는 게 아니라 인생을 살아가는 지혜와 교훈을 얻는 것 같습니다. _ 한지은(LPBA 프로)

프롤로그

6년 전쯤 당구를 치던 중 한 친구가 "골프는 새벽 일찍 나가면서 왜 당구는 아침에 치면 안 되지?"라고 했습니다. 나는 이 말에 공감하고서 아침 당구(조당)를 진행하기로 했습니다. 단골 당구장 사장과 얘기해서 주말과 일/공휴일 오전에 우리끼리 칠 수 있도록 양해를 구했습니다. 우리가 문도 열고, 공과 테이블도 닦으면서 1인당 1만 원씩 부담하는 조건이었습니다.

이렇게 우리 '덕패회'의 조당은 시작되었습니다. 처음 10명 남짓으로 시작했는데 지금은 30명의 회원이 조당을 즐기고 있습니다. 우리 덕패회는 대구 덕원고등학교 1기 졸업생이 주축이며, 후배들과 타 학교 선후배들이 일부 포함되어 있습니다.

아침 당구는 우리끼리만 즐기다 보니 생각보다 재미있고 당구 게임 이상의 친구들 간의 교류도 있었습니다. 이런저런 에피소드와 단상 그리고 소감을 글로 적어 우리 회원 단톡방에 공유하기 시작했습니다. 공감하는 사람들이 많았고, 글을 모아 책으로 발간하자는 의견이 나오기 시작하면서 본격적으로 책 출간을 염두에 두고 글을 쓰기 시작했습니다.

어떤 이는 그깟 당구 치면서 무슨 할 얘기가 많다고 책까지 낸다고 그러냐고 합니다. 막상 글을 쓰다 보니 한 달 전에 쓴 글이 아련해지고 벌써 추억이 됩니다. 글을 읽지 않으면 그런 일들이 있었는지조차 기억이 나지 않습니다. 고교 동창들끼리라서 그런지 당구 외적으로도 많은 일들이 일어났습니다. 당구 이야기라고는 하지만 그냥 나와 우리가 살아온 모습들을 정리한 것에 가깝습니다.

학창 시절 선생님으로부터 단체 기합을 받으면 당시엔 죽을 맛이었지만 지금은 그때를 떠올리며 웃을 수 있습니다. 행복한 것이든 괴로운 것이든 더 많은 일들이 있었을 텐데 기억이 나지 않습니다. 어릴 적이나 학창 시절의 이야기를 읽어보고 싶습니다. 누군가 그때 얘기를 해주면 기억이 떠오르면서 격하게 공감합니다.

이 글이 또 다른 많은 시간이 흘러 기억이 가물가물하더라도 함께 공감하며 그때를 추억하는 데 도움이 되기를 바랍니다. 많은 당구인이 당구장이라는 좁은 공간에서 때로는 외롭게 치는 당구이지만 비슷한 생각을 하는 사람들이 많아서 그리 외롭지 않다는 걸 느낄 수 있으면 좋겠습니다.

우리의 이야기를 주로 써 내려갔지만, 중간중간에 당구 매너나 당구 요령 그리고 당구에 담긴 삶의 지혜 등도 담겨 있습니다. 이 책을 통해 당구를 사랑하는 사람들은 당구를 더 많이 사랑할 수 있으면 좋겠고, 당구를 치지 않는 사람들은 당구에 관심을 가지게 되면 좋겠습니다.

이 글들에 담긴 주인공들을 소개합니다. 우리가 닮고 싶은 미래 모습 큰 형님 '터미 형', 신체 연령은 우리보다 어려 보이는 둘째 형님 '딸기 아빠', 무심한 듯 자상한 '동영', 초보지만 고수 향이 나는 '동환', 테이블을 뚫을 듯 신중한 '석완', 가까이하기엔 너무 먼 당구 '수령', 길이 없으면 밀어서 만드는 막내 '동국', 미소가 아름다운 '순재', 골치 아픈 게

없어 보이는 '빌킴', 왼손을 제일 잘 쓰는 '태드롱', 당구 신사 '큐드림', 말로 하는 당구 '광식', 일단 치고 보는 '기오', 당구 천재 '명진', 당구 도사 '서천DS', 스트레스 없는 당구 '윤기', 마음은 언제나 30점 '설', 자신감이 실력 '손', 이론은 고수 '조당9', 영원한 애당가 '재이그너', 스트로크 교과서 '여포', 목소리가 커서 슬픈 '정국', 힘을 파워로 '일월', 신중에 신중을 더하는 '태형', 허허실실 '태롱', 깻잎을 좋아하는 '오달', 후루크는 나의 편 '한Q', 부드러운 스트로크 '탐크루즈', 모든 샷이 굿샷인 '동균', 당구와 불가근불가원 '종재', 가까이하기엔 너무 먼 당구2 '병헌' 그리고 이 시간 외롭게 병마와 사투를 벌이고 있을 사랑하는 친구 '종훈', 그의 쾌유를 빌며, 모든 이들에게 이 책을 바칩니다.

2025년 4월
정화

차 례

4장 ┃ 당구에서 배우는 교훈

| 1장 |

아침에 만난 당구

당구장에서 골프 얘기,
골프장에서 당구 얘기

(2021. 10. 22.)

올해는 늦더위 때문에 단풍이 좀 늦어진다고 합니다. 아마도 다음 주면, 수도권도 단풍 구경이 가능하겠지요.

짬뽕을 먹다 보면 짜장면이 맛있어 보입니다. 월급쟁이는 개인사업자가 자유의지로 사는 게 부럽고, 개인사업자는 또박또박 나오는 월급쟁이의 월급을 부러워합니다. 직장인은 빨리 은퇴해서 주중 여행 다니고 싶고, 은퇴자는 아침에 일어나 갈 곳 있는 직장인을 부러워합니다.

당구장에서 당구를 치다가 인석이가 자전거 여행을 다니며 올리는 사진에 감탄하고, 자전거 타는 인석이는 춥지도 덥지도 않은 당구장에서 당구 치는 친구들이 부럽습니다.

여러분은 내가 하고 있지 않는 일, 남이 하는 일의 일면만 보고 그 모습을 부러워하고 있지는 않나요? 내가 하는 일과 놀이 그리고 내가 살아가는 모습에 만족하지 못하고 있는 사이 누군가는 그 모습을 부러운 시선으로 바라다보고 있을 겁니다.

당구 칠 때는 당구에 전념해서 즐기고 골프 칠 때는 당구 얘기 잠시 접고 골프의 재미를 만끽해 봅시다.

지금 나를 둘러싼 모든 환경은 최선은 아닐지 몰라도 시간이 지나면 추억이 되고 누군가 부러워하는 것들임은 분명하다고 생각합니다.

나의 선택을 믿고 마음은 현실에 두고 마음껏 이 가을을 느껴봅시다.

See You Tomorrow!

* 하수는 난구 연습할 시간에 기본 공 실수하지 않도록 연마해라.

당구가 다른 취미활동에 비해 좋은 점

(2022. 2. 11.)

이제는 코로나를 센 독감 정도로 받아들이려는 분위기입니다. 어찌 되었든 우리 회원 모두는 코로나에 대한 긴장감을 늦추지 말고 건강하게 당구를 즐길 수 있으면 좋겠습니다.

우리 나이에 즐길 수 있는 취미활동은 많습니다. 당구 외에도 골프, 탁구, 등산, 자전거, 낚시, 악기 연주, 바둑 등등. 이 가운데 우리가 즐기는 당구가 지닌 장점들을 살펴보겠습니다.

첫째, 비용이 상대적으로 많이 들지 않습니다. 골프에 비해 절대적으로 좋은 점이라 할 수 있겠지요.

둘째, 접근성이 좋습니다. 골프, 등산, 낚시 등에 비해 언제든 마음만 먹으면 생활근거지 주변에서 당구장을 쉽게 찾을 수 있습니다.

셋째, 경쟁을 통한 적당한 긴장감을 가질 수 있습니다. 다양한 게임을 통해 늘 적당한 긴장감을 가질 수 있어 자전거나 등산, 악기 연주 등에 비해 재미 요소가 많습니다.

넷째, 동료들 상호 간 교류 활동이 활발합니다. 늘 상대가 있어야 가능하며 개인전, 복식, 단체전 등을 통해 동료들 간 활발한 교류가 가능합니다. 낚시, 바둑, 자전거, 악기 연주 등에 비해 상대적으로 상호 간 교류가 많은 편이죠.

다섯째, 날씨의 영향을 덜 받으며 즐길 수 있습니다. 골프, 등산, 자전거 등 대부분의 실외 활동에 비해 실내경기이다 보니 악천후의 영향을 받지 않고 게임을 할 수 있어 좋습니다.

여섯째, 몸만 사용하는 것이 아니라 시스템 계산 등을 통해 적당히 머리를 사용합니다. 등산, 자전거 등 신체활동 위주로 하는 것에 비해 머리를 많이 사용해서 좋습니다. 물론 느낌으로만 치는 분들에게는 해당되지 않지만요.(웃음)

물론 당구가 좋은 점만 갖고 있는 건 아니지요. 자연과 함께 상쾌한 공기를 마시지 못하거나 신체적인 운동 효과가 덜한 부분들은 다른 취미나 운동으로 보강해 준다면 건강하고 슬기로운 당구 생활이 가능하지 않을까요?

* 마지막 1점은 첫 1점을 치듯이 쳐야 쉽게 마무리할 수 있다.

It's My Pleasure

(2022. 6. 28.)

장마가 본격적으로 시작되었네요. 태풍급 바람과 함께 비가 많이 예보되고 있습니다. 야외 활동에 주의하시길 바랍니다.

직장 다니면서 인생 제2막을 많이 고민하고 설계합니다. 귀농과 귀촌을 희망하기도 하고, 세계여행을 준비하기도 합니다.

내 사업을 본격적으로 시작하기도 하고, 자격증을 따서 평생직업을 추구하기도 합니다. 미루어 두었던 취미생활이나 운동을 하면서 지내는 삶을 꿈꾸기도 하지요.

다른 각도에서 지금까지의 삶을 뒤돌아보면 나와 가족을 위한 돈벌이 위주로 살아온 것이라 해도 과언은 아닌 듯합니다. 앞으로도 상당기간은 이런 기조로 살아가지 않을까 생각합니다.

하지만 이런 나의 삶이 내가 속한 사회와 공동체 없이 가능할 수 있을까요? 내 주변의 사람들과 사회 시스템에 어울려 살아가지 않으면 나와 내 가족을 위한 삶 자체가 불가능할지도 모르겠네요.

영어 표현에 "It's My Pleasure"라는 말이 있습니다. 우리말로 감사하다는 말에 대한 대답 표현 중 하나지요. 단순히 감사에 대한 사양하는 의미보다는 좀 더 적극적인 표현 같아 보입니다. 내가 속한 공동체 안에서 주변 사람들이 즐겁고 그 안에서나 또한 그 즐거움을 함께할 수 있으니 말입니다.

나의 인생 2막은 "It's My Pleasure"를 자주 표현하는 삶이 되도록 노력하고 있습니다. 나와 가족이 행복하고 이것으로 인해 주변이 함께 즐겁고 이 즐거움이 다시 나와 가족의 기쁨으로 다시 돌아온다면 그것이 바로 "It's My Pleasure"가 아닐까요?

덕패회 집행부의 일원으로 노력하면서 회원들이 즐거운 시간들을 보낼 수 있는 것 또한 "It's My Pleasure"이겠지요. 덕패회 회원 여러분 나에게 이런 'Pleasure'를 줘서 감사합니다.

* 홀컵과 2 목적구를 지나지 않는 골프공과 당구공은 영원히 성공하지 못한다.

우리가 당구를 즐기는 이유

(2022. 11. 17.)

오늘은 대학 수능일입니다. 예전 내가 대학 입학시험을 치를 때에는 우리 자식 세대에는 이렇게 힘들고 복잡한 대학 입학시험이 많이 좋아질 거라는 기대를 했습니다. 하지만 자식 때에 와서는 그 과정이 더 복잡해져서 남의 전문적인 도움을 받아야 할 정도로까지 악화되고 말았습니다. 우리의 미래 손주 세대 때는 이러한 과정들이 많이 좋아져 있을까요?

우리는 왜 당구장을 찾아 당구 게임을 즐기는 걸까요?

1. 저렴하게 시간을 보낼 소일거리

직장에서 퇴직하거나 주된 직업에서 은퇴하면서 주어진 많은 시간을 소화하기 어려워 시간 보내기 좋은 당구장을 찾는 경우입니다. 저렴하면서도 한 시간이 10분처럼 느껴질 정도이니 시간 보내기 참 좋지요.

2. 당구 실력 향상

프로당구도 출범하고 과거 중대에서 치는 4구와는 달리 스포츠로서의 면모도 갖춘 3쿠션 경기이기에 실력을 갖춰 아마추어나 프로 대회에 출전하기 위해 실력을 쌓는 경우이지요. 당구는 다른 스포츠와는 달리 나이 들어서도 경륜이 축적되면 실력이 늘어나기도 하기 때문에 불가능한 건 아니지요.

3. 친구나 선후배 간 교류를 통한 친분 쌓기

학교 졸업 후 소원했던 친구나 선후배들을 만나 당구 게임을 통해 친분을 돈독히 하고 삶을 공유하는 교류의 장으로 당구만 한 것이 없습니다. 당구만 치는 것이 아니라 골프, 등산 등과 같이 취미활동도 병행할 수 있으니 금상첨화이겠지요.

4. 스트레스 해소

직업이나 가족 등 일상에서 쌓인 스트레스를 해소하기에 당구는 적합한 스포츠라고 하겠습니다. 비용도 저렴하고 접근성도 좋아서 시간만 허락하면 언제든 당구장을 찾아 일상의 스트레스를 날려버릴 수 있으니 말입니다.

5. 노후 대비

노후에 혼자 보내는 시간이 많을수록 우울증이나 치매에 걸릴 가능성이 높다고 합니다. 나이가 더 들어서 당구에 입문하기보다는 지금부터 당구를 익혀 남들과 게임하는 데 지장 없도록 대비해 두면 나중에 사람들과의 교류에 많은 도움이 될 듯합니다.

6. 당구 사랑

당구 게임 자체가 너무 좋아 잠시라도 멀리하면 금단증상이 있을 정도로 당구를 즐기는 경우이지요. 적절한 시스템과 경험치로 축적된 감각이 만들어 내는 테이블 위의 공의 예술적 움직임 자체를 사랑하는 사람들이 여기에 해당하겠지요.

7. 운동의 일환

당구는 다른 스포츠에 비해 육체적인 운동 효과는 그리 높지 않습니다. 하지만 감각적인 훈련과 시스템 계산 등을 통한 정신적인 운동 효과와 테이블 주변을 지속적으로 걸으면서 하는 게임이다 보니 적절한 신체적 운동 효과도 기대할 수 있는 스포츠라고 할 수 있겠지요.

8. 그냥 소속감을 가지려

이 경우는 당구 게임을 그리 즐긴다기보다는 학교 동문들이 함께하는 모임에 속하고 싶어서일 겁니다. 당구는 구실일 뿐 친구나 선후배의 모임에 속해 있다는 것 자체에 의미를 두는 경우이겠지요.

덕패회 회원 여러분은 어느 경우에 해당하나요?

어떤 경우에 해당하더라도 당구장은 여러분을 반길 것이며 덕패회는 환영할 것입니다. 다만 위의 8가지 가운데 해당 사항이 많을수록 당구장을 찾는 빈도가 많아지겠지요.

오늘 자녀가 수능을 치르는 회원분들은 자녀가 답안지 줄만 맞춰 제대로 작성했다면 그걸로 대박이니 따뜻하게 안아주시길 바랍니다.

설거지를 하면서 배운 점

(2022. 12. 15.)

연일 한파가 기승을 부리고 있습니다. 다음 주 초까지는 영하 10도를 오르내리며 매서운 추위가 계속된다고 하니 보온과 건강에 유의하시길 바랍니다.

여러분들은 집에서 설거지를 해본 적이 있나요? 나는 작년부터 설거지를 하기 시작했습니다. 내가 설거지를 하기 전에는 그까짓 거 별거 아니라 대수롭지 않게 생각했던 것들이 많았습니다. 밥을 먹고 난 뒤 아무 생각 없이 잔반도 남기고 그릇과 수저도 지저분하게 두었습니다.

내가 설거지를 하다 보니 설거지하기 전에 먹다 남은 잔반 처리가 우선 힘든 일이었습니다. 식사 후 바로 설거지를 하지 않고 미루어 두었다가 하니 그릇과 수저에 음식물 찌꺼기들이 말라붙어 있어서 깨끗이 씻어 내기가 또한 힘들었습니다.

이후로 나는 식사를 하면서 잔반을 남기지 않기 위해 필요한 양만큼만 먹으려고 노력합니다. 식사 후에는 바로 설거지를 하거나 바로 하지 못하면 최소한 초벌 헹굼 정도는 해두거나 식기들을 물에 담가두어서 음식물 찌꺼기들이 식기에 말라붙지 않게 해둡니다.

최근 뉴스에 전체 고독사의 절반이 50, 60대 남성이라고 합니다. 이들 연령대에서 특히 고독사가 많은 이유 중 하나가 이들은 음식을 비롯한 가사 일에 익숙하지 않다는 거라고 합니다. 나는 얼마 전부터 빨래도 시작했습니다. 조만간 음식 조리와 요리도 배울 생각입니다.

우리는 가족을 사랑한다고 합니다. 부부가 처음 만나고 자식이 처음 생길 때에는 사랑하는 감정만으로도 상대의 부족한 점이나 야속하게 하는 행동들을 모두 이해하고 포용할 수 있었습니다. 그러다가 시간이 지나면서 상대를 배려하지 못하는 조그마한 행동이나 말 한마디로 큰 상처를 입기도 합니다. 가족이니까, 사랑하니까 모두 이해해 주겠지라는 생각은 더 이상 지속되기 어려운 듯합니다.

설거지하기, 화장실 휴지 보충하기, 음식물 안 남기기, 소변 튀지 않게 하기, 쓰레기 먼저 버리기 등등. 내가 직접 가사 일을 해보지 않으면 여전히 하찮은 사소한 것들이지만 직접 해보고 나면 상대에 대한 대단한 배려의 표현이고 행동들입니다.

덕패회 2기 집행부가 수고하기 시작했습니다. 자리가 사람을 만든다는 말도 있습니다. 다소 관심이 부족한 사람도 그 자리를 맡게 되면 자리가 주는 책임감과 사명감으로 인해 각별한 노력을 하게 됩니다. 우리 모두 한 번씩은 집행부 일을 하게 되겠지요. 설거지를 하는 마음으로 집행부를 응원하고 애정 어린 조언을 해주는 덕패회가 되었으면 합니다.

* 쿠드롱도 128강에서 탈락하고, 첫 진출자도 8강 이상 오르듯, 당구는 잘 맞는다고 우쭐할 필요도 없고 안 맞는다고 실망할 필요도 없는 운동이다.

당구장을 찾는 사람들

(2023. 1. 9.)

소한과 대한 사이가 보통 한겨울이라고 하는데 올해 한겨울은 일찌 감치 추위가 지나가서인지 예년에 비해 덜 춥네요. 대신 미세먼지가 연일 기승을 부리고 있습니다. 새해 첫날 1/365로 시작했는데 벌써 1/45이 지났습니다. 시간 참 빠르지요?

우리의 제2 아지트인 '캐롬고'와는 어제를 마지막으로 작별을 고했습니다. 대대 10대에 주차도 무리가 없고 제1 아지트와의 거리도 멀지 않으며 찾는 당구인들도 대부분 매너 좋은 분들이라 당구를 즐기기에 이만한 곳도 찾기 어려웠는데 더 이상 이용할 수 없어 많이 아쉽습니다.

예전 우리가 젊었을 때 4구 위주로 즐겼던 당구장을 찾았던 손님들과 요즘 대세가 되고 있는 대대 전용 당구장을 찾는 손님들과는 어떤 차이가 있을까요?

예전 4구 위주의 당구장은 매캐한 담배 연기 속에 동네에서 좀 논다(?) 하는 친구들의 놀이터였지요. '죽빵'(?)이라고 해서 돈이 왔다 갔다 하는 내기 게임도 많이 했고요. 직장인들은 술 한잔 후에 뒤풀이 삼아 시끌벅적하게 당구를 치다가 천을 찢어먹으면서 당구장 주인과 옥신각신하기도 많이 했던 것 같습니다. 대학생 가운데에는 조금 여유가 있는 친구들이 당구장을 주로 찾았고 상대적으로 그렇지 못한 친구들은 오락실을 전전하기도 했던 기억이 납니다.

요즘의 대대 전용 당구장을 찾는 사람들은 어떤 사람들일까요?

먼저, 프로당구인을 꿈꾸는 사람들입니다. 프로당구인 PBA가 출범하고 상금 규모도 커지면서 한때 당구 좀 친다 했던 사람들과 젊은 친구들은 프로리그에 진출하기 위해 당구장을 찾아 열심히 실력을 연마합니다. 예전엔 직업 없이 시간 소일 목적으로 주로 찾았던 당구장이 직업을 찾기 위한 훈련의 장으로 바뀐 것이지요.

두 번째, 당구 동호인입니다. 우리 덕패회가 여기에 해당하겠지요. 지역이나 당구클럽 혹은 학교 동문 등 당구를 좋아하는 다양한 인연의 사람들이 모임을 만들어 정기적으로 즐기는 방식입니다. 자체적으로 시합도 하면서 가장 활발하게 당구를 즐기는 군상들이라고 할 수 있겠습니다.

세 번째, 은퇴 후 소일거리를 찾는 사람들입니다. 베이비붐 세대가 은퇴하면서 이들이 젊은 시절 즐겼던 당구를 이제는 3쿠션의 형태로 즐기고 있습니다. 은퇴 후 고정소득이 줄어들면서 비용 대비 가성비가 좋은 당구장을 찾는 분들이 많아지는 것은 어쩌면 당연한 일인지도 모르겠습니다. 우리 덕패회는 단순 동호인 모임 이상으로 은퇴 후 소일과 교류의 성격도 동시에 지니고 있는 것 같습니다.

네 번째, 취미생활로 즐기는 사람들입니다. 본인뿐만 아니라 배우자 등 가족도 함께 당구를 즐기는 경우가 많아지고 있습니다. 예전 당구장 분위기라면 감히 엄두도 못 낼 일이지만 요즘은 젊은 여성분들이나 나이든 여성분들이 연인이나 가족끼리 와서, 함께 배우면서 즐기는 사람들도 종종 눈에 띕니다. 카페와 같이 깨끗하고 세련된 분위기를 갖춘 대대 전용 당구장에는 여성 당구인들의 비중도 점점 많아지고 있습니다.

다섯 번째, 그냥 지나던 길에 들르는 사람들입니다. 어느 당구장이나 이런 부류의 사람들은 있기 마련입니다. 특히 직장인들이 많이 찾는 곳 에는 아직도 예전 당구장의 분위기가 어느 정도 남아 있으면서 저녁 시 간에는 다소 시끌벅적합니다. 다소 외진(?) 곳에는 그냥 지나던 길에 들 르는 손님이 많지는 않지만 그래도 가끔은 당구장에서 지인과의 만남의 시간을 갖기도 합니다.

나는 우리 덕패회 회원이 아닌 분들과 종종 쳐 보았습니다. 우리 회원 끼리 칠 때와는 다르게 매너 있게 아주 진지한 것이 스포츠인으로서의 면모를 제대로 갖추고 있어 보였습니다. 아지트가 없어지고 나니 우리 회원들이야 매번 함께 칠 테지만 이들과의 스쳐 가는 인연도 조금은 아 쉬움이 남습니다. 비슷한 지역에서 단골 아지트를 찾다 보면 이들과 다 시 조우할 수도 있을 것 같습니다. 예전 큐당구장에서의 손님들을 이곳 '캐롬고'에서도 몇 분 만났듯이 말입니다.

당구장을 찾는 인간 군상들을 통해 내 삶을 위로받기도 하고 함께 치면서 동시대의 삶을 공유하기도 하며 만남과 헤어짐을 경험하기도 합 니다. 앞으로 새로 찾게 될 제2 아지트에서는 어떤 만남과 이별 그리고 인연이 이어질 지 벌써 기대됩니다.

* 당구 배치는 1cm의 차이로 기본 공이 되기도 하고 난구가 되기도 한다.

당신은 '행당가'인가요?

(2023. 2. 24.)

내일 아침은 영하로 떨어진다고 하지만 이제는 봄기운에 밀려 겨울 추위가 자리를 내주고 있는 것이 확실히 느껴집니다.

시합이 있는 날 조당에는 전체 32명 가운데 20명에 가까운 회원이 참가합니다. 하지만 시합이 없는 날에는 10명 내외의 회원만 참가합니다. 32명 회원이 하나같이 당구를 즐기는 상황이 아니다 보니 나타나는 현상인 듯 보입니다.

시합이 있는 날에는 평소 참가하지 않는 회원들도 덕패회 회원으로서 의무감 때문에 참가하거나 긴장감이 있는 경쟁에 동참해 보고자 하는 욕구 때문에 평소에 비해 많이 참가하는 것이 아닐까 생각합니다. 어쨌든 32명 회원 모두가 당구를 즐기는 상황과 방식이 다르기 때문에 다양한 방식의 시합이나 이벤트들이 동반될 필요가 있어 보입니다.

우리 회원들이 개인적인 상황이나 당구에 대한 열정 그리고 당구 수준 등이 각자 다르다 보니 당구에 임하는 방식도 다양하게 나타나고 있습니다.

먼저, '짬당가' 그룹입니다. 평소에는 생업이나 다른 취미활동 등으로 주로 시간을 보내다가 문득 당구가 생각나거나 다른 회원의 권유로 짬을 내서 가끔 참가하는 분들입니다. 이분들은 당구가 취미활동에서 1순위가 아니며 여러 소일거리 중 하나에 불과합니다. 당구 실력이 아직은 기대만큼 향상되지 않아 게임을 해도 그리 재미를 느끼지 못하는 분들이 아닌가 생각합니다.

두 번째, '투당가' 그룹입니다. 평소 당구 게임에서는 고만고만하게 당구를 즐기다가도 시합이 있거나 내기가 걸리면 다른 일정을 조정해서라도 참가해서 눈에 불을 켜고 덤벼드는 분들입니다. 이들의 특징은 기본 공에 충실하기보다는 난구나 뱅크샷 위주로 연마하는 투사의 모습을 보이고 있습니다.

세 번째, '조당가' 그룹입니다. 주말과 일요일 오전 조당 위주로 참가하면서 덕패회 회원으로서 기본적인 의무를 다하고 있는 모범적인 그룹입니다. 이분들의 특징은 당구가 취미생활 순위에서 상위를 차지하고 있으며 조금씩 성장해 가는 자신의 당구 실력에 만족해하면서 당구에 소소한 재미를 느끼고 있는 것 같습니다.

네 번째, '열당가' 그룹입니다. 주말과 공휴일 조당은 말할 것도 없고 평일 당구도 수시로 즐기면서 매치 게임이든 내기가 걸린 복식경기든 시합이든 닥치는 대로 개인 일정을 조정하면서까지 참가하는 분들입니다. 이분들은 집에서 당구 채널을 가장 많이 보면서 가족들과 채널 갈등을 자주 겪기도 합니다. 현실적으로 당구 실력 향상이 두드러지고 있으며 다른 지인들과의 만남에서도 당구 이야기를 많이 꺼내는 특징을 보이고 있습니다.

마지막으로 '애당가' 그룹입니다. 당구 구력이 오래될 뿐만 아니라 실력도 상급 수준에 있으면서 날짜와 장소를 가리지 않고 시간이 나면 수시로 당구장에 들러 당구를 즐기는 분들입니다. 하루에 10게임도 소화하는 '열당가' 그룹과는 달리 매번 3~4게임 정도 질리지 않도록 적당한 수준으로 조절하며 오래도록 당구와 함께하려는 진정 당구를 사랑하는 분들입니다.

　　각자 주어진 여건에 따라 당구에 대한 열정이나 즐기는 방식이 다양하게 나타납니다. 시간이 지나면서 즐기는 방식이 변하기도 하고요. 오래도록 당구와 동행하려면 당구로부터 느끼는 행복의 기준을 낮출 필요가 있어 보입니다. 의도한 대로 샷이 들어갈 때, 승패와 무관하게 평균 에버리지 이상을 칠 때, 반가운 친구와 오랜만에 게임할 때, 팁이나 그립을 새것으로 교체할 때, 만만하다고 놀리던 친구에게 승리를 거둘 때 행복을 느낄 수 있다면 진정한 '행당가'가 될 수 있겠지요.

* 뒤 돌리기와 옆 돌리기가 잘 되는 날은 '그분'이 온 날이다.

당구에 임하는 다양한 스타일

(2023. 3. 7.)

어제는 개구리가 긴 겨울잠에서 깨어난다는 경칩이었습니다. 경칩에는 개구리알을 먹으면 몸을 보한다고 해서 많이들 먹었다고 합니다. 또한 흙 일을 하면 탈이 없어진다고 해서 벽에 흙을 바르거나 담장을 쌓기도 했다고 합니다. 요즘은 흙벽이나 담장이 없어서 못 하겠지만 아스팔트나 시멘트 대신 흙을 한 번쯤 밟아보는 것도 좋을 듯합니다.

몇 해 전 대법원에서 판결 난 일제강점기 강제 징용 피해 배상을 일본 기업이 아닌 60년대 한일 청구권 협정으로 혜택을 입은 한국기업들이 대신 보상한다고 합니다. 과거에 발목 잡혀 미래를 포기해서도 한 되지만 과거에 대한 분명한 사과 없이 함께 가는 미래 또한 허상에 불과한 건 아닌지 생각해 볼 대목입니다.

우리 회원들이 당구 경기를 하면서 하는 언행들은 참으로 다양합니다. 물론 매너를 지켜야 하는 일반인들과의 경기에서는 상대의 샷에 방해가 되는 일체의 언행은 하지 말아야 하지만 우리 회원들끼리는 적절한 언행을 통해 재미를 배가시키고 있는 것이 현실입니다.

먼저, 묵묵히 치는 스타일입니다. 상대가 어떤 말이나 행동을 취해도 대꾸나 흔들림 없이 자기만의 샷을 구사하는 분들입니다. 이들은 대체적으로 멘탈이 강한 편이라 집중을 필요로 하는 시합 등에서 강한 면모를 보이는 경향이 있습니다.

끊임없이 지껄이는 스타일도 있습니다. 이런 분들은 성공하면 성공한 대로, 실패하면 실패한 대로 그 이유들을 상대가 듣든 말든 매번 언급합니다. 누가 물어본 것도 아닌데 짧았다, 길었다, 두꺼웠다, 얇았다 등등. 심지어는 상대의 샷에 대해서도 분석해 줍니다. 이러한 분들은 산만해서 큰 시합에서는 자칫 실력 발휘를 못 하는 경향을 보이기도 합니다.

상대 샷에 대해 너무 과한 찬사를 보내는 분들도 있습니다. 스트로크가 되고 나서 비슷하게만 출발하면 일단 '굿샷'이라고 외칩니다. 공타 없이 연타를 한두 번 치거나 하이런을 한번 치기라도 하면 그때는 수지를 올려야 되겠다거나 실력이 많이 늘었다는 등 칭찬을 남발합니다. 이런 경우 상대는 여지없이 무너집니다.

자신에 대해 지나치게 자책하는 스타일도 있습니다. 자신의 샷이 실패하거나 키스가 나면 자신은 멍청이이거나 당구가 자신에게는 맞지 않는 스포츠라고 하면서 연신 질책합니다. 그리고 과한 말과 행동으로 그 잘못된 샷을 지적합니다. 다소 다혈질의 성격을 지닌 분들이 아닌가 생각됩니다.

너무 성급하거나 너무 신중하게 셋업에 들어가는 분들도 많습니다. 공이 미처 멈추기도 전에 큐볼 앞에 가서 스트로크 자세를 취하는 분들입니다. 이분들은 상대에게 성의 없이 치는 걸로 보입니다. 반대로 기본 배치 공조차 테이블 주위를 돌아다니면서 신중에 신중을 기해서 샷을 구사하는 분들도 있습니다. 이분들의 지나친 지연 플레이는 상대의 리듬을 잃게 만들기도 합니다.

이 외에도 상대 샷이 궁금해서 자리에 앉지도 않고 서서 지켜보는 사람, 상대가 샷을 하는 중에 매번 휴대폰을 확인하는 사람, 상대의 경기를 지켜보기보다는 다른 테이블 경기에 관심이 많은 사람, 경기 중에 레슨하려고 하는 사람 등등 참으로 다양한 군상들이 존재합니다. 적절한 재미가 가미되는 양념 같은 언행 외에는 역지사지의 마음으로 자신의 언행을 되돌아보면 어떤 것이 매너 있는 언행들인지 답이 있지 않을까요?

* 축구공은 둥글어서 성패에 변수가 많다지만 당구 테이블 위에는 둥근 당구공이 세 개나 된다.

몰입과 싫증 사이

(2023. 5. 15.)

오늘은 스승의 날이네요. 요즘은 아이들에게 꿀밤 한 대 줘도 아동학대로 고소당한다고 합니다. 스승 노릇하기도 참 조심스러운 시절입니다. 오늘을 핑계 삼아 스승님께 한 번쯤 안부 전화를 드리면 어떨까요?

한 분야에 전문가가 되려면 1만 시간을 투자해야 한다는 말이 있습니다. 이 시간은 매일 하루 3시간씩 10년 정도에 해당합니다. 우리가 살면서 한 분야에 이 정도의 시간을 투자해서 전문가의 소리를 듣기란 쉽지가 않습니다. 실제로 이 정도의 시간 투자와 노력을 기울였다면 진정으로 전문가로서 존중받을 만한 가치가 있는 거겠지요.

대부분의 사람은 한 분야에 어느 정도 전념하다가 지겹다거나 적성에 맞지 않다는 등의 이유로 도중에 그만두는 경우가 많습니다. 반대로한 분야에 우직할 정도로 몰입하여 일정한 성과를 거두는 경우도 있습니다. 전자의 사람들은 후자의 사람들을 부러워하기도 하지요.

당구는 어떤가요?

당구는 다른 스포츠와는 달리 몸과 머리가 함께 숙달되어야 어느 정도의 경지에 도달하는 스포츠에 해당합니다. 머리로 연구만 한다고 되는 것도 아니고 무턱대고 공만 때린다고 잘 맞는 것도 아닌 것 같습니다. 적당한 이론적인 연구와 물리적인 시간 투자가 합해져야 노력에 비례하여 성적이 좋아지는 것이 아닌가 생각합니다. 두 가지를 병행하지 않으면 실력 향상이 더딜 뿐만 아니라 쉽게 지겨움을 느끼기도 하는 듯합니다.

이러한 노력 못지않게 당구에 지속적인 관심을 갖고 오래 몰입할 수 있으려면 당구에서 일정한 가치를 찾을 수 있어야 하겠습니다. 단순 소일거리로 생각한다면 일상에서 후 순위로 밀려 자주 당구장을 찾기 어려워집니다. 당구장에서 친구들과 교류한다든지, 언제까지 일정 수준으로 실력을 높인다든지, 외부 전문대회에 출전한다든지 하는 목적이 있다면 더 오래도록 당구에 전념할 수 있겠지요.

우리가 일상에서 한 분야에 집중하는 것 역시 마찬가지 아닐까요? 특별히 할 것이 없으니, 이것에 집중한다는 정도로는 그 집중의 시간이 그리 오래 유지되기가 어려울 것입니다. 사소한 것에도 의미를 부여하고 가치를 찾을 수 있어야 오래 집중할 수 있을 듯합니다.

거리를 청소하는 사람의 경우 할 일이 없으니, 이거라도 하자는 마음으로는 1년도 채 넘기기 어려울 겁니다. 내가 깨끗이 청소하는 이 길로 많은 사람들이 기분 좋게 걸어갈 수 있어서 뿌듯함을 느낄 수 있는 의미나 가치를 부여할 수 있다면 어떨까요? 지겨움이나 싫증 같은 감정은 의미나 가치가 배제된 상황에서 생기는 것 같습니다.

의사, 변호사, 사업가와 같은 고소득 직업군에 종사하는 사람들도 직업 자체에서 의미와 가치를 찾지 못하면 힘든 일을 오래 유지하지 못합니다. 돈벌이라는 일부 목적을 달성할 수 있으니, 상대적으로 오래 견딜 수는 있겠지만 지겨움이나 싫증 같은 감정은 떨쳐내기가 쉽지 않겠지요.

우리 회원 중 최근에 열심히 당구장을 찾으며 월 70게임 정도를 소화한 분이 당분간 당구를 쉬겠다고 선언했습니다. 다른 생업이 바빠서일 수도 있고, 머리를 복잡하게 하는 이슈가 생겨서일 수도 있을 겁니다. 하지만 이런 이유라면 당구장 방문 횟수를 줄여나갈 수도 있을 텐데 굳이 휴식 기간을 갖겠다고 했을 때에는 다른 이유가 있지 않을까요?

당구와 밀당하다가 이별하는 우는 범하지 않으면 좋겠습니다. 그 이유가 어떻든 당구를 더 즐기는 방법을 찾아 친구들과 우애를 돈독히 할 수 있는 계기가 되면 좋겠다는 바람을 가져봅니다.

* 경기 도중에는 어떤 것이든 상대 샷에 대해 평하지 마라.

슬기로운 당구생활 #1

(2023. 9. 8.)

　오늘은 이슬이 내린다는 백로입니다. 어릴 적 아침 식전에 아버지 심부름으로 논에 물 보러 갔다 오면 풀잎 이슬 때문에 바지 밑이 흠뻑 젖어서 돌아왔던 때가 생각납니다.

　애인과 사랑에 빠지면 매일 보고 싶고 만나면 헤어지기 싫어서 우리는 결혼하게 됩니다. 그런데 결혼하고 나서 일정 시간이 지나고 나면 연애 시절의 간절한 만남보다는 가족 구성원의 일원으로 서로를 보게 됩니다. 50대 이후에 직장 때문에 주말부부를 하게 되면 전생에 나라를 구했을 거라고 합니다. 매일 보는 부부관계로 인해 서로 싫증이 날 무렵 떨어져서 살면서 가끔 데이트하는 기분으로 만날 수 있으니 이런 이야기가 나오는 것 같습니다.

　아무리 맛있는 음식도 몇 끼를 계속 먹으면 질리게 되어 그 맛이 이전만 못하다고 합니다. 그래서 음식의 맛을 즐기는 사람들은 똑같은 음식을 두 끼 이상 연속으로 먹지 않는다고 합니다. 물론 맛에 민감하지 않은 나 같은 사람은 여러 끼 같은 음식을 먹어도 상관없지만요. 음식의 맛을 즐기는 사람들은 직장에 출근하면 오늘은 무슨 음식을 먹을까 하면서 메뉴를 선택하는 재미를 즐긴다고 합니다. 반대로 나 같이 맛을 제대로 느끼지 못하는 사람들은 매일 메뉴 골라 먹는 것이 번거롭고 귀찮은 일로 받아들이기도 하지요.

여행 다니는 걸 좋아하는 사람도 여기저기 그냥 구경만 하면서 자주 다니면 얼마 안 가서 여행이 재미없어진다고 합니다.

그래서 국내뿐만 아니라 해외 할 것 없이 여러 곳을 여행지로 택해서 다니지만 처음 다닐 때만큼 신선함이나 호기심을 유발하지는 못하는 것 같습니다. 하지만 유적지 기행이나 맛집 탐방 등과 같이 여행에 일정한 테마를 가미하면 그 재미와 가치는 훨씬 배가된다고 합니다. 이것도 하기 어려우면 여행을 너무 자주 다니지 말고 가끔 다니는 것도 싫증 없이 여행을 즐길 수 있는 방법 중 하나가 아닐까 생각합니다.

우리가 좋아서 즐기는 당구도 마찬가지 아닐까요? 당구를 치다 보면 1시간이 금방 지나갑니다. 매표소에서 내 순서를 기다리며 보내는 1시간과 비교하면 체감 시간의 차이는 엄청나지요. 이렇게 치다 보면 반나절이 금방 지나갑니다. 시간의 흐름이 아니라 배가 고픔을 느끼기 때문에 시간이 많이 흘렀다는 걸 알 수 있을 정도니까요.

조당이 있는 날에는 아침 9시부터 저녁 10시까지 당구를 치는 경우도 더러 있습니다. 이렇게 하루 종일 치는 날에는 게임을 하는 동안에는 못 느끼지만 마치고 집에 돌아가면 피곤이 몰려오고 무릎과 허리도 아픕니다. 당구 경기가 상대적으로 운동량이 적어서 가볍게 즐길 수 있는 운동 중 하나이지만 이렇게 하루 종일 치면 1만 보를 걷는다고 하니 여기저기 아플 만도 합니다.

내가 느끼는 하루 적당한 게임 수는 4게임 정도인 것 같습니다. 배우는 목적으로 연습하지 않을 바에는 이 정도의 게임 양이면 적당하지 않나 생각합니다. 4게임 정도 치고 나면 아쉽기는 하지만 몸도 가볍고 다음 날에도 게임을 칠 수 있는 여력이 생기는 것 같습니다. 개인전과 내기가 걸린 복식경기까지 포함해서 한나절을 치고 식사 시간에 반주까지 걸치고 나면 녹초가 되어 다음날 당구 게임은 엄두도 못 내는 경우가 많습니다.

당구 모임에 자주 나오지 못하는 회원의 경우에는 한 번 나올 수 있을 때 뿌리(?)를 뽑을 수는 있겠지만, 자주 나오는 회원들이 이렇게 무리를 하게 되면 다음번 당구 게임에 지장이 생기는 경우가 있는 것 같습니다. 설령 한나절을 치게 되는 경우도 중간중간 쉬어가면서 치는 것도 현명한 방법이 아닌가 생각합니다.

당구를 너무 좋아해서 매일 많은 시간을 게임과 연습을 하면서 시간을 보낼 수도 있겠지만, 이런 경우도 시합에 출전한다거나 프로선수로 입문하려는 경우가 아니면 쉽지 않을 거라고 생각합니다. 우리와 같은 동호인 모임에서 당구를 오래도록 즐기려면 한 번에 너무 무리하기보다는 적당한 게임 양으로 크고 작은 시합도 즐기면서 몸에 무리가 되지 않을 정도로 치는 것이 좋겠습니다.

최소 80세까지는 당구를 칠 수 있도록 가늘고 길게 슬기로운 당구 생활을 즐겨야겠습니다.

* 멀리 있는 목적구는 얇게 맞추려 하기보다는 당점 조절을 통해 넉넉하게 겨냥하는 것이 좋다.

추억놀이와 당구

(2023. 10. 17.)

무척 추워졌습니다. 가을인가 했는데 벌써 겨울이 온 건 아닌지 걱정이네요. 가을이 서둘러 밀려나기 전에 가을을 즐겨야 하겠습니다.

요즘 어린아이들은 컴퓨터와 휴대폰으로 놀이 시간의 대부분을 보냅니다. 하지만 우리가 어렸을 때는 이런 첨단 도구들이 없다 보니 자치기, 딱지치기, 팽이치기, 구슬치기 등의 놀이를 하면서 흙 위에서 뒹굴었습니다. 당구를 치다 보면 이런 어릴 적 놀이에서 경험했던 것들을 나도 모르게 소환하게 됩니다. 밀어치기, 끌어치기, 롱 팔로우, 쇼트 팔로우 등의 기술을 구사하다 보면 언젠가 한 번쯤은 시도해 봤음 직한 기분을 느끼게 됩니다.

자치기는 '채'라고 불리는 긴 막대와 양쪽 끝을 뾰족하게 깎아 만든 '알'이라고 하는 도구로 놀이하는 게임입니다. 채로 알의 한쪽 끝을 쳐서 공중으로 튀어 오른 것을 다시 채로 힘껏 쳐서 멀리 보내는데, 이때 보낸 거리를 채로 재어서 점수로 삼기 때문에 '자치기'라고 불립니다.

채의 무게를 잘 활용하여 한쪽 끝을 스냅샷으로 잘 때려야 알이 제대로 튀어 올라 멀리 보낼 수 있는 원리입니다. 당구에서 큐대를 세게 잡지 않고 큐대의 무게를 활용하여 스트로크를 해야 당구공이 충분히 굴러가는 원리와 상통하는 게 아닌가 생각합니다. 채를 너무 세게 잡고 힘으로만 알을 때리면 그 알이 제대로 튀어 오르지 못해서 멀리 보내지 못하듯이 당구 큐대 역시 너무 세게 잡고 샷을 하면 공에 큐대의 무게와 힘이 충분히 전달되지 못해 구름이 약해지는 것과 같습니다.

딱지치기는 못 쓰는 달력이나 종이로 만든 납작한 딱지로 상대의 딱지를 때려 뒤집기에 성공하면 상대의 딱지를 따먹게 되는 게임입니다. 이 역시 그냥 힘으로만 때리면 딱지가 납작해서 잘 넘어가지 않습니다. 내 딱지의 무게를 그대로 전달하면서 상대 딱지에 가하는 충격을 최대한으로 하기 위한 스냅 스윙을 잘해야 합니다. 아니면 상대 딱지와 바닥 사이의 빈틈을 파고들어서 뒤집을 수 있는 정교함이 있어야 합니다.

딱지의 무게를 살리고 여기에 스피드를 가해서 적당한 충격을 만들어 내는 스냅 스윙을 잘하는 자만이 딱지를 딸 수 있습니다. 상대의 딱지를 뒤집을 것인지 넘길 것인지에 따라 그 방식을 달리 해야 합니다. 이는 큐대의 무게와 스피드를 적절히 조합하는 당구의 스트로크 방식에 그대로 적용될 수 있습니다. 목적구와 내 큐볼의 움직임을 컨트롤하기 위해 쇼트 소일거리와 롱 팔로우를 적절히 구사하듯이 말입니다.

팽이치기는 얼음판 위에서 채로 팽이를 때려 오래 돌리는 놀이입니다. 채로 팽이를 무조건 때린다고 팽이가 돌아가는 것이 아니라 팽이의 옆면을 제대로 때려야 팽이의 회전력이 좋아집니다. 당구에서도 내 큐볼의 팁을 최대로 하고 목적구와 테이블의 충격을 적절히 활용해야만 회전력이 좋아집니다. 무조건 강한 힘으로 때린다고 회전력이 좋아지는 것은 아닙니다. 큐볼의 팁과 테이블과의 충격 그리고 목적구와의 부딪침 등의 조합이 잘 되어야만 최대의 회전력을 살릴 수 있는 것입니다.

구슬치기는 여러 가지 방식이 있지만 그중에 내 구슬로 상대의 구슬을 맞춰서 홀에 집어넣으면 따 먹는 방식이 있습니다.

이는 포켓볼과 직접적으로 관련되지만 3쿠션에서도 제1 목적구를 컨트롤하기 위해 필요한 기술입니다. 상대 구슬을 항상 직선으로만 보내지 않고 여러 각도로 보낼 수 있어야 하듯이 3쿠션에서도 충돌을 피하기 위해 1 목적구를 다양한 각도로 보낼 수 있어야 합니다.

그 외에도 굴렁쇠나 훌라후프를 역으로 강하게 돌려 되돌아오게 하는 기술은 당구의 끌어치기나 되돌려 치기에 적용될 수 있는 기술입니다.

우리 세대가 은퇴하면서 다시 당구장을 찾게 되는 이유는 여러 가지가 있을 수 있습니다. 우선 무리한 체력을 요구하지 않는다는 점과 게임비용이 경제적이라는 점 그리고 젊은 시절 많이 즐겼다는 점 때문이겠지요. 하지만 이에 못지않게 우리의 감각과 근육이 만들어지던 어린 시절에 즐겼던 여러 가지 놀이에서 사용된 기술들이 당구에 직간접적으로 응용되고 적용되면서 친숙하게 느껴지기 때문이 아닐까 생각해 봅니다.

* 시스템을 알아야만 고점자가 되는 것은 아니지만, 고점자들은 대부분 시스템을 알고 있다.

슬기로운 당구 생활 #2

(2024. 2. 6.)

올겨울의 마지막일 듯한 눈이 내렸습니다. 예전엔 눈이 내리면 첫사랑도 생각나고, 닥터 지바고와 러브스토리의 한 장면을 떠올리곤 했는데, 요즘은 길이 미끄러우니 당구장에서 당구나 치면 좋겠다는 생각이 먼저 듭니다. 어쩌다 이리됐는지 모르겠습니다.

1월도 가고 이번 주에는 설날 연휴가 기다리고 있습니다. 예전만큼 설날을 맞이하는 설렘은 덜하지만 그래도 고향 친척분들과 친구들을 볼 수 있다는 기대는 여전합니다. 설날 연휴를 맞아 고향 대신 해외여행을 떠나려는 여행객들이 많아지고 있다는 뉴스를 접할 때면 왠지 씁쓸한 마음이 듭니다.

오늘 밤 우리나라의 아시안컵 4강전이 있습니다. 우리 팀이 지고 있고 정규시간이 끝나가더라도 질 것 같지 않은 '좀비 축구'보다는 초반부터 앞서나가면서 편하게 응원할 수 있으면 좋겠습니다.

같은 동호인 모임이라고 하더라도 어떻게 운영하고 즐기느냐에 따라서 모임의 활성화 여부가 달라지는 듯합니다. 다수의 동호인 모임이 초반에는 회원들이 열심히 참가합니다. 하지만 동일하게 반복되는 모임 형식이 지겨워지면서 시간이 갈수록 회원들의 참가율은 저조해집니다. 나중에는 일부 소수만 참가하면서 명맥만 겨우 유지하는 경우가 대부분입니다.

우리 덕패 모임은 결성된 첫해에는 10명도 안 되는 회원으로 출발했지만 4년이 지난 지금은 회원 규모가 32명에 달합니다. 물론 모든 회원이 적극적으로 참가하고 있지는 않지만 20명 이상의 회원이 주 2회 이상 꾸준히 모임에 참가하고 있으니 나름 활성화되고 있다고 생각합니다.

이렇듯 덕패 모임이 여느 모임처럼 흐지부지되지 않고 꾸준히 회원들을 위한 사랑방이자 놀이 공간으로써의 역할을 할 수 있는 원인은 무엇일까요? 그리고 어떻게 하면 지금보다 더 많은 회원이 참가하면서 회원들의 일상에 활력소 역할을 할 수 있을까요?

우리 덕패 모임은 동문 선후배들로 구성되어 있어서 결집력이 좋습니다. 일반적인 동문 모임은 1년에 한두 번 식사 자리를 갖거나 등산이나 골프 등 이벤트 행사를 하는 정도입니다. 그러다 보니 집행부가 특별한 노력을 하지 않으면 참가자 수가 줄어들고 나중에는 나오는 사람만 나오게 되는 경우가 대부분입니다. 우리는 같은 학교 동문이면서 주 2회 이상 얼굴을 보면서 당구를 즐기니 모임 횟수와 참가 규모에서 일반적인 동문 모임과는 비교할 수 없을 정도입니다.

일반적으로 당구 동호회는 지역이나 학교를 기반으로 하는 경우가 많은데 우리 덕패의 경우에는 이 두 가지 요소를 함께 지니고 있어서 더 잘 되는 것 같습니다. 당구를 즐기는 학교 동문들 가운데 아지트에 대한 접근성이 좋은 사람들만 회원으로 참가하기 때문이기도 합니다.

지금까지는 기존 회원들을 통해 알음알음으로 회원을 모았지만, 기회가 된다면 동문회나 모교를 통해서 보다 적극적인 회원 모집활동을 한다면 더 많은 동문이 참가하지 않을까 생각합니다.

매월 정기적으로 시합을 합니다. 연말에는 연말 결산 챔피언 결정전도 치러집니다. 단순히 그날그날의 당구 게임만을 즐기는 것이 아니라 시합을 통해 덕패는 회원들에게 경쟁심과 긴장감을 제공하여 실력 향상의 계기를 마련해줍니다. 바람이 있다면 덕패 내 고점자나 외부 전문 선수들을 초청하여 스트로크 요령을 포함하여 원포인트 레슨의 기회가 마련되면 더 좋겠습니다.

혼자 먹는 밥보다는 여럿이 함께 먹는 밥이 맛있습니다. 내 돈으로 사 먹는 것보다는 얻어먹으면 더 맛있습니다. 덕패에서는 이 두 가지가 함께 버무려진 맛있는 밥을 먹을 수 있습니다. 팀전을 해서 지는 팀이 밥을 사주는 게임을 자주 합니다.

1대1 매치 게임과는 달리 팀 동료에게 민폐를 끼치지 않기 위해 더욱 긴장해서 게임을 하게 됩니다. 물론 이겨서 얻어먹을 때는 좋지만 져서 상대팀에게 사줄 때에는 그만큼 쓰라리기도 합니다. 더 좋은 분위기를 만들기 위해 최근 2연패 이상을 해서 밥을 많이 사준 회원에게는 내기에 참여하는 같은 팀 동료를 선택할 수 있게 해주는 것도 괜찮을 듯합니다.

덕패에서는 당구와 곁들여 다양한 이벤트가 있습니다. 실력이 향상되어 핸디 점수를 올리게 되면 그 회원은 동료들을 위해 한턱을 냅니다. 매월 챔프전에서 우승한 회원은 우승상금으로 참석한 회원들에게 식사를 대접합니다. 당구 외에도 유사한 취미를 가진 회원들과 비공식적으로 등산, 골프, 여행 등을 즐기기도 합니다. 소망이 있다면 집행부 주관으로

'덕패 도약 워크숍'을 제주도에서 개최하여 팀워크도 다지고 덕패 모임 활성화 방안도 마련해 보면 좋겠습니다. 회갑을 맞이한 회원들을 위해 여행을 겸해서 '해외 원정 당구'도 추진하면 어떨까 합니다.

지금까지 우리 덕패 모임은 조당(아침 당구)을 촉매제로 삼아 어느 동호인 모임보다도 좋은 분위기에서 잘 진행되고 있다고 자부합니다. 다만 4년 차에 접어들면서 일부 회원들의 조당모임에 대한 참가 열기가 식고 있는 듯하여 걱정되기도 합니다. 우리 덕패 모임은 회원들의 희로애락을 함께하면서 앞으로도 수십 년을 회원들과 함께 가야 합니다. 일상이 바쁘고 힘들더라도 당구를 치면서 잠시나마 여유를 가지고 한 템포 쉬어갑시다. 내가 모임에 나가지 않으면 다른 회원들도 나오지 않을 거라는 생각을 가집시다. 모임 활성화를 위한 좋은 아이디어가 있다면 집행부에 적극 제시하여 실행해 봅시다.

* 당구는 내가 치기 편한 배치가 아니라 성공 확률이 높은 배치를 선구하는 경기다.

조당 예찬

(2024. 4. 15.)

　시원한 봄비가 어제의 이른 더위와 탁한 공기를 말끔히 씻어 내는 월요일입니다. 부단한 일상에 잠시 쉼표를 찍어보면서 여유를 느껴보는 시간이 되면 좋겠습니다.

　골프는 새벽에 치러가면서 당구는 왜 새벽에 치지 못하나라는 문제의식에서 시작된 덕패의 이른 아침 당구(조당)가 벌써 6년 차입니다. 그간 주말 조당을 통해 회원들도 많이 늘어나고 회원들 간의 교류도 주 2회씩 하면서 덕패의 응집력은 더욱 공고해져 가고 있습니다. 월 1~2회씩 시합도 치르면서 단순한 게임을 넘어서 경쟁을 통해 당구의 재미가 배가되고 있습니다.

　하지만 주말 이른 아침 당구에 타성이 젖으면서 회원들의 조당 참가 시간이 점점 늦어지고 있습니다. 처음 조당을 시작할 때는 6시 혹은 7시에 첫 게임이 진행되었습니다. 요즘은 회원들의 주말 조당 참가 시간이 늦어지면서 첫 게임이 거의 9시가 다 되어서야 시작됩니다. 그나마 참가 인원도 초기에는 5개 테이블이 부족하여 늦게 온 사람들은 대기했다가

치기도 했는데, 요즘은 거의 대기시간 없이 바로 시작할 수 있게 되었습니다. 월 2회 진행되는 시합에도 처음에는 15명 이상이 참가했는데 요즘은 최소 인원인 8명을 겨우 채워서 진행되고 있습니다.

골프, 조기축구, 등산 등 이른 아침에 즐기는 대부분의 여가 스포츠의 경우도 주말과 공휴일에 일찍 일어나서 참가하는 것이 쉽지만은 않은 것 같습니다. 골프도 처음 배워서 재미 붙여 나갈 때에는 새벽 4시에도 일어나 즐겁게 참가합니다. 축구도 실력이 늘어나는 걸 느끼게 되면 아무리 이른 아침이라도 부담되지 않습니다. 등산도 새벽 일찍 무거운 몸을 이끌고 산행을 하지만 산 정상에서 마시는 맑은 공기의 유혹은 이 모든 것들을 가능하게 해줍니다. 하지만 이러한 것들이 타성에 젖게 되면서 일찍 일어나서 동참하는 것이 점점 어려워지게 됩니다.

사실 주말과 휴일에 늦잠을 자고 아침 겸 점심을 먹고 나면 반나절이 훌쩍 지나버립니다. 나이가 들면서 나 같은 경우에는 늦잠을 자고 싶어도 6시나 7시만 되면 저절로 눈이 떠집니다. 특별한 일 없이 침대에서 자는 둥 마는 둥 뒹굴다가 늦은 아침을 먹고 나면 오전 시간이 다 지나가 버리는 걸 느낍니다. 부지런한 사람들은 이 시간에 골프 18홀을 마치거나, 산 정상에서 "야호"를 외치고 있을 겁니다. 축구도 한 게임을 마칠 수 있으며, 당구도 3~4게임 즐길 수 있습니다.

우리 인생의 전체 시간 가운데 1/3은 잠을 자는 데 쓰게 됩니다. 나머지 2/3 가운데에도 차량으로 이동하거나 물건 찾거나 기다리거나 먹는 시간 등을 위해 절반 가까이 사용합니다. 내가 온전히 사용할 수 있는 시간은 1/3인 8시간에 불과합니다. 이 8시간마저도 돈벌이를 위해 노동을 제공해야 하는 사람이라면 온전히 나의 시간이라고 할 수 없을 것입니다. 그나마 건강하면 다행이지만 건강이 나빠지게 되면 병원 신세를 지거나 집에서 요양 등을 위해 대부분의 시간을 소모해 버리고 맙니다. 이때가 되면 이미 늦습니다. 그래도 주말과 휴일에 늦은 잠을 자느라 조당을 포기할 것입니까?

덕패가 즐기는 조당은 많은 장점을 지니고 있습니다.

우선, 주말과 휴일 오전을 일반 손님 없이 온전히 덕패회 회원들끼리 웃고 즐기며 당구를 즐길 수 있습니다. 우리 세대가 좋아하는 음악을 틀어놓고 농담도 하면서 멋진 샷에 환호하고 말도 안 되는 미스샷에 안타까워하기도 합니다. 요즘 대부분의 대형 테이블 3쿠션 전용 당구장에서는 정숙이 기본인데 우리끼리 즐기는 조당에서는 시끌벅적한 분위기에서 게임을 즐길 수 있는 것이 가능합니다.

어떤 운동이든 나이가 한 살이라도 젊을 때 시작해야 어느 정도의 수준까지 도달하기가 쉽습니다. 이왕 즐기는 스포츠라면 남들 치는 정도까지는 칠 수 있어야 하지 않을까요? 덕패에서는 고점자부터 하점자까지 실력 수준이 다양합니다. 그래서 많이 배울 수 있습니다. 지금 시작해야 25점 아니 30점에 도달할 수 있습니다. 내일이면 어쩌면 늦을지도 모릅니다.

나이 들어서 제일 두려운 질병이 요즘은 치매와 우울증이라고 합니다. 다른 질병도 무섭기는 마찬가지이지만 대부분 사고와 같이 어쩔 수 없이 찾아오는 것들이라 일정 부분은 받아들일 수밖에 없습니다. 하지만 치매나 우울증은 본인의 노력 여하에 따라 충분히 예방이 가능합니다. 사회적 동물인 인간이 사회 공동체의 일원으로 살아가지 못할 때 주로 찾아오는 질병이 치매나 우울증이 아닌가 생각됩니다. 조당에서는 긴장감, 경쟁심,

쾌감, 실망, 교류, 운동, 공감 등의 사회적 감정들을 공유할 수 있기 때문에 이러한 질병이 찾아올 여지를 허락하지 않는 것 같습니다.

주말과 휴일에 다른 일정으로 인해 조당에 일찍 동참하지 못하는 경우는 어쩔 수 없을 것입니다. 하지만 나중에 원하지 않아도 침대에서 실컷 보낼 수밖에 없음에도 불구하고 지금 늦잠을 자기 위해 늦거나 불참하는 우를 범하지는 말았으면 합니다. "나중에 배우면 되겠지"하고 생각하면서 연마를 내일로 미루는 일도 없었으면 합니다. 1년 늦으면 같이 배우더라도 뒤처질 수밖에 없습니다.

편한 사람들과 상대를 바꾸어 가면서 안부도 물으며 3~4게임을 연속으로 칠 수 있는 곳이 덕패 조당 외에 어디가 있을까요? 일상에서 힘들 때 함께 묵묵히 게임을 하면서 위로가 되어주는 곳이 덕패 조당 외에 또 있나요? 당구를 즐기는 사람이라면 이구동성으로 부러워하는 이런 소중한 조당이기에 우리 회원 모두의 노력으로 더욱 활성화시켜 나가야겠습니다.

내가 먼저 나가서 당구장 문도 엽시다. 주변에 당구에 관심이 있는 동문이 있으면 적극 설득해서 데려옵시다. 주중에 해도 되는 일은 주중에 하고 주말과 휴일은 조당에게 양보합시다. 한두 번 안 나오기 시작하면 안 나오는 것에 익숙해지는 나쁜 습관이 생깁니다. 계속 나오면 나오는 것이 당연시되는 좋은 습관이 생깁니다. 먼 훗날 많은 얘깃거리가 될 수 있는 우리의 전설 이야기를 내가 먼저 나서서 만들어갑시다.

* 당구공의 리액션은 내 액션 때문이니 공을 원망하면 안 된다.

친구에게 밥 사는 이유

(2024. 5. 24.)

아내가 발목과 손목 골절로 혼자 생활하기가 어려워 2개월 이상을 내가 집안일을 도맡아 하면서 아내 곁에서 많은 시간을 함께 보냈습니다. 별거 아닌 것 같았던 집안일이 별거라는 걸 몸소 체험하게 되었습니다. 이런저런 이유와 핑계로 아내와 많은 시간을 함께 보내지 못했는데 이번에 옆에서 도우면서 보낸 시간들이 너무 소중하고 감사하다는 생각을 서로 하게 되었습니다.

사회생활을 하다 보면 많은 종류의 커뮤니티에 본의든 아니든 소속될 수밖에 없습니다. 어릴 적 고향 친구들과 학교 선후배들의 모임이 향우회, 동창회, 동기회 등의 이름으로 존재합니다. 직장생활을 하거나 퇴직하더라도 같은 부서 출신이나 입사 동기 등의 사유로 모임이 이어집니다. 형제나 가까운 친척들끼리도 소원해지는 걸 방지하기 위해 주기적으로 형식을 정해서 모이기도 합니다. 이뿐만 아니라 음악, 운동, 취미 등의 분야에서도 동호인들끼리 모임을 만들어 함께 즐기기도 합니다.

이러한 현상은 인간은 사회적 동물이기 때문에 주위 사람들과 어울리면서 지내고 싶어 하는 욕구가 기본적으로 작동하기 때문일 겁니다. 특히 한국 사람은 예로부터 혼자서 밥을 먹지 않고 함께 모여서 먹는 밥상공동체 문화를 지니고 있습니다.

물론 요즘은 혼밥이니 뭐니 해서 혼자서도 밥을 먹고 혼자서 보내는 취미생활을 가지는 사람들이 늘어나고 있습니다. 이런 사람들조차도 SNS 등을 통해 온라인 모임에는 여러 개 가입해서 활동하기도 하지요.

그런데 대부분의 모임은 가끔 만나서 밥이나 술을 같이 먹으면서 간단한 안부를 묻는 정도에서 그칩니다. 아니면 주어진 시간에 그냥 취미활동만 함께하고서는 헤어집니다. 만나면 자신의 잘 나가는 자랑거리나 주변 사람들의 성공담과 실패담을 안주 삼아 떠들어 대기 일쑤입니다. 온라인 커뮤니티에서는 매번 잘 나가는 사람들의 소식만 들려옵니다. 나만 잘 못 사는 것 같고, 다들 행복하게 보여서 왠지 모임에 속해 있으면서도 알 수 없는 고독감을 느끼기도 합니다.

학연, 지연, 혈연관계를 제외하고 사회생활을 하면서 만들어지는 대부분의 모임은 특정한 목적과 의도를 가지고 있는 것 같습니다. 인맥을 넓혀서 자신의 사회생활에 도움을 받고자 하거나 직간접적인 지식과 경험의 폭을 늘려나가기 위함이 아닐까 생각합니다. 학연이나 지연, 혈연관계로 만들어지는 모임은 지속 가능성은 있지만 왠지 내면보다는 피상적인 만남에 머무는 한계가 있는 것 같습니다. 사회에서 만들어지는 모임은 직장을 옮기거나 퇴직하거나 나이가 들어가면서 만남이 시들해지는 경향이 있습니다. 동호인 모임 역시 모여서 함께 즐기기는 하지만 한 꺼풀 더 안으로 들어가지는 못합니다. 그래서 대부분의 사람들은 한두 가지의 모임에 머물지 않고 다양한 모임을 지향하는 것이 아닌가 생각됩니다.

이에 비해서 우리 덕패 모임은 다양한 모임의 속성들을 동시에 지니고 있는 것이 아닌가 생각합니다. 우선 같은 지역에서 같은 학교를 다닌 지연과 학연을 기초로 하고 있어서 시간이 지나더라도 지속될 수 있는 조건을 지니고 있습니다. 그리고 당구라는 공통의 취미생활을 즐기는 동호인 모임이기 때문에 누가 강요하지 않아도 자발적으로 참여하고 있습니다. 지금은 대부분 주된 직장에서 퇴직하는 나이이기 때문에 인맥을 통해 도움을 받고자 하는 의도도 크지 않습니다.

일부를 제외한 대부분의 덕패회 회원들은 회갑을 넘기고 있습니다. 주된 직장에서 퇴직하고 나이가 들면서 그간 특정한 목적과 의도로 만들어진 이런저런 모임과는 조금씩 거리를 두게 됩니다. 탈퇴하거나 한 달에 한 번도 들어가 보지 않는 SNS도 점점 늘어납니다. 그렇다고 전원에 묻혀 은둔생활을 하거나 고독을 즐기는 스타일들도 아닙니다. 육체적, 정신적 건강을 위해서라도 뭔가 새로운 형태의 공동체가 필요합니다.

지연과 학연 그리고 당구라는 취미로 맺어진 덕패 당구 모임은 절묘한 타이밍으로 우리에게 나타났습니다. 덕패 당구 모임에는 3가지가 있고, 3가지가 없습니다. 원할 때는 언제나 당구를 즐길 수 있고, 여행도 함께 가고, 깊은 우정을 나눌 수 있습니다. 반면에, 참가 강요가 없고, 자금 부담이 없고, 체력적인 부담이 없습니다. 개인적으로는 주된 직장에서 퇴직하면서 그간 속해서 활동했던 각종 모임 참가가 뜸해지면서 그 빈자리를 충분히 채우고도 남음이 있습니다. 배우기도 하고, 운동도 하고, 가성비 좋은 취미도 즐기고, 친구와의 우정도 더 맛나게 삭힐 수 있으니 말입니다.

그래서 친구들에게 언제든 맛있는 밥을 사주고 싶습니다. 만남이 어색해질 만큼 멀지도 않고, 부담이 생길 만큼 가깝지도 않을 적당한 거리에서 늘 있어 주는 친구들이 고맙기 때문입니다. 당구가 아니었으면 1년에 한두 번 동창회에서나 볼까 말까 할 친구들을 1주일에 한두 번씩 볼 수 있으니 이 얼마나 좋은 일인가요. 서로 연락이 뜸해지면서 관계가 멀어지는 친구들도 많은데, 우리는 당구를 매개로 해서 오히려 그간 보지 못했던 친구들과 더 자주 보면서 함께 늙어갈 수 있으니 말입니다.

당구가 우리에게 해주는 것이 너무 많은 것 같지 않나요? 친구들과의 만남을 유지해 주고, 그래서 친구들과 기쁜 일은 함께 기뻐하고 슬픈 일은 나누어 가지면서 늦게나마 우정을 돈독히 만들어 나가고 있습니다. 뿐만 아니라 주된 직업에서 조금씩 물러나면서 생겨나는 만남의 빈자리를 우리 덕패 모임이 채우고도 남음이 있습니다. 앞으로도 우리에게 남은 시간 가운데 상당 부분을 친구들과 당구 치면서 보낼 수 있다는 기대를 가질 수 있게 해줍니다. 당구가 고마우니 당구를 더 많이 사랑해 주고, 친구들이 고마우니 친구들에게 밥 많이 사주면서 살고 싶습니다.

* 쉬운 공은 없다. 다만 성공 확률이 높은 공만 있을 뿐이다.

처음 맹키로

(2024. 6. 17.)

어제 조당에는 후배 회원들이 모처럼 우리 아지트를 찾아 반갑게 게임을 즐겼습니다. 이런저런 개인적인 사정으로 인해 그간 당구장을 찾지 못했던 것이 안타까웠지만 게임 중에는 예전 열심히 당구장을 찾았던 때로 돌아간 듯했습니다. 각자 나름의 환경에서 서로 다른 삶을 살아가지만, 당구만은 공통 분모가 되어 살아가는 데 활력소 역할을 할 수 있으면 좋겠다는 생각을 해봅니다.

어떤 일이든 처음 시작할 때 먹은 마음을 이후 오래도록 유지하는 경우는 드문 것 같습니다. 사랑하는 사람을 처음 만나서 결혼하게 되면 그 감정이 영원할 것 같습니다. 하지만 시간이 지나면서 애틋한 사랑의 감정은 점차 시들고 그 자리에는 그냥 부부로서 서로를 위하며 아껴주는 정도의 감정이 자리를 잡게 됩니다. 힘든 관문을 뚫고 회사에 들어가면 처음에는 내가 가진 모든 능력을 총동원하여 회사를 위해 일하리라 다짐합니다. 하지만 생각과는 다르게 굴러가는 조직의 생리에 조금씩 실망하면서 조직에 충성하기보다는 그 조직을 벗어나고자 하는 마음이 더 강해지게 됩니다.

　대학에 입학할 때는 열심히 공부해서 학위와 자격을 취득하여 원하는 직업을 얻으리라 다짐합니다. 대학에서 다양한 친구들을 만나고 새로운 경험을 하게 되면서 처음 먹었던 목표가 흔들리기도 하고 목표 수정을 하기도 합니다. 운동을 처음 시작할 때도 마찬가지입니다. 처음에는 매일 새벽에 일어나서 운동하려고 결심했지만, 시간이 가면서 늦게 일어나고 빼먹는 날이 많아집니다. 골프나 테니스 등을 처음 배울 때에도 이론과 실습을 열심히 해서 어느 정도 수준까지는 도달하리라 다짐하지만 대부분 목표 달성에 실패합니다. 기타와 같은 악기를 배울 때도 처음 다짐을 오래도록 유지하면서 배움을 이어가기가 쉽지가 않습니다.

　우리가 어떤 일을 처음 시작할 때 가지는 목표나 처음 임하는 마음가짐은 그냥 아무렇게나 만들어지는 것이 아닙니다. 그 일과 관련된 상당히 많은 관련 정보를 분석하고 자신의 적성이나 열정도 감안하고 장래의 전망과 환경 변화도 고려해서 결정하기 마련입니다. 그렇기 때문에 처음의 마음가짐과 목표는 지속적으로 유지하면서 달성할 만한 가치가 충분히 있는 것입니다. 도중에 이런저런 사정과 여건 변화로 일부 변화와 조정은 있을 수 있지만 당초의 목표를 달성하고 결심을 유지할 수 있을 때 더 큰 보람을 가진다는 것은 경험적으로 알 수 있습니다.

　어떤 일이 제대로 굴러가지 않을 때는 초심으로 돌아가자든가 초심을 유지하자는 말을 하게 됩니다. 각자의 역량을 모아 동업을 시작하는 경우가 많습니다. 이들은 처음에는 각자의 역할에 충실하면서 소기의 목표를 달성해나갈 것 같습니다. 하지만 도중에 내외부 환경이 변하고 규모가 달라지면서 차츰 초심을 잃고 그 자리에 개인적인 욕심이 자리

잡게 되면서 처음의 동업 마인드는 온데간데없어집니다. 이럴 때 초심으로 돌아가자고 스스로를 다독여보지만 쉽지는 않습니다.

우리 친구들이 처음 모여서 덕패회를 구성하고 아침 당구(조당)를 시작했을 때는 주말과 일요일 아침 6시나 7시에 나오기도 했습니다. 새벽에 문을 여는 설렁탕집에서 모여 함께 아침 식사를 한 후 당구장으로 달려갔습니다. 김밥을 사서 당구장에서 먹으면서 조당을 즐기기도 했습니다. 코로나 때문에 당구장 문을 닫았을 때는 주말 새벽 일찍 일어나 멀리 원주와 음성까지 원정 당구를 가기도 했습니다. 하지만 지금은 주말 조당 시작 시간이 7시가 아니라 9시를 넘겨야 하나둘씩 등장하기 시작합니다.

처음 먹었던 마음을 오래도록 유지한다는 것은 불가능한지도 모르겠습니다. 처음 시작할 때 내 마음가짐을 지배했던 상황은 바뀌어 갈 것입니다. 나를 둘러싼 주변 사람들과 환경 또한 처음과는 많이 달라질 것입니다. 그럼에도 불구하고 처음 가졌던 각오와 열정을 그대로 유지해 나가기는 쉽지 않을 것입니다. 어떤 이는 초심을 완전히 버리고 새로운 길을 선택하기도 할 것입니다. 또 어떤 이는 초심을 버리지는 않았지만 약간은 변화된 모습으로 초심을 유지해 가기도 할 것입니다.

우리가 어떤 길을 선택하든 초심을 가졌던 때로부터 많은 시간이 지나고 나서 돌이켜보면 초심을 더 오래도록 유지하지 못한 것에 대해 안타까워하게 되는 것 같습니다. 배우자를 처음 만났을 때의 애절한 감정을 어느 순간 잊고 살다가 그 사람이 아프거나 영원한 이별을 하게 되면 잊고 지낸 애절함은 회한으로 남게 됩니다. 입사 때 회사의 미래를 두 어깨에 짊어진 열정은 너무 일찍 사라지고 어느 순간부터 잔꾀를 부리고 있는 자신을 발견하게 됩니다. 퇴직할 무렵이 되면 너무 일찍 포기한 열정이 후회로 남아 자신을 괴롭힙니다.

초심으로 돌아가자는 말이 처음 먹었던 마음 그대로 돌아가자는 의미는 아닐 것입니다. 나도 변하고 나의 상황도 변해가는 데 내 마음만 그대로 유지하기는 쉬운 일이 아닐 것입니다. 시작 때 같이했던 동료들도 바뀌고 환경도 변해가는 데 내 마음은 변하지 않고 있을 수는 없을 겁니다. 중요한 것은 초심이 지닌 본질적인 가치를 유지하느냐 여부가 아닐까요. 배우자를 처음 만났을 때처럼 하나에서 열까지 모두 챙겨주지는 못하더라도 상대를 아끼는 마음만은 변하지 않아야 하는 것이겠지요. 회사를 온전히 짊어지고 가지는 못하더라도 내 어깨에서 완전히 내려놓지는 않아야 하는 것이겠지요. 당구에 한창 재미 붙여서 물불 가리지 않고 즐기지는 못하더라도 당구에 대한 애정과 관심을 포기하지 않아야겠지요.

처음 먹은 마음이 삶의 정답에 가까운 것 같습니다. 우리는 수많은 자기합리화와 핑계를 대면서 처음처럼 살지 못하는 것을 변명합니다. 100% 처음처럼 돌아가지는 못하더라도 70~80%의 모습과 마음은 처음처럼 살 수 있다면 좋겠습니다.

매번 배우자의 생일과 결혼기념일을 챙겨주지는 못하더라도 가끔 깜짝선물도 해주고 취기에 기대어 사랑한다는 말도 해주면 어떨까요. 멀리 있는 친척보다 가까이 있는 이웃이 더 좋다는 말이 있습니다. 자주 접하지 않으면 마음이 멀어지는 법입니다. 당구장을 예전처럼 주 3~4회 찾지는 못하더라도 적어도 주 1회 이상은 방문해서 당구에 대한 애정과 열정을 놓지 않으면서 살 수 있으면 좋겠습니다.

* 시스템에 너무 의존하면 감각 형성이 더뎌진다.

조용할 건지 떠들 건지

(2024. 10. 7.)

10월의 어느 멋진 날이지만 아침과 낮의 기온 차이 때문에 나 같은 비염 환자는 괴롭습니다. 낮에는 아직 반팔 티를 입어야 하지만 아침에는 목티를 입어야 해서 옷 고르기가 쉽지 않습니다. 아무리 좋은 계절이라도 모든 이에게 좋지는 않은 것 같습니다.

예전 당구장에서 당구 칠 때에는 대부분 당구장의 분위기가 시끌벅적했습니다. 3구, 4구, 6구, 9구 등 다양한 유형의 게임을 즐기면서 함께 온 분들과 대화도 나누고 환호성과 탄성을 지르기도 했습니다. 동료들과 회식 후 술 깨기 위해 2차로 와서 떠들썩하게 당구를 즐기기도 했습니다. 다들 그렇게 떠들면서 치는 것이 당연시되었고 심하지만 않으면 서로 양해를 해주는 분위기였습니다.

요즘에도 4구와 같은 전통적(?)인 당구 게임을 즐기는 당구장에서는 과거와 별반 다르지 않게 어느 정도의 소음은 허용되는 분위기입니다. 당연히 음주 후에도 찾을 수 있고요. 하지만 대대 전용 3쿠션 당구장에서는 대부분 정숙하게 게임을 할 것을 요구하고 있습니다. 크게 떠들지도 않고 대화 수준의 소음만 일으켜도 당구장 직원이 와서 조용해 달라고 요청합니다. 그래도 계속 떠들면 요금 받지 않을 테니 나가달라고 요구하기도 하고요. 음주 후에는 아예 당구장 출입을 금하는 곳도 많이 있습니다.

3쿠션 게임은 대형 당구 테이블에서 상대적으로 작은 공으로 3쿠션을 맞추는 게임이다 보니 신경을 많이 써야 하고 그러다 보니 소란한 것을 싫어하는 경향이 있는 것 같습니다. 어떤 당구장에 가면 당구공 부딪치는 소리만 나고 그 외의 소리는 거의 나지 않는 경우도 있습니다. 옆 테이블에 들리는 정도의 대화 소리만 내도 항의하는 손님이 있는 반면에, 그 정도의 대화조차도 허용하지 않으면 무슨 재미로 게임을 하느냐고 불만을 제기하는 손님들도 많습니다. 그러다 보니 아예 조용한 분위기의 당구장과 약간의 소음을 허용하는 당구장으로 알아서 찾아가기도 합니다.

우리 덕패회의 경우 주말 조당 시간에는 우리 회원들끼리만 게임을 즐기기 때문에 게임 중에 대화도 나누고 종종 큰 소리로 환호성이나 탄성을 지르기도 합니다. 팀을 짜서 점심이나 간식 내기 게임을 할 경우에는 이런 소음이 더욱 커지게 마련입니다. 회원에 따라서는 조용하게 게임을 즐기는 것을 선호하는 사람들도 있고, 웬만한 소음에는 아랑곳 않고 게임을 즐기는 사람들도 있습니다. 경기가 잘 풀릴 때에는 아무렇지도 않던 소란함도 경기가 잘 풀리지 않을 때는 귀에 거슬리기도 합니다.

우리 덕패회 회원들끼리 당구를 칠 때에는 조용한 분위기만 허용되는 당구장에 가면 쫓겨날지도 모른다고 농담 삼아 이야기합니다. 실제로 그럴지도 모르겠습니다. 그래서 우리 회원들과 당구를 칠 때에는 미리 당구장 분위기를 알아보고 가는 것이 좋을 듯합니다. 괜히 가서 우리끼리 조당에서 게임하듯이 떠들면서 해서는 망신당할지도 모르기 때문입니다.

우리 덕패회는 당구를 즐긴다는 목적과 함께 학교 동창이라는 공통점도 동시에 지니고 있습니다. 그래서 여느 대대 3쿠션 전용 당구장처럼 대화 없이 조용하게 당구 게임만 즐길 수는 없을 것 같습니다. 아무런 대화 없이 게임만 즐기다가 헤어질 거면 그냥 덕패회가 아니더라도 다른 당구장에서 그곳 손님들과 게임을 즐기면 될 것입니다. 우리 모임은 당구도 즐기고 대화도 나누는 두 가지 목적을 함께 지니고 있습니다. 그래서 어느 정도의 소란함도 용인되고 있습니다.

게임을 하면서 대화도 하고 하다 보면 종종 상대의 심기를 건드리는 말도 하게 됩니다. 어떤 경우에는 상대를 견제하기 위해 의도적으로 자극적인 코멘트를 하기도 합니다. 친구들 사이이고 게임에 별 무리가 없으면 그냥 넘어가지만 이로 인해 게임이 잘 풀리지 않게 되면 당연히 마음이 불편해집니다. 이런 상대의 분위기를 잘 살펴서 말을 하더라도 해야지 그렇지 않게 되면 상대는 게임을 즐기지 못하고 짜증만 잔뜩 받아 가게 됩니다. 상대에 따라서는 대화보다는 게임에만 집중하고 싶어 하는 사람도 있으니 이를 잘 살펴서 게임에 임해야 하겠습니다.

평소의 친선 게임은 그렇다 하더라도 타이틀이 걸린 시합의 경우에는 다소 다른 분위기입니다. 예선전을 펼칠 때는 평소와 같이 어느 정도의 소음도 일으키고 대화도 나누기도 합니다. 하지만 8강전 이상부터는 말 그대로 시합 모드로 게임에만 집중하는 분위기가 형성되고 있습니다. 종종 시합과 무관한 농담이나 상대를 견제할 목적으로 코멘트를 하는 경우에는 바로 제지당하기 일쑤입니다. 시합이 목적이기 때문에 당연히 게임에만 집중하는 것이 맞고 불필요한 말로 상대의 집중력을 흩트려서는 안 될 것입니다.

옆 테이블에서 본선 게임을 하고 있고 우리 테이블에서는 탈락자들끼리 친선 게임을 하고 있을 경우에도 정숙함을 지켜주는 것이 좋겠습니다. 평소라면 떠들썩하게 게임을 즐길 수도 있겠지만 최소한 시합을 할 때에는 경기에만 집중할 수 있도록 에티켓을 지키는 것이 필요하겠습니다. 진지한 분위기의 게임을 통해 우리가 평소 익혔던 실력 향상 정도를 파악하는 것도 의미 있는 일이라 하겠습니다.

우리 덕패회는 당구를 좋아하는 학교 동창 모임이기 때문에 당구를 즐기면서 대화도 나누고 농담도 주고받는 것이 당연합니다. 하지만 게임 상대에 따라서 그리고 상대의 분위기를 살펴서 대화나 농담의 수위를 조절하는 것도 필요하겠습니다.

그러지 않으면 의도치 않게 게임을 즐기려다가 불만과 스트레스만 잔뜩 쌓일지도 모를 일입니다. 특히나 시합 본선 게임에는 서로가 게임에만 집중할 수 있는 분위기를 만들어줄 수 있도록 함께 노력할 필요가 있겠습니다.

* 마지막 1점이 어려운 이유는 가장 큰 부담을 갖고 치기 때문이다.

슬기로운 당구생활 #3

(2024. 10. 21.)

내 생에 우리나라에서 노벨문학상이 나올 거라고 기대하지 않았는데 이렇게 한강 작가가 받게 되니 아직도 믿기지 않습니다. 다른 분야와 달리 문학상은 언어가 크게 작용하기 때문에 비영어권에서 받기는 이중으로 어렵다고 합니다. 참으로 대단하고 자랑스럽습니다.

여러 명의 회원이 함께 당구 게임을 즐기다 보면 알게 모르게 서로를 오해하게 됩니다. 무심코 한 나의 행동이 상대의 감정을 자극해서 기분 나쁘게 하기도 합니다. 어떤 행동을 해서가 아니라 안 해서 상대에게 결례를 범하기도 합니다. 내가 평소에 아무렇지도 않게 해왔던 행동이 단체생활에서는 무개념한 행동일 수도 있습니다. 즐겁게 당구를 즐기려다가 뜻하지 않는 오해와 비매너적인 언행 등으로 인해 감정이 상하지 않도록 서로를 배려하는 노력이 필요하겠습니다.

우선, 금전적인 문제로 이러저러한 오해들이 종종 생기는 것 같습니다. 우리 덕패회 회원들끼리는 당구 게임비 분담 룰이 있습니다. 상대와 따로 게임비 내기를 하자고 합의하지 않으면 승자와 패자는 게임비를 분담하기로 되어 있습니다. 승자가 패자에게 게임비의 30%~50%를 주면 패자는 이것을 받아서 게임비를 결제하게 됩니다. 그리고 밥값 내기 팀전을 하고 나면 진 팀에서 밥값을 부담하는데, 이때 진 팀에서 한 명이 대표로 결제를 하고 나면 나머지 멤버들이 분담금을 그 사람에게 줘야 합니다. 그런데 즉시 정산하지 않고 나중에 한꺼번에 하려다 보면 의도치 않게 누락되는 경우가 가끔 발생합니다.

이 경우 받아야 하는 사람 입장에서는 못 받았다고 그 사람에게 일일이 요구하기도 망설여집니다. 이런 일이 생기지 않으려면 매 게임이 끝나고 바로 승자와 패자 간 정산이 되어야 합니다. 밥값 역시 대표로 결제한 사람이 나머지 멤버들이 부담해야 할 금액을 제시하면 바로 그 자리에서 정산하는 것이 좋겠습니다. 나중에 하려다 보면 가끔 누락되는 경우가 발생하고 이로 인해 당사자 간 오해가 생기기도 합니다.

게임을 마친 후 다음 사람을 위해 테이블 정리를 반드시 진 사람이 해주면 좋겠습니다. 조당 시간에는 우리 회원들끼리 게임을 즐기다 보니 우리가 스스로 테이블 세팅을 하고 공도 닦아야 합니다. 평소에는 당구장 주인이 이러한 역할을 해주지만 우리끼리 하는 조당에서는 우리가 해야 합니다. 누가 하겠거니 생각하지 말고 게임에서 졌으면 테이블 정리와 공 수거 및 닦기를 진 사람이 자동으로 담당하면 좋겠습니다.

조당이 있는 주말과 공휴일 아침에 누구든 일찍 나와서 당구장 문을 열고 회원들을 맞이할 준비를 해주면 좋겠습니다. 물론 집행부에서 일찍 나와서 세팅하는 경우가 많겠지만 다른 회원들도 자발적으로 맡아주면 좋지 않을까 합니다. 누군가 먼저 당구장을 세팅해 놓거나 게임할 사람들이 나올 때쯤에 맞춰서 나오려다 보면 조당 시작 시간이 점점 늦어지는 문제가 생깁니다. 당구장에 제일 먼저 나와서 다른 회원들을 맞이하는 즐거움도 있습니다. 게임할 상대가 늦게 나오면 혼자서 연습하는 혜택(?)도 누릴 수 있습니다.

우리끼리 하는 게임이라도 최소한의 매너와 에티켓은 지키는 것이 좋겠습니다. 내기 게임에서 져서 상대팀에게 밥 사주고 기분 좋은 사람은 없을 겁니다. 밥값이 많고 적고를 떠나 게임에서 진 것이 더 아쉽기 때문입니다. 그런데 이기고 나서 진 팀에게 감사히 밥을 얻어먹으면 될 일을 게임이 끝나고 나서도 계속 이긴 사실을 반복적으로 상기시키는 일은 자제하면 좋겠습니다. 져서 기분이 좋지 않은 상태에서 밥값까지 내야 하는데 계속 그 이야기를 하는 건 진 팀에 대한 예의가 아니지 않을까요?

조당 자주 나온다고 은연중에 할 일 없는 사람 취급하면 안 되겠습니다. 조당 자주 나오는 사람은 상대적으로 여유시간이 많을 수도 있지만 더 중요한 것은 우리 덕패 모임과 당구에 대한 애정이 더 많은 사람일 것입니다. 여러 약속 사안이 있더라도 조당을 가장 우선순위에 두기 때문에 이것이 가능할 것입니다. 가끔 나오는 사람도 우리 모임과 당구에 대한 애정이 덜하다기보다는 스스로 통제할 수 없는 일들이 아직은 많기에 그렇다고 생각합니다.

아무리 우리끼리 편하게 당구를 치더라도 일정한 선은 넘지 말아야 하겠습니다. 떠들다가도 게임 중인 선수가 샷을 위해 셋업에 들어갔을 때는 정숙함을 지켜주면 좋겠습니다. 그리고 상대가 샷을 하는 순서에는 시야에 방해가 되지 않도록 테이블 주위를 벗어나 자리에 앉아주면 좋겠습니다. 예전 4구 게임에서는 이러한 행동들이 허용되었지만 예민하고 고려해야 할 것이 많은 대대 3쿠션 게임에서는 비매너이자 비에티켓이 아닐까 생각합니다.

부부끼리 그리고 가족끼리도 최소한의 매너는 지키는 것이 좋습니다. 아무리 친한 친구들과 회원들끼리 치는 당구라 하더라도 최소한의 매너와 에티켓을 지켜줘야 그 관계가 오래 지속되지 않을까 생각합니다.

* 당구는 누구와 치느냐에 따라 그 재미가 하늘과 땅 차이다.

당구를 그만두지 않으려면

(2024. 10. 28.)

뜨거운 여름날에는 가을이 언제 올까? 고대했는데, 벌써 10월도 마지막 주가 되었습니다. 앞으로 2주간이 올가을의 절정이 되지 않을까 생각합니다. 떠나고 아쉬워하지 말고 떠나기 전에 몸과 가슴으로 마음껏 가을을 느껴보길 바랍니다.

어떤 일이든 시작하면 절반은 성취했다는 말이 있습니다. 시작하기가 어렵지만 일단 시작하고 나면 가속력이 생겨 쭉 나갈 수 있는 것이 일반적입니다. 학창 시절 학업 성취나 직장생활에서 자기개발 노력은 하기 싫더라도 해야 하는 약간은 의무적인 측면이 있어 보입니다. 그러다 보니 일단 시작하고 나면 당초 목표를 달성할 수 없을지는 몰라도 어느 정도 수준까지는 마무리하는 경향이 있습니다.

이에 비해 취미생활이나 운동 같은 것들은 어렵사리 시작하더라도 당초 목표하거나 의도한 수준까지 도달하기가 쉽지 않은 것 같습니다. 누가 강제하거나 의무적으로 해야 하는 것이 아니고 내가 선택해서 하는 것이기 때문에 하고자 하는 나의 의지가 강하지 않으면 중도에 그만두는 경우가 많은 것 같습니다. 그만두는 사람들은 대부분 시작하고 나서 어느 정도 수준까지 도달하지 못하고 중도 하차한 것에 대해 많이 아쉬워합니다. 이렇게 아쉬워하지 않으려면 어떤 노력이 필요할까요?

당구의 경우도 일단 시작하는 것이 쉽지가 않습니다. 당구를 전혀 쳐보지 않은 사람들은 주변에 당구를 즐기는 사람들이 그리 많지 않다 보니 당구장을 찾기가 쉽지 않습니다. 여기에다 당구에 대한 인식이 그리 건전하지 못하다는 점도 당구를 쉽사리 시작하지 못하게 하는 요인입니다. 예전에 당구를 쳐본 사람들도 친구나 직장 동료들과 자연스럽게 즐길 수 있을 때는 가능했으나 퇴직하고 나서 같이 즐길 사람이 주변에 없을 경우 역시 당구장을 찾기가 쉽지 않습니다.

TV 등 미디어에 노출되는 당구 경기에 어느 정도는 관심이 가서 가끔 시청하는 경우에는 당구를 시작할 수 있는 가능성이 있습니다. 여기에다 응원하고 싶은 선수나 팀이 생기면 관심도는 더 높아집니다. 이런 상황에서 주변에 당구를 즐기는 친구나 지인이 함께 치자고 권유할 경우 당구장을 찾을 가능성이 상당히 높아집니다.

어렵사리 당구장을 찾았다고 하더라도 일회성이나 호기심 방문에 그치는 경우가 대부분입니다. 이들이 당구장을 다시 찾으려면 뭔가 특별한 이유가 있어야 합니다. 당구장 분위기, 게임을 즐기는 사람들의 표정, 배움에 대한 난이도, 접근성, 비용 대비 가성비, 운동 효과, 재미 요소, 함께하는 사람들이 누군지 등에서 뭔가 끌리는 것이 있어야 합니다. 이 대목에서 매력적인 부분을 찾아내지 못하면 다음 방문으로 이어지지 않는 경우가 대부분입니다.

우여곡절 끝에 당구를 시작하기로 마음먹었다 하더라도 지속성을 가지기는 쉽지 않습니다. 시간 날 때 시간 보내기 위한 목적으로 시작하는 경우 매번 자신의 일정에서 당구는 늘 후 순위로 밀리기 때문에 제대로 해보지도 못하고 그만두는 경우가 많습니다. 제대로 하기 위해서는 필요한 레슨도 받고, 개인 장비도 마련하고, 당구를 즐기기 위한 주기적인 일정도 할애하는 등의 노력이 동반된다면 지속할 가능성이 높아집니다. 여기에다 당구 동호인 모임에 가입하게 되면 그 가능성은 훨씬 높아집니다.

이렇게 당구를 시작해서 동호인 모임에도 가입하는 등 적극적인 노력을 하더라도 도중에 지속하지 못하게 되는 위기에 봉착하게 됩니다. 실력이 더 이상 늘지 않습니다. 매번 똑같은 사람들과 똑같이 반복되는 게임에 지루함을 느끼게 됩니다. 모임에 빠지는 날이 점점 늘어납니다. 그러다 보니 당구 실력은 오히려 퇴보하게 됩니다. 그래서 당구장을 더 자주 빠지게 됩니다.

힘들게 시작한 당구 그리고 동호인 모임 활동이라 하더라도 오랜 기간 동안 활발하게 활동하기는 쉽지 않습니다. 그러기 위해서는 중간중간에 다양한 프로모션 활동이나 동기 부여가 필요합니다. 프로모션 활동은 동호인 모임 집행부에서 각종 시합이나 이벤트를 마련하여 회원들이 당구 게임을 즐기는 것이 지루하지 않도록 해줄 필요가 있습니다. 개인적인 동기 부여도 필요합니다. 핸디 승점 목표를 세우고 이를 달성한다든지, 시합에서 우승한다든지 하는 등의 노력은 동기 부여에 많은 도움이 될 것입니다.

그 외에도 직업 당구인들이 참가하는 국내외 당구 시합을, 관심을 가지고 지켜보면 좋겠습니다. 응원하는 선수가 있으면 더욱 좋겠지요. 주변 지인과의 만남에서 당구에 대해 이야기를 나누어 보면 어느 순간 자기 자신이 당구 매니아에 가깝게 가 있다는 걸 알게 될 것입니다. 단순히 당구 게임만 혼자 즐기기보다는 당구와 관련된 것들에 관심을 가지고, 나의 일상에서도 당구를 자주 등장시키다 보면 나도 모르게 당구에 깊이 빠져드는 자신을 발견하게 될 것입니다.

여러 스포츠나 취미활동을 조금씩 맛보면서 종류를 넓혀 다양한 경험을 해보는 것도 좋지만, 일부 스포츠나 취미활동을 오래도록 깊이 있게 경험하면서 전문성을 가지는 것이 더 좋을지도 모르겠습니다. 우리 덕패회 회원 모두가 당구 매니아가 되어 도중에 그만두지 않고 오래도록 당구를 즐길 수 있기를 소망해 봅니다.

*1 목적구를 코너 근처에 머물게 컨트롤할 수 있으면 뒷 공이 좋아질 가능성이 높다.

승점의 의미

(2024. 11. 20.)

늦가을과 초겨울이 계절을 인수인계하는 요즈음입니다. 지난주만 해도 낮에는 반팔로 다녔는데, 이번 주에는 패딩을 입어야 하네요. 평년 대비 기온이 높다 어떻다 해도 계절은 어김없이 찾아옵니다. 이렇게 우리의 회갑 해인 용띠해도 1달여 정도만 남기고 저물어 가고 있네요.

우리 덕패에서는 회원의 실력 향상이 두드러지거나 동료 회원과의 경기에서 높은 승률을 기록하면 핸디를 올리는 승점을 하게 됩니다. 과거 4구 경기 때에는 개인들의 경기 기록이 체계적으로 기록 관리되지 않아 개인의 핸디 수지는 대부분 주먹구구로 결정되었습니다. 그러다 보니 동일한 수지라 해도 지역 간 실력 차이가 많이 나기도 했습니다.

하지만 요즘 3쿠션 경기는 대부분 시스템 프로그램으로 기록 관리되고 있어서 자신의 실력을 객관적으로 체크할 수 있게 되어 있습니다. 자신의 평균 기록(에버리지)뿐만 아니라 여러 상대와의 경기에서 거둔 승률도 알 수 있습니다. 또한 시스템에서는 개인의 적정 핸디 수지를 추천해 주기도 합니다. 물론 시스템에 입력되는 데이터가 정확하지 않아 그 결과 역시 왜곡되어 표현되기도 하지만 대체적으로는 시스템을 통해 자신의 객관적인 실력 수준을 가늠할 수 있습니다.

우리 모임에서 승점을 한다는 것은 단순히 객관적인 실력 향상에 따라 기계적으로 핸디 수지를 올리는 것 이상의 의미를 가지는 것 같습니다. 물론 실력이 좋아져서 에버리지가 높아짐에 따라 승점 해야 하는 것은 당연한 일입니다. 오히려 에버리지가 높은 수준임에도 불구하고 핸디 수지를 낮게 해서 게임을 하면 상대로부터 불공정한 게임이라고 비난을 받기 쉽습니다.

승점은 개인적으로 당구를 치는 재미를 배가시켜 주는 인센티브 역할을 합니다. 우리는 게임을 하면서 이기면 다음에도 이길 수 있을 거라는 기대를 하고, 지면 다음번에는 이겨야지 다짐하면서 또 다음 게임을 기약합니다. 이렇게 게임이 반복되면서 자신의 실력은 조금씩 좋아집니다. 전에는 연전연패했던 상대에게 이기는 횟수가 늘어나면서 자신의 실력이 나아지고 있음을 느끼게 됩니다. 그러다 주변으로부터 그리고 시스템의 추천 핸디에서 승점을 권유합니다. 승점을 하게 되면 당분간 승률이 나빠지겠지만 기분은 좋습니다.

우리 모임에서는 회원이 승점을 하게 되면 동료 회원들에게 승점 턱을 쏘는 관행이 있습니다. 승점 하는 회원 혼자만의 노력이 아니라 함께 게임을 하고 도움을 준 동료 회원들 덕분에 실력이 좋아져서 승점을 하는 것이기 때문입니다. 여기에는 비단 감사의 의미만 있는 것은 아닙니다. 승점 턱을 핑계로 해서 회원들 간에 교류와 회포를 푸는 시간을 덤으로 가지게 됩니다. 평소 게임 중의 식사는 분담하거나 내기 게임을 통해 해결합니다. 하지만 회원들 간의 회식은 적립된 회비가 넉넉하지 않기 때문에 이러한 기회를 활용할 수밖에 없습니다. 물론 회원들에게 경사가 생기면 회식을 갖기도 하지만요.

동료 회원들과의 공정한 게임을 위해 승점 하는 경우도 있습니다. 앞에서 승점은 자신의 객관적인 기록에 의해서도 하지만 상대적인 승률에 의해서도 한다고 했습니다. 어떤 회원은 수비력이 좋아 자신의 에버리지는 그리 높지 않지만 승률은 상당히 높은 경우가 있습니다. 에버리지는 승점 핸디 수준에 미치지 못하더라도 동료 회원들과의 공정한 게임을 위해 승점을 해야 하는 경우도 있습니다. 이 경우에는 수비력도 핸디 수준에 반영된다고 해야 할 것입니다.

승점은 개인별 노력 여하에 따라 다르겠지만 상수로 갈수록 승점 하기가 어려워지는 것 같습니다. 나의 경우를 보면, 3쿠션 핸디 10점대를 칠 때에는 1년에 2점 정도 승점 했던 것 같습니다. 그러다 20점대가 되고 나서는 1년에 1점 승점 하기가 쉽지 않습니다. 매월 40~50게임을 꾸준하게 소화하는 것은 비슷하지만 핸디 수지가 높아질수록 승점이 쉽지 않아 보입니다. 이렇게 승점이 어려워지고 실력이 정체에 빠진 듯하면서 동기부여가 되지 않아 당구에 흥미를 조금씩 잃어가는 사람들도 많은 것 같습니다.

이 단계에서는 새로운 돌파구가 필요합니다. 더 이상 실력이 나아지지 않는 원인에 대한 진단을 통해 변화를 도모해야 합니다. 스트로크 습관에 문제가 없는지 냉정하게 살펴봐야 하고, 동일한 유형의 키스(충돌)를 아무 생각 없이 반복하고 있지는 않는지도 반성해 봐야 합니다. 연타를 치기 위한 후구 배치도 한 번쯤 고민하면서 쳐봐야 할 겁니다. 10점대에서는 주어진 공 배치를 성공시키는 것 자체에 주력했다면, 20

점대에서는 키스와 후구 배치를 염두에 둔 연습이 필요한 것 같습니다. 자신의 실력 수준에 걸맞은 방식의 노력과 연습을 해야만 꾸준한 승점의 결실을 거둘 수 있을 것입니다. 기존의 방식만 고집한다면 정체에서 벗어날 수 없겠지요.

* 내 공이 유독 안 맞는 날에는 Safety Play를 하면서 기다리면 좋다.

| 2장 |

다시 찾은 우정

덕패회, 새벽을 여는 사람들

(2021. 10. 27.)

박봉성 만화, 『새벽을 여는 사람들』을 기억하십니까? 학창 시절 만화방에서 시간 가는 줄 모르고 열독했던 만화입니다. 주인공 최강타가 부산 자갈치 시장에서 어시장을 장악하려는 투기꾼에 맞서 정의를 구현해 나가는 이야기였죠.

우리 덕패회 회원들은 매 주말 새벽 공기를 뚫고 당구장으로 향합니다. 집행부에서는 회원들보다 조금 더 일찍 당구장에 도착해서 문을 열고 감염 예방을 위해 공기도 환기시키고 각종 손이 닿는 곳을 소독하는 등 회원들을 맞이할 준비를 합니다. 처음에는 주말과 공휴일에 일찍 일어나는 것이 힘들었지만 언제부터인가 습관이 되고 회원들을 위해 조그마한 도움이 된다고 생각하니 오히려 기쁨이 되었습니다. 일반인들이 늦게 일어나 아점을 먹을 무렵에 우리 회원들은 이미 3~4게임을 소화하고 귀가하는 회원도 있습니다.

정액 1만 원의 참가비를 내고 12시까지 즐기는 것이기 때문에 새벽 공기를 마시며 일찍 오는 회원들이 많은 게임을 소화할 수 있습니다.

부지런한 사람이 많은 것을 얻을 수 있는 구조가 덕패 조당에서도 통한 다는 것이지요.

최강타가 새벽 어시장에서 투기꾼들을 몰아내고 성장하는 것처럼 저 도 새벽 조당을 더욱 열심히 참가하여 고수들을 하나하나 무너뜨리고 일인자로 우뚝 올라설 그날을 꿈꾸어 봅니다.

* 스트로크를 앞두고 생각이 많으면 큐 미스가 난다.

당구로 다시 찾은 우정

(2021. 11. 18.)

오늘은 수능일입니다. 다행히 예년과 같은 수능 한파는 없습니다. 40 여 년 전 우리가 학력고사를 치를 때 우리 자식 세대에는 이렇게 힘들지 않을 거라 기대했지만 안타깝게도 지금은 그때보다 더 복잡하고 힘들어 보입니다.

그때 고교를 졸업하고 40여 년간 우리는 각자의 삶의 터전에서 가정을 일구고 직업을 가지면서 숨 가쁘게 살아왔습니다.

졸업 이후에도 자주 만나면서 교류했던 친구와 선후배들은 손에 꼽을 정도에 불과했습니다. 동창회가 있었지만 1년에 한 번 나갈까 말까 했고 그나마 동창회에서 만나는 친구나 후배들과는 서로 안부를 묻는 정도에 불과하다 보니 분위기상 잘 참석하지 않게 됩니다.

그러던 우리에게 당구라는 공통 분모가 만들어지면서 40년 가까이 보지 못했던 친구들은 이제는 가족보다 더 자주 만나는 사람들이 되었습니다. 40년이라는 우정의 공백을 한꺼번에 채우려는 듯 다들 참으로 열심히 모임에 참가해서 우정을 돈독히 하고 있습니다. 참 이상한 것은

30~40년을 못 보거나 아예 고교 때 서로 교류가 없었던 친구들도 당구를 치다 보면 1주일 전에 헤어지고 다시 만난 친구같이 편안하고 친근하게 느껴진다는 것입니다.

저는 이런 이유로 당구와 덕패가 참 고맙습니다. 좋아하는 당구를 즐기기 위해 만나고 함께 게임을 즐기면서 대화를 나누고, 식사도 하고, 술도 마시고, 골프도 치고, 여행도 함께 다닐 수 있어서 참 좋습니다.

Thanks to Billiards! Bravo DP!

* 상대 공을 1 목적구로 선택하면 Safety 가능성이 높아진다.

먼 훗날 오늘을 추억할 것에 대비합시다

(2022. 5. 12.)

전형적인 봄 날씨입니다. 차 안에서 맞이하는 봄 햇살이 너무 아까워 어제부터 주 3회 정도 자전거를 타고 양재천을 달리기 시작했습니다. 코로나 거리두기가 해제되면서 양재천 자전거족들이 너무 많이 보입니다.

누구는 현재는 존재하지 않고 미래와 과거만 있다고 하고, 어떤 이는 현재만 존재한다고 합니다. 분명한 것은 지금 누리고 경험하는 현재의 시간은 빠르게 지나가면서 과거가 되고 기억에 존재하는 추억이 된다는 겁니다.

과거의 기억이 좋은 추억으로 되새겨지려면 몇 가지 조건이 충족되어야 하지 않을까 합니다.

우선, 밋밋하지 않고 거리가 있어야 합니다. 지금 우리 덕패 상반기 팀 대항전과 같이 흥미진진하고 긴장감 넘치는 게임들은 분명 추억거리로 충분할 겁입니다.

둘째, 상대에게 Life Best 하이런이나 하이에버를 선사하는 것과 같이 남들이 쉽게 하지 못하는 경험을 하는 것입니다. 물론 내가 그 상대가 되면 더욱 좋겠지만요.

셋째, 가능하면 나쁜 것보다는 좋은 것들을 기억하면서 흐뭇하게 미소 지을 수 있는 그런 일들을 많이 만들면 좋겠습니다. 상대에게 좋은 매너로 당구 외의 개인적인 부담을 주지 않고 즐거운 마음으로 게임비와 식사비를 부담할 수 있는 그런 것들 말입니다.

넷째, 과거를 추억하면서 아쉬움을 최소화할 수 있도록 지금의 당구를 최선을 다해 즐기면 좋겠습니다. 그때 좀 더 시간을 내서 칠걸, 그때 스트레스 받지 말고 즐기면서 칠걸, 그때 핑계 대지 말고 모임에 참가할걸, 건강관리 잘해서 좀 더 많이 칠걸….

과거의 기억은 좋든 나쁘든 대부분은 추억으로 남기 마련입니다. 가급적 좋은 추억들이 더 많이 쌓이는 덕패에서의 나날들이 되기를 소망합니다.

* 테이블 특성을 반영하지 못하는 시스템은 무용지물에 불과하다.

미래에서 회고하는 현재

(2022. 6. 21.)

낮의 길이가 가장 길다는 하지입니다. 올여름도 벌써부터 폭염이 기승을 부리며 긴 더위를 예고하고 있습니다. 건강에 유념해야겠습니다.

나이가 들어가면서 과거의 추억을 자주 떠올리게 됩니다. 친구들끼리 만나서 나누는 이야기의 절반 정도는 "예전에는 그랬는데"라는 지나간 시간에 대한 그리움과 아쉬움들입니다.

저는 현재를 살면서도 종종 미래에 먼저 가서 떠올려보는 현재를 생각합니다. 우리가 지나간 학창 시절을 기억하며 이야기하듯이 현재의 시간은 미래의 추억이 되어 떠올려지겠지요.

아쉬움이 많을지, 즐거운 기억이 많을지 궁금해서 미리 상상해 보는 것일 수도 있겠습니다. 이런 상상을 통해 미래에 추억하는 현재의 시간에 대한 미련과 아쉬움을 줄이고 즐겁고 행복한 기억들로 가득 채우기 위함이겠지요.

우리 덕패회 회원들 가운데 혹자는 미래에서 현재를 떠올리며 이런 아쉬움을 이야기하겠지요. "그때 건강이 허락할 때 조당과 평당에 더 자주 나갈걸", "그때 친구들에게 밥을 더 사줄걸", "친구 험담을 자제했으면 좋았을 텐데", "술 담배 자제하고 운동해서 당구 더 오래 칠걸", "마음과 반대로 친구 저격만 한 게 아쉽다", "당구 외 이런저런 모임에도 빠지지 말걸", "후배들 닦달하지 말고 챙겨줄걸" 등등.

지나간 시간을 추억하면서 아쉬움이 없을 수는 없겠지만 최소한으로 줄일 수는 있을 겁니다. 그리 해보지 않으렵니까?

* 실전에서는 초구 배치를 제외하고 연습 때와 동일한 배치의 공은 하나도 없다.

덕패회는 '사랑'으로 '동행'하는 '휴식처'입니다

(2022. 7. 18.)

장마 와중에 연일 후텁지근한 무더위가 이어지고 있습니다. 잠잠하던 코로나 감염자가 다시 늘어나고 있어서 걱정입니다.

덕패회 상반기 팀 대항전이 성황리에 마무리되었습니다. 6개월 동안 팀당 160게임에 전체 400게임을 소화한 대장정이었습니다. 동호 모임으로서는 보기 드문 30명 회원 전원이 참가한 대회였으며, 대회 기간 내내 흥미와 긴장을 주면서 자칫 지루할 수도 있을 당구 경기에 감초 역할을 톡톡히 했습니다.

이번 대회를 통해 덕패회가 회원 각자에게 어떤 의미일까를 생각해 봤습니다.

우선, 덕패회는 우리에게 휴식처입니다. 집안의 가장이자 부모님을 모시는 자식으로 힘겨운 직장생활로 그리고 일상에서의 여러 스트레스로 지친 몸과 마음을 잠시나마 달래고 위로받을 수 있는 공간이 아닌가 생각합니다.

둘째, 덕패회는 동행입니다. 흔히 말하는 베이비붐 세대들로 구성된 우리 회원들은 자치기를 알고, 갤러그 게임을 했고, 독재와 민주를 이야기했고, 노후와 건강을 함께 걱정하면서 당구로 하나 되는 그런 사람들입니다. 당구를 매개로 오랫동안 함께 갈 충분한 이유가 있는 것이지요.

셋째, 덕패회는 사랑입니다. 같은 고교 출신들이지만 선배랍시고 갑질하지 않고, 후배지만 선배를 어려워하지 않는, 그냥 친구들입니다. 서로의 경조사에 함께 기뻐하고 슬퍼하면서 당구공과 같이 둥글게 서로를 아끼는 우리입니다. 이렇게 오래도록 쭉 함께하면 어떨까요?

하반기에 이어질 개인전이 벌써 기대됩니다.

* 행복해서 당구를 치는 것이 아니라 당구를 치니 행복하다.

남의 일인 줄 알았던 것들이 우리에게도

(2022. 8. 12.)

한바탕 폭우가 지나가고 모처럼 맑은 하늘에 강렬한 햇살이 내리쬐고 있습니다. 이번 폭우로 피해를 입으신 분들은 용기 잃지 마시고 다시 일상으로 돌아올 수 있기를 기원합니다.

내가 어릴 때 시골 마을 강변에 살았는데 당시 강력한 태풍이 몰고 온 폭우로 인해 시골집이 폭삭 내려앉는 바람에 정부가 지원해 줘서 지어준 집에서 어린 시절을 보냈던 기억이 떠오르네요.

풍수해를 언론을 통해서만 접했지, 이번처럼 가까운 주변에서 피해를 본 것을 직접 목격하는 것은 모처럼입니다.

십수 년 전에 아버지가 돌아가시기 전만 해도 부모님이 돌아가시는 것은 남의 일인 줄만 알았는데 그때부터 나의 일이 되어버렸습니다.

가까운 친구가 죽고 친척이나 지인이 갑작스럽게 돌아가실 때에도 죽음이 더 이상 남의 일이 아니고 언제든 닥칠 수 있는 내 주변의 일이 되고 있습니다.

신입사원 때 정년퇴직한다고 퇴임식 하던 선배들을 보면서 퇴직이

나의 일이 아니라고 생각했는데, 지금은 내가 퇴직한 몸이 되었습니다.

영화나 드라마에서 껌 좀 씹는 건달들이 주로 노는 장소가 당구장이었는데, 지금은 내가 그 당구장을 주 4회 찾고 있습니다. 물론 예전의 당구장 분위기와는 판이하게 다르지만요.

이렇듯 남의 일인 줄로만 알고 무관심하게 지나쳤던 것들이 내 주변에서도 언제든 일어날 수 있습니다. 코로나 감염도 마찬가지고요.

주변의 일들은 더 이상 남의 일이 아니고 나와 우리의 일인 것 같습니다. 항상 주변에 관심을 가지고 함께 살아가야 하는 이유이기도 하겠지요.

* 당구공은 굴리는 것이지 때리는 것이 아니다.

덕패의 첫 강호 나들이

(2022. 9. 19.)

긴팔 옷을 꺼냈다가 다시 반팔로 바꾸었습니다. 떠났나 싶었던 여름이 미련이 많이 남나 봅니다.

어제는 제1회 '캐롬고' 클럽 3쿠션대회가 있었습니다. 총 64명이 참가한 가운데 우리 덕패회에서는 10명이 참가하여 5명이 1회전을 통과했습니다.

그간 우리끼리만 경기를 하다가 처음으로 고수들이 득실대는 강호에 진출했습니다. 프로 대회에서도 첫 참가자가 1회전을 통과하기 어렵다고 하는데 우리는 절반이나 1회전을 통과했으니, 절반은 성공한 거라 자평해 봅니다.

최종 결승에 진출한 4명의 면면을 살펴보니 25점에서 28점 정도 치는 분들이었습니다. 30점 이상 치는 분들은 한두 번의 실수가 있으면 따라잡기가 어렵고, 20점 전후로 치는 분들은 아무래도 실력이 모자라는 것 같았습니다.

덕패회 내에서 통용되는 수지가 전반적으로 2점 정도는 과도하게 정해진 게 아닌가 생각되기도 했습니다. 나의 경우 22점을 놓고 도전했지만, 다른 분들의 실력을 보니 나는 20점 정도가 적당한 수지로 여겨졌습니다.

이번 공개 시합에 출전해 보니 느낌에 의존해 치는 것보다는 집중해서 정교하게 치는 습관이 중요하며, 기본 배치 공을 실수하지 않고 성공시키는 것이 성패에 결정적인 영향을 미치는 것 같았습니다.

3회전에 한 명도 진출하지 못한 아쉬움은 있었지만, 이런 공개 대회에 참가함으로써 덕패회가 하나가 되어 응원도 하고 우리 실력을 객관적으로 검증도 받는 등 나름 참가하기를 잘했다는 생각입니다.

1년에 한두 번 정도는 이런 공개 대회에 참가하는 것도 덕패 당구 모임에 활기를 불어넣는 역할을 할 수 있을 것 같아 좋겠다는 생각입니다. 좋은 성적을 거두면 더욱 좋겠지만 그렇지 못하더라도 준비하고 참가하는 과정 또한 우리에게는 더할 나위 없는 경험이 되고 일체감을 돈독히 하는 계기가 되는 듯합니다.

다음 기회에는 더욱 많은 회원이 참가하여 이번보다 좋은 성적을 거둘 수 있도록 연마하도록 합시다.

* 수구가 2번째 쿠션을 지날 때까지는 브릿지를 그대로 유지하는 것이 좋다.

덕패에서만 통용되는 표현들 #1

(2022. 11. 11.)

청명한 가을하늘을 시샘하는 미세먼지가 기승을 부립니다. 여기저기서 코로나 감염자도 다시 늘어나고 있습니다. 반면에 오늘 주가는 미국 인플레이션 증가율 둔화 소식에 모처럼 큰 폭으로 반등하고 있네요.

우리 덕패회 회원들끼리 당구 게임을 즐기면서 사용하는 독특한 표현들이 있습니다. 물론 같은 회원이 아닌 분들에게 사용해서는 절대 안 되는 표현들이지요.

"1승 줄게"

이 표현은 기본적으로 상대를 만만히 보는 마음이 깔려 있습니다. 1승 준다고 하고선 지게 되면 약속을 지킨 것이 되고, 이기게 되면 1승 주려고 했는데 상대가 제대로 못 쳐서 그렇다고 하면 되는 양수겸장의 절묘한 심리전의 정수라 하겠습니다.

"지지는 않겠다"

이 역시 상대를 얕잡아 보는 표현으로 내가 아무리 못 쳐도 최소한 무승부는 할 수 있을 것 같다는 의미입니다. 상대의 심리를 자극하여 스트로크에 힘이 들어가게 함으로써 결국은 본인이 승리하려는 전술이지요.

"앞 돌리기는 없더나"

동일한 포지션이어도 각자가 자신 있는 선구를 선택하기 마련인데, 뒤 돌리기가 실패하면 "앞 돌리기는 없더나"라고 말함으로써 상대의 선구에 혼선을 주기 위한 비매너 전술이라고 하겠습니다.

"오늘 아침에 깻잎 먹었나"

상대의 공이 간발의 차이로 자주 빠져나갈 때 하는 표현입니다. 상대의 실패를 아쉬워하기보다는 약간 골려 먹는다는 뉘앙스가 담긴 자극적 표현이지요.

"좀 봐주는 거 같다"

상대의 실력에 비해 공타 이닝이 길어질 때 하는 표현으로 상대의 실력을 존중하는 의미보다는 계속 그렇게 공타를 치면서 봐주라는 요청에 가까운 표현이지요.

"그게 그리 안 되나, 여전하네"

기본 공을 놓치는 상대를 놀려먹기 위한 표현입니다. 상대도 기본 공을 못 쳐서 짜증이 나는데, 이에 불을 붙임으로써 종국에는 자신이 승리하겠다는 뜻이겠지요.

"넌 왜 나만 만나면 잘 치냐"

상대가 오늘따라 잘 못 치는 것 같아 한번 이겨보려고 상대를 선택했는데, 예상과는 달리 잘 칠 경우에 실망해서 하는 표현으로 좀 적당히 쳐서 나도 1승 거두게 해달라는 애원에 가까운 표현입니다.

"앗싸, 쏘오리, 옳지"

이러한 표현들은 후루크로 내공이 성공했을 때 상대에게 미안한 마음을 표현하는 것이라기보다는 나의 행운 득점에 환호하면서 하이런이 이어지기를 기대하는 표현입니다.

"'이랴'와 '워워'"

내 공이 더 굴러가서 성공시키기 위해 "이랴"를 외치고 상대 공이 힘이 떨어져서 실패하기를 바라는 마음에 "워워"를 외칩니다.

지나친 승부욕에 내가 이기겠다는 노골적인 표현에 가깝다고 하겠습니다. 이러한 표현들은 적당히 하면 재미가 배가 되지만 상대에 따라서는 상대의 감정을 건드려 부작용이 나기도 합니다. 적절한 선에서 그것도 우리 회원끼리만 사용하면 좋겠습니다.

* 상대의 부족한 점은 게임 중이 아니라 게임을 마치고 나서 피드백을 해주면 크게 도움이 된다.

덕패에서만 통용되는 표현들 #2

(2022. 11. 23.)

카타르 월드컵이 한창입니다. 어제는 우승 후보 0순위이자 축구의 신 메시가 버티고 있는 아르헨티나가 피파 랭킹 51위인 사우디에 역전패 했습니다. 사우디 선수들이 뛰는 모습은 흡사 2002 서울 월드컵에서 우리나라 선수들이 뛰는 모습을 보는 듯했습니다. 사우디 선수 중 한 명이 뇌진탕 부상을 당할 정도로 사투에 가까운 경기였습니다. 우리나라 축구 대표팀 감독이 될 뻔한 에르베 르나르 감독의 전략 전술이 위력을 발휘 하기도 한 듯합니다. 감독의 탁월한 전술과 선수들의 사투가 만들어 낸 기적이라고 할 수 있겠습니다.

우리 덕패회 회원들이 당구를 치면서 사용하는 표현들을 더 살펴보 겠습니다.

"아까비"

상대의 공이 아슬아슬하게 빠져나가면서 실패할 경우에 사용하는 표현입니다. 진정 아깝다는 의미도 상대를 놀리려는 의도도 아닌 내 순서가 되어 기분이 좋다는 의미 아닐까요?

"굿샷"

상대의 공이 마무리되기도 전에 미리 굿샷을 외치는 경우입니다. 미리 굿샷을 외치는 경우 실패하는 경우가 다반사입니다.

미리 굿샷을 외쳐 상대의 공이 실패할 경우 상대는 멘탈에 상처를 입는 경우가 더러 있습니다.

"기다려 봐"

의도와 달리 4 내지는 5쿠션으로 들어가거나, 코너를 돌아 리버스엔드로 올라와서 성공하거나, 키스로 성공하는 등의 경우에 어떻게든 성공할 거라는 기대에 대한 표현입니다. 당구는 세게 치고 볼 일이라고 믿는 사람들이 주로 표현하거나 기대하는 상황 아닐까요?

"바깥에 비 오나"

상대가 공이 잘 안 맞거나 내 공이 잘 맞을 경우 상대가 투덜대는 투로 멘트를 할 때 이를 견제하기 위해 주로 쓰는 표현입니다. 입 닫고 조용히 치라는 일종의 경고 섞인 표현에 가깝지요.

"난구는 잘 치는데, 기본 공은 못 치네"

어려운 난구를 잘 풀어낸 것에 대한 찬사라기보다는 기본 공조차 제대로 치지 못한다는 빈정거림에 가까운 표현이지요.

이런 말을 들으면 난구를 잘 친 것에 대해 스스로에게 대견해하기보다는 기본 배치 공을 소화하지 못하면서 다음 기본 공도 놓치는 경우가 많이 발생합니다.

기타 초구 '뱅킹'시 사용하는 다양한 '뱅킹' 인사말입니다.

"잘 쳐봅시다", "잘 부탁합니다", "한 수 부탁합니다", "잘 치겠습니다", "열심히 치겠습니다", "오랜만입니다", "반갑습니다."

예로부터 말 한마디로 천 냥 빚을 갚는다는 속담이 있습니다. 그만큼 말의 전달력은 엄청나다는 의미입니다. 한마디 말로 자살의 충동에서 벗어나기도 하고 말 한마디 잘 못해서 철천지원수가 되기도 합니다.

우리가 당구를 치면서 사용하는 이런저런 말들이 분위기를 화기애애하게 만들기도 하지만 상대의 상황이나 컨디션에 따라 기분을 상하게 하거나 화나게 만들기도 하니 가급적 절제된 표현이 어떨까 생각합니다.

우루과이전 한국팀의 선전을 기원합니다!!!

* 현재의 게임 방식으로는 상수와의 게임에서 지는 경우가 대부분이므로 이기려 하기보다는 배운다는 자세가 정신건강에 좋다.

나의 아지트

(2023. 1. 26.)

설 연휴부터 시작된 한파에 이어 오늘은 다소 많은 눈이 내리고 있습니다. 올겨울의 절정을 치닫고 있는 듯합니다. 급격하게 오른 난방비에 끝날 줄 모르는 우크라이나 전쟁 그리고 암울한 경제전망 등 겨울 추위에 못지않게 여러모로 마음을 움츠리게 하는 2023년 1월입니다. 이제 며칠만 지나면 1월도 지나고 금년 한 해의 1/12을 보내게 됩니다. 연초지만 왠지 마음은 조급해집니다.

몇 해 전에 방영되었던 <나의 아저씨>라는 드라마가 있었습니다. 불운한 환경에서 엉망으로 살아가는 한 소녀와 우리 시대의 직장인으로서 힘겨운 나날을 무의미하게 보내던 한 아저씨가 서로를 통해 위로를 받고 희망을 보게 된다는 이야기입니다.

두 사람의 대화 중에 "나는 너로 인해 겨우 살아났다", "저는 아저씨를 알게 되면서 처음 살아보는 것 같습니다"라는 표현이 전반적인 스토리를 대변하는 것 같습니다.

두 사람이 서로에게 교훈을 줄 만한 거창한 행동을 한 것도 아닌데 내가 아닌 타인의 모습에서 위로와 희망을 충분히 받을 수 있음을, 이 드라마는 보여주고 있었습니다.

나는 이 드라마를 보면서 나의 아저씨 자리에 '나의 아지트'를 대입해 보았습니다. 원래 아지트라는 말은 'agitpunkt'로 러시아 혁명기 때 혁명운동의 선동 지령본부의 의미로 쓰였지만, 요즘은 "특정 사람들이 즐겨 찾거나 자주 머무르는 장소"라는 용어로 사용됩니다. 우리 덕패 아지트는 회원들에게 어떤 의미일까요?

언제든 몸과 마음이 함께하는 곳 아닐까요. 최소 월 1회부터 월 15회까지 찾는 곳이며, 찾지 못하더라도 영상을 통해 함께하고 싶은 곳입니다. 이번 설 연휴에는 5일 연속으로 찾은 회원도 있었습니다. 언제든 당구가 치고 싶거나 친구가 보고 싶으면 찾게 되고 가면 최소 한두 명 이상의 친구들과 게임을 즐길 수 있습니다.

마음이 허전해서 찾기도 하고 여유가 있어서 찾기도 합니다. 시간적인 여유가 많은데 특별히 할 일이 없을 때 찾는 건 당연하고 을로 살아가는 고달픈 직장생활과 정돈이 안 되는 개인사로 인해 나타나는 허전한 마음을 달래기 위해서도 찾는 곳이 우리의 덕패 아지트입니다. 여기서 당구공에 집중해서 게임을 즐기는 동안 잠시나마 시름을 잊을 수 있습니다.

우리 아지트에서는 잘난 사람이 많지만 그리 잘난 사람 같지 않고 힘든 사람도 많지만 그리 힘들어 보이지 않는 사람들로만 채워져 있습니다. 잘된 일은 내 일처럼 기뻐해 주고 그늘진 곳에는 따스한 눈길을 보내주는 그런 사람들의 모임입니다.

어쩌면 당구는 핑계일 수도 있겠다는 생각도 듭니다.

오늘도 나는 아지트로 향합니다.

* 여성도 대회전을 두 바퀴씩이나 돌리는 걸 보면 당구에서는 힘이 아닌 힘의 전달 요령이 더 중요하다.

회갑 예찬

(2023. 5. 30.)

신록의 계절 5월이 지나가고 있습니다. 연휴 동안 내린 비가 마지막 봄비였는지 어제부터 많이 덥습니다. 코로나 때문에 착용했던 마스크를 벗으니, 독감이 기승을 부린다고 하니 다들 조심하길 바랍니다.

며칠이 지나면 우리 덕패회 회장께서 회갑을 맞이합니다. 조선 시대 왕들의 평균 수명이 47세였고 장수한 양반들의 수명도 55세에 불과했다고 하니 60세면 당시로서는 요즘의 90세 이상에 해당하지 않았나 생각됩니다.

회갑은 환갑이라고도 합니다. 십간과 십이지의 맨 처음 조합인 갑자년이 60년이 지나면 다시 돌아온다고 해서 환갑이라고 하며, 이때부터 새로운 60년의 사이클이 시작된다고 해서 회갑이라고 한다고 합니다. 환갑은 과거적이고 회갑은 미래적인 의미가 있는 약간의 뉘앙스 차이는 있는 것 같습니다. 이왕이면 회갑이라고 하는 것이 좋겠네요.

2022년 통계청 자료에 따르면 1964년생이 지금까지 살아있을 확률이 81.37%라고 합니다. 주변 친구들 10명 가운데 2명 정도가 함께하지 못하고 안타깝게도 먼저 세상을 떠났다는 겁니다. 살아있는 우리는 10명 가운데 8명에 해당하니 참 다행이며 감사히 받아들여야 할 일입니다.

그런데 우리가 80세까지 살 확률은 10명 중 5명이며, 100세까지 살 확률은 10명 가운데 1명이라고 합니다. 물론 지금까지 살아있는 우리로 서는 80세나 100세까지 살 확률이 이보다는 높을 겁니다. 요즘은 의료 기술이 발달하여 웬만한 암도 초기에 발견되면 치료가 가능하고 치매 역시 조기에 발견하여 잘 관리하면 치료 내지는 악화되는 걸 막을 수 있다고 합니다. 불행한 사고가 없다면 생각보다 오래 살 가능성이 높아 지는 듯합니다.

60세가 되면 제도적으로 부여되는 혜택이 많습니다. 우선 국민연금 을 의무적으로 납부하지 않아도 됩니다. 농촌에 농지를 보유하고 있다면 농지 연금을 신청해서 받을 수도 있습니다. 치매 검진과 무릎 인공관절 수술 혜택을 받을 수도 있다고 합니다. 60세 이상 인력을 고용한 중소기 업에는 고용지원금을 준다고 하고, 종부세 납부를 유예해 주며, 은행 창 구 송금수수료도 면제된다고 합니다. 당뇨, 고혈압, 근골격계 질환자 등 에게는 저렴하게 안마를 받을 수 있도록 지원해 준답니다. '실버 마이크' 사업을 통해 영화나 공연 관람 등도 지원받을 수 있으며 '노인 복지 주 택'(실버주택)에 입주할 수 있는 자격도 생깁니다.

시골에서는 마을 청년회 멤버들의 평균 나이가 60세를 훌쩍 넘기고 있습니다. 60대 노인이 80대 이상 노인을 돌보는 '노노 케어' 시대입니 다. 노인회관에서는 70세가 막내라서 궂은일을 도맡아 하고 있다고 합니 다. 환갑 잔치는커녕 칠순 잔치도 안 하는 것이 요즘 세태입니다. 그만큼 수명이 길어졌다는 얘기지요.

유엔은 18세부터 65세까지를 청년으로 분류하고 있습니다.

분명한 것은 60세가 되면서부터 사회 주축에서는 물러나지만, 정신적·육체적으로 활동 여력은 있으며 잔여 수명까지 시간이 많이 남아있다는 겁니다. 김형석 교수는 인생의 사회적 가치는 60세부터 온다고 합니다. "가장 일을 많이 하고, 행복한 건 60세부터였어요. 내가 살아보니까 그랬습니다. 글도 더 잘 쓰게 되고, 사상도 올라가게 되고, 존경도 받게 되더군요. 사과나무를 키우면 제일 소중한 시기가 언제일까요. 열매 맺을 때입니다. 그게 60세부터입니다. 나는 늘 말합니다. 인생의 사회적 가치는 60세부터 온다." 비단 돈벌이뿐만 아니라 독서, 취미, 공부 등과 같은 일을 병행한다면 60세부터 본격적인 삶의 가치를 높여나갈 수 있다고 김형석 교수는 강조합니다.

우리 인생을 나누어 보면 태어나서 30세까지는 학업에 치중한 시간이었습니다. 30세 이후부터 60세까지는 직업을 구하고 결혼해서 가정을 꾸려나가는 시간이었습니다. 현재는 어떤가요? 아직 돌봐드려야 하는 부모님이 살아계시거나 결혼 안 한 자녀들도 있는 분들이 많습니다. 하지만 상대적으로 이전에 비해 나 자신을 위해 시간을 보낼 수 있는 여지가 많아진 것은 분명합니다. 60년간 쌓아온 삶의 지혜가 있고 다양한 인맥을 보유하고 있으며 풍족하지는 않지만 어느 정도의 경제력도 갖추고 있습니다. 건강 문제를 잘 관리한다면 김형석 교수가 언급한 대로 자신과 주변을 위해 가치 있는 삶을 살아갈 수 있지 않을까요?

금년에 회갑을 맞이하는 덕패회 회장님을 비롯해 내년에 회갑이 되는 회원들 모두 60세에게 주어지는 여러 가지 사회적 혜택을 잘 챙기면서, 책도 읽고 당구도 열심히 치고 공부도 하고 취미생활도 하면서 건강하고 가치 있는 60세 이후의 삶을 살아갈 수 있기를 희망해봅니다.

* 당구는 60세 이후에 정신적, 육체적 건강에 가장 적합한 스포츠 중 하나다.

덕패회 아지트의 풍경

(2023. 6. 27.)

본격적인 장마 시즌이 시작되었습니다. 습한 무더위로 밤잠을 설치기 시작합니다. 오늘은 장마 와중에 반짝 비추는 햇살이 참 좋습니다.

우리 덕패회 회원들이 만나서 당구를 즐기는 곳, 우리의 아지트에서는 일반 당구장과는 다른 우리 아지트만의 고유한 풍경들이 있습니다.

주말과 일요일 오전에는 우리 회원들만 이용하는 조당이 있습니다. 일반 이용객들이 없으니 우리 회원들이 좋아할 만한 7080 팝송과 가요가 당구장에서 잔잔하게 흘러나옵니다. 어릴 적 학창 시절에 즐겨들었던 익숙한 노래를 들으며 그때 그 노래에 얽힌 사연들을 하나둘씩 이야기하면서 당구 게임을 즐깁니다. 몸은 현재에서 당구를 치고 있지만 마음은 잠시나마 과거로 여행하는 과거와 현재가 교차하는 경험을 합니다.

아침 일찍 먼저 가서 치는 사람들은 나중에 하나둘씩 합류하는 회원들을 반갑게 맞이합니다. 1주일에 2~3번 보는 회원도 있지만 늘 반갑습니다. 나중에 합류하는 회원들은 당구장에 들어서면서 기쁜 마음으로 반기는 회원들이 있어 당구장에 들어서는 발길이 더 가벼워지고 왠지 당구공이 잘 맞을 것 같은 기분이 듭니다.

비단 주말과 공휴일 오전 조당뿐만 아니라 그 외의 시간에도 단체방에 번개 당구를 요청하면 언제든 동참하는 회원들이 있어 시간에 구애받지 않고 게임을 즐길 수 있어서 좋습니다. 아주 가끔은 중간에 합류하는 회원들과 게임을 하느라 주말과 공휴일의 경우 아침부터 저녁까지 하루 종일 치면서 1만 보가 넘는 걸음을 기록하는 회원들도 있습니다. 이렇게 치다 보면 몸은 피곤하지만, 많은 회원을 만나고 그들의 근황을 들으며 게임을 즐길 수 있어서 피곤한 줄을 모릅니다.

우리의 아지트에서는 그 흔한 회원들 간의 다툼이나 갈등이 없습니다. 같은 학교 동기와 선후배들이라 허물없이 농담도 하면서 장난기 어린 대화를 나누지만 금도를 지키면서 서로의 감정을 상하게 하지는 않습니다.

식사 때가 되면 어김없이 식사 내기를 합니다. 둘씩 팀을 짜서 점심 내기 복식경기를 합니다. 같은 식사라도 게임에서 이겨서 얻어먹으면 더 맛이 좋습니다. 자주 져서 밥을 사주는 빈도가 많은 회원에게는 함께 게임을 할 팀 동료를 선택할 수 있는 권한(?)을 부여해 줘서 식삿값으로 나가는 출혈을 줄여줄 기회를 주기도 합니다.

당구 외의 대소사에도 함께 즐기고 아픔을 나눕니다. 당구로 만들어진 모임이기는 하지만 당구 외에도 회원들의 경조사가 있으면 기쁨을 함께하고 슬픔을 나누기도 합니다. 회원이 개인적으로 새로운 출발을 하게 되면 그 길에 성공이 함께하기를 모든 회원이 축원하기도 합니다.

서로가 레슨 코치가 되어 자기만의 비법(?)을 상대에게 가르쳐주고 싶어 안달입니다. 이런 가르침이 가끔은 도움이 되기도 하지만 때로는 각자의 스트로크 방식 등에서 차이가 있어 크게 도움이 되지 않는 경우도 많습니다. 하지만 이런 식으로 서로 가르쳐 주면서 시행착오를 겪다 보면 어느 순간 자신도 모르게 성적이 좋아지는 걸 체감하기도 합니다.

당구를 치다가 식사 때가 되면 꼭 함께 둘러앉아 회원들의 근황뿐만 아니라 다른 친구와 선후배들의 소식도 서로 나누며 공유합니다. 물론 요즘의 세상 돌아가는 이야기도 하지만 종교나 정치적인 색채는 노골적으로 드러내지 않으며 상대의 입장을 논박하지 않고 존중해줍니다.

개인적인 사정으로 당구 모임에 참가하지 못하더라도 회원들의 게임 상황이 궁금해서 습관적으로 어플을 통해 회원들의 게임 상황을 실시간으로 시청하기도 합니다. 잘 치면 찬사의 멘트를 보내고 못 치면 응원의 메시지를 날려줍니다. 비록 몸은 동참하지 못하지만, 마음만은 함께하고 싶기 때문이겠지요.

이렇듯 우리 덕패회 아지트는 겉으로는 당구 게임을 즐기는 장소에 불과하지만, 실은 당구를 매개로 하여 일상을 나누고 스트레스나 고민을 해소하는 우리만의 아지트 역할을 톡톡히 하고 있습니다.

* 3쿠션 당구의 정점은 목적구 간의 키스를 통해 2 목적구의 위치를 원하는 곳으로 이동시켜 성공시키는 것이다.

나의 휴가

(2023. 8. 16.)

언젠가부터 나의 여름휴가는 광복절 기간으로 고정되어 있습니다. 우리 고향 포항 신광에서 펼쳐지는 광복절 기념 축구대회 때문이지요. 광복절 78주년에 우리 고향 축구대회는 70회니까 6.25 전쟁, 가뭄, 코로나 등으로 인해 8회만 빼고 꾸준히 이어져 오고 있는 전국에서 유일무이한 광복절 기념 민간 행사인 것은 이미 널리 알려진 사실입니다.

내가 축구선수로 직접 뛰는 것도 아닌데 이렇게 열심히 찾는 이유는 이때 이곳에 오면 내 고향 신광을 온전히 느낄 수 있기 때문입니다. 보고 싶었던 친구들도 운동장에서 오며 가며 만날 수 있고, 평소 보지 못하던 동네 어르신들에게도 인사하고, 선후배들도 만나고, 선수로 뛰는 조카들과 가족들도 만날 수 있지요. 명절이라고 해봐야 가족끼리만 얼굴 보고 금방 헤어지니 어쩌면 설이나 추석 때보다 더 많은 만남이 가능한듯합니다.

요즘 자식 세대들에게는 낯선 단어인 '고향'을 이해시키기에도 참 좋은 기회인 것 같습니다. 할아버지와 아버지 그리고 아들이 함께 선수로 뛰고 할머니와 어머니 그리고 누나와 동생이 함께 응원하는 모습을 어디에서 볼 수 있을까요? 요즘 세대들에게는 그냥 태어난 곳 정도로 인식되는 우리의 '고향'에서 한동네에 사는 작은아버지를 만나고 먼 아제뻘 되는 분에게 인사하고 이모뻘 되는 분이 반가워하며 이종사촌 형이 안부를 묻는 모습은 이들에게는 분명 낯선 광경이지만 어쩌면 이해할 수 있을 것 같기도 합니다.

게임 전에 상대 선수끼리 인사하면서 "외삼촌 살살해요", "친구야 이번엔 우리가 이긴다", "형님, 저 안 봐줍니다"라고 인사를 건네는 장면은 우리 신광 축구대회에서만 볼 수 있는 흐뭇한 장면입니다. 게임 중에는 자기 동네를 위해 최선을 다하고 때론 격해지기도 하지만, 마치고 나면 상대 팀 응원단에게 먼저 가서 인사하고 응원석에서는 상대 팀으로 뛰었던 조카와 외손주를 격려합니다.

이곳에 가면 세월의 흔적들도 찾을 수 있습니다. 내가 어릴 적에 우리 동네를 대표해서 운동장을 호령했던 아버지뻘 혹은 형님뻘 되는 분들이 이제는 거동조차 불편한 몸으로 응원석에서 아들과 손자를 응원하는 모습을 봅니다. 선수로 뛰는 남편과 아들을 위해 시원한 음료수와 음식을 열심히 날라주었으나, 이제는 지팡이와 보행기에 의존해서 조용히 응원하는 우리 어머니들을 봅니다.

지금 우리 친구들은 신광뿐만 아니라 포항, 부산, 서울 등 전국 여러 곳에서 살고 있습니다. 머나먼 이국땅에서 지내고 있는 친구들도 있습니다. 몸은 멀리에 있고 하루하루 살기에 바빠 신광을 자주 찾지는 못하지만, 우리의 가슴 한편에는 '고향 신광'이라는 명울이 함께 자리 잡고 있습니다. 가끔씩 떠올리며 가슴을 아릿하게 하기도 하고 추억을 떠올리며 미소 짓게도 합니다.

코로나 때문에 대회가 열리지 않기도 했고 한 때는 참가 포기를 하는 마을이 많아 열기가 식기도 했지만, 이번에는 송아지 당첨권 때문인지는 몰라도 어느 해보다 많은 사람들이 운동장을 찾았습니다. 참가 선수들의 폭이 넓어져 마음만 먹으면 한 가족이 한 팀을 구성할 수도 있습니다. 고향 신광에 상주하는 인구가 줄어들기는 하지만 우리 친구들이 약간의 관심만 가지면 어디에 내놓아도 자랑스럽기만 한 광복절 축구대회가 앞으로도 쭉 그 명맥을 이어갈 수 있을 겁니다.

우리의 아들을 넘어 손자들이 운동장에서 뛰는 날까지 축구대회가 이어져서 오래도록 운동장에서 친구들을 만나 반갑게 인사하고 회포를 풀 수 있으면 좋겠습니다. 그래서 우리 후손들에게는 잊힐 '고향'이라는 단어를 우리만이라도 오래도록 느끼며 간직할 수 있기를 소망합니다.

* 2쿠션인지 3쿠션인지 모호하면 2쿠션이다.

은퇴를 못 하는 우리

(2024. 9. 2.)

9월의 매직인가요? 하루 이틀 만에 아침 공기가 확연히 시원해졌습니다. 예전엔 광복절이나 처서가 되면 이런 매직을 느낄 수 있었는데, 차츰 그 시기가 늦춰지는 것 같습니다. 마음이 앞서가는 것인지 벌써 단풍 든 나뭇잎이 보이는 것 같습니다.

직장을 다니면서 우리는 그곳을 탈출하고 싶은 많은 순간을 겪어보았습니다. 남들 쉴 때 쉬지 못하고 격무에 시달릴 때, 주말 나들이 갔다 돌아오는 길이 막혀 다시 스트레스 쌓일 때, 얌체 같은 동료와 매일 같이 근무해야 할 때, 업무의 본질과는 무관한 상사의 터무니 없는 지시가 있을 때, 능력과 무관하게 줄 타고 승승장구하는 동료가 있을 때, 업무량에 비해 턱없이 모자라는 보상이 주어질 때, 몸이 아파도 출근해야 할 때 등입니다.

학창 시절엔 유적지를 탐방하는 역사가가 되고 싶었습니다. 악기를 다루며 음악도 작곡하고 음악 밴드를 만들어 함께 연주도 하고 싶었습니다. 전 세계를 여행하면서 다양한 사람들을 만나고 그들의 문화를 경험해 보고 싶었습니다. 좋아하는 운동을 하면서 돈도 벌 수 있다면 얼마나 좋을까도 생각했습니다. 획기적인 아이디어 상품을 만들어 우리의 삶을 풍요롭게 해주는 사업가가 되고 싶기도 했습니다. 하지만 이 많은 소망들은 현실이라는 벽 앞에서 각자의 꿈으로만 간직하게 되고 맙니다.

현실을 탈출하고 싶은 상황이 생기면 잠시 접어두었던 꿈들을 떠올려봅니다. 언젠가는 그 꿈들을 실현해 보리라 다짐하면서 다시 현실과 타협을 합니다. 은퇴하면 그때부터라도 시작하리라 미루어 둡니다. 빨리 나이가 들어 은퇴하고 싶어집니다. 하고 싶은 거 참고, 쓰고 싶은 거 아끼고 하면서 은퇴 후의 자유를 기약합니다.

이렇게 은퇴를 꿈꾸지만, 막상 은퇴를 하고 나서 자신이 꿈꿔왔던 삶을 살아가는 사람이 그리 많지는 않은 것 같습니다. 주변의 권유로 대박 날 것 같은 사업에 투자했다가 어려움을 겪기도 합니다. 노후 준비가 충분하지 않아 경제적 은퇴를 하지 못하고 계속 돈 버는 일을 찾아하기도 합니다. 특별히 하는 일 없이 무료한 일상을 보내다가 다시 일자리를 알아보는 사람도 있습니다. 예전에 꿈꾸었던 삶들은 이런저런 이유로 실현하기가 어려워집니다.

미국이나 유럽 등의 국가에서는 조기 은퇴를 꿈꾸는 사람들이 많아지고 있다고 합니다. 50세가 되기 전 조기 은퇴를 위해 악착같이 돈을 모은다고 합니다. 비단 조기 은퇴가 아니더라도 이들 나라에서는 은퇴 후의 삶이 다양합니다. 물론 이들 나라의 연금이나 복지시스템이 우리와 달라서 상대적으로 은퇴가 용이할 수도 있을 겁니다. 우리처럼 부모와 자식을 동시에 부양하는 경우도 거의 없기 때문이기도 합니다.

우리는 어떤가요? 경제 성장기와 민주화 그리고 인터넷 시대를 열었습니다. 한 마디로 정신없이 바쁘게 살았습니다. 그래서 성장과 기회의 열매를 챙길 수 있기도 했습니다. 다른 한편으로는 바쁘게 살다 보니 일 외에는 다른 것들을 생각할 여유가 없었습니다. 부모님은 당연히 우리가 부양해야 하는 것으로 생각하고 있습니다. 자식도 대학만 보내주면 부양 의무에서 자유로울 거라 생각했지만 현실은 다릅니다. 졸업 후 취업과 결혼 그리고 손주 케어까지 한도 끝도 없습니다.

그래서 우리는 은퇴를 못 하고 있습니다. 부모와 자식 부양 그리고 자신의 노후에 대비한 경제적인 여유가 없는 사람은 이를 채우기 위해 60세 이후에도 경제활동을 계속할 수밖에 없습니다. 경제적인 여유가 있는 사람도 일만 하느라 접어두었던 꿈을 펼칠 기회를 놓치고 마땅히 대안을 찾지 못해 그냥 해오던 방식대로 일자리를 찾습니다. 물론 그중에는 일을 통해 자아를 실현하고 재미를 찾아가는 사람들도 있습니다. 물론 일부에 불과하겠지만요.

주변의 시선도 한몫하는 것 같습니다. 돈을 벌어야만 제대로 된 직업이고 사회적인 역할을 하는 것이라고 간주하는 사람들이 많습니다. 지역사회를 위한 봉사활동이나 취미활동 등을 하면 마땅한 할 일이 없으니 시간 때우려고 하는 일 정도로 인식하는 겁니다. 이런 시선이 싫어서 일을 찾아 나서는 은퇴자들도 있습니다. 이렇게 부모와 자식 부양, 주변의 시선 그리고 준비되지 않은 은퇴 후의 삶 등으로 인해 많은 사람들이 60세가 넘어서도 일에서 벗어나지 못하고 있습니다.

부모에 대한 부양은 우리 세대가 짊어져야 할 마지막 임무이기 때문에 그대로 부담해야 하겠습니다. 하지만 심하게는 손주 학원비까지 챙기는 자식에 대한 부양 행태는 재고해 볼 필요가 있어 보입니다. 자식들은 우리가 생각하는 것 이상으로 자신들의 삶을 잘 살아갈 것입니다. 이들에게는 필요 최소한의 도움만 주고 나머지는 이런저런 이유로 접어두었던 우리의 꿈을 꺼내 봅시다. 더 늦으면 몸은 병들고 마음은 쇠약해집니다.

그 힌트를 당구장에서 당구를 함께 치면서 찾아보는 것도 좋은 대안인 것 같습니다. 당구를 놀이에만 한정하지 말고 동호인들이나 친구들 간 일상 교류의 장으로 확대해 봅시다. 관심 있는 사람들은 당구장 운영에 직간접적으로 뛰어드는 것도 생각할 수 있겠습니다. 더 나아가 실력 있는 후배들을 찾아 지원해 주는 것도 사회 공헌의 일환으로 생각해 볼 일입니다.

* 3쿠션 당구공은 6.15cm에 불과하지만, 실제 2 목적구의 타깃 범위는 18cm 정도로 넓다.

덕패회 회원들의 핸디에는 거품(?)이 있다

(2024. 9. 9.)

벌써 다음 주가 추석입니다. 추석이 예년보다 빨라 반팔 입고 성묘를 다녀와야겠습니다. 더위의 기세가 너무 강해서 시간이 멈춘 듯했지만, 어김없이 가을하늘은 세월을 배달합니다. 덕패회 회원 모두 그간 보지 못한 가족 친지들과 뜻깊은 한가위 보낼 수 있기를 기원합니다.

스포츠 동호인들 간의 경기에서는 실력이 다른 선수들 간 시합을 공평하게 하기 위해 핸디캡을 부여합니다. 당구에서도 핸디캡을 수지 점수 형태로 부여해 줍니다. 4구에서는 150점, 200점, 300점 등의 형식이고, 3구 3쿠션에서는 15점, 20점, 30점 등의 형식으로 부여됩니다. 그러다 보니 핸디캡 점수가 곧 그 사람의 당구 실력 수준을 나타내게 됩니다.

통상 당구장에서는 당구비를 게임에서 패한 사람이 부담하는 관행이 있습니다. 동일한 당구장 내에서는 수지가 어느 정도 공평하게 부여되다 보니 승률이 크게 차이가 나지 않습니다. 그런데 다른 당구장이나 다른 지역 사람과 경기를 하게 될 경우 같은 수지라 하더라도 실력에서 차이가 나는 경우가 많습니다. 핸디캡 관리를 엄하게 하게 되면 실제는 수지 이상의 실력을 지닌 경우가 많습니다. 반대로 핸디캡 관리를 후하게 하면 수지보다 못한 실력을 지닌 경우가 많습니다.

요즘에는 3쿠션 프로그램을 사용하기 때문에 프로그램을 통해 개인별 스코어가 관리되고, 핸디캡 수준이 권고되고 있기 때문에 이 같은 차이가 많이 발생하지는 않습니다. 하지만 핸디캡 수지가 실력 수준을 나타내다 보니 시스템에 엄격한 스코어 관리가 되지 않고 허수 등이 입력되면서 실제보다 높은 핸디캡 수준이 표시되는 경향이 있습니다.

특히 같은 동호인 모임 회원들끼리 게임을 하다 보면 승률이 유별나게 높은 회원에게는 핸디 수지를 높이라는 압력(?)이 가해집니다. 압력이라고는 하지만 동료들이 자신의 실력을 인정해 주는 경우이기 때문에 이때는 수지를 높이는 경우가 많습니다. 수지를 높이는 걸 거부하고 계속 승률이 높게 되면 동료 회원들로부터 왕따(?)를 당하는 경우도 더러 있는 것 같습니다.

우리 덕패회에서는 여기에 더해 정기 시합 등에서 우승을 하게 되면 핸디 점수를 올리는 경우도 있습니다. 올리지 않으면 게임비 자린고비로 비난 아닌 비난을 받게 됩니다. 이런저런 이유로 핸디 점수를 올리다 보니 우리 회원들의 핸디 점수는 시스템에서 권고하는 점수보다 적게는 1점에서 많게는 3점까지 높은 경우가 대부분입니다. 핸디 점수가 자신의 3쿠션 실력 수준을 나타내다 보니 시스템상의 권고 점수보다 낮은 점수를 치는 사람은 거의 없습니다.

시스템에 입력되는 점수에서도 허수가 더러 존재합니다. 상대가 평소에 비해 점수가 턱없이 나오지 않으면 약간의 허수를 입력해 주는 배려 아닌 배려를 해주기도 합니다. 이닝이 넘어가면 시스템에서도 턴을 해줘야 하는데 의도든 아니든 하지 않게 되면 실제보다 좋은 스코어가 입력됩니다. 복식경기를 개인 회원으로 설정해서 게임을 하는 경우에도 실제보다 높은 스코어가 입력됩니다.

시스템에 입력되는 점수 자체에서 일차적으로 과한 허수가 입력됩니다. 여기에다 시스템에서 권고하는 핸디 점수 이상으로 자신의 수지를 관리하는 2차 허수가 존재합니다. 이렇게 되다 보니 시스템에서 일차적으로 1~2점의 허수가 존재하고, 이런 시스템 권고 점수보다도 2~3점 높은 수지를 치다 보니 결과적으로는 최소 1점에서 최대 5점까지의 수지 거품이 존재하게 됩니다.

우리 회원들끼리의 경기에서는 승률 등으로 어느 정도는 공정성(?)이 보장되기 때문에 상관없지만, 우리 회원이 아닌 다른 손님이나 외부 시합에 참가할 경우에는 많은 문제가 발생하게 됩니다. 가끔 타 당구장에 가서 그곳 단골손님들과 게임을 해보면 이러한 거품현상을 확연히 느낄 수 있습니다. 그래서 우리 덕패회 회원들의 당구 핸디 수준은 이원화해서 관리할 필요가 있을 것 같습니다. 우리 덕패회 회원들끼리 게임을 할 경우에는 지금처럼 수지를 관리하되 턴 누락 등 시스템에 허수가 입력되지 않도록 하면 좋겠습니다. 그렇게 제대로 시스템에 입력된 데이터를 기반으로 시스템에서 권고하는 핸디 수지로 외부인과 게임을 하면 될 듯합니다.

* 3쿠션 2 목적구의 타깃 범위는 18cm이지만 코너 근처에서는 이 범위가 2배로 커진다.

| 3장 |

구르는 공에 세월을 얹다

오징어게임과 당구

(2021. 9. 28.)

넷플릭스 드라마 <오징어게임>이 재미있다고 해서 봤습니다. 돈이 많은 노인네가 뭘 해도 재미없어 빚에 시달리는 막장 인생들을 자발적으로 참가시켜 어릴 적 즐겨 했던 놀이게임을 통해 살아남은 1인에게 456억을 준다는 내용의 드라마입니다.

보면서 우리가 즐기고 있는 당구 게임과 비교되는 대목이 있네요.

첫째, 돈이 너무 많으면 뭘 해도 재미없다.

돈 많은 노인네는 돈이 엄청 많은 사람과 돈이 전혀 없는 사람의 공통점으로 뭘 해도 재미없다는 것을 들었습니다. 당구를 아주 잘 치거나 아주 못 치는 사람들이 느끼는 당구에 대한 체감 즐거움도 비슷할까요?

둘째, 나이 드니 어릴 적 즐겼던 게임만큼 재미있는 게 없다.

돈 많은 노인네는 어릴 적 게임을 통해 느꼈던 즐거움을 다시 느끼기 위해 본인이 직접 죽음의 게임에 참가합니다. 하지만 그 느낌은 다르지요. 그런데 당구는 학창 시절이나 지금 은퇴 시점이나 마찬가지의 재미가 있는 것은 왜일까요?

셋째, 이겨도 희망이 없는 자만이 게임에서 승리를 양보한다.

이겨서 수백억을 들고 나가봐야 아무것도 할 일이 없는 자만이 죽음의 게임에서 아끼는 상대에게 게임을 양보합니다. 그렇지 않은 경우에는 부부라 하더라도 양보하지 않습니다. 우리가 당구 게임을 하면서 "1승 준다"는 말이 얼마나 허구로 가득 찬 것인지 알 수 있습니다. 집중의 정도가 차이 날 뿐이지 어떠한 경우에도 일부러 져주는 경우는 없는 것 같습니다.

넷째, 보는 것이 직접 하는 것보다 재미있을 수는 없다.

돈 많은 노인네는 처음에는 죽음의 게임을 보면서 즐겼지만 여기서 성이 차지 않아 직접 자신이 참가자가 되어 게임을 즐기게 됩니다.

유튜브나 당구 채널을 아무리 봐도 직접 당구장에서 게임을 즐기는 것에 비할 수 있을까요?

더 나이 들어 당구가 재미없어지기 전에 직접 치면서 즐기러 오늘도 '화당'하러 갑니다.

* 난구는 원래 존재하는 것이 아니라 내 마음이 만들어 내는 것이다.

외로움을 자주 느끼면 치매 위험 높아진다는데…

(2022. 2. 22.)

막바지 추위가 한창이네요. 코로나도 막바지였으면 좋겠습니다. 막바지에 감기나 코로나 걸리면 억울할 테니 더더욱 조심해야겠습니다.

미국 건강 미디어 '메디컬뉴스투데이'는 뉴욕대 연구진이 60세 이상 2,308명을 대상으로 10년 이상 추적 연구한 결과 1주일에 3일 이상 외로움을 느끼는 사람은 치매 발병 위험이 3배 이상 높아진다고 합니다.

외로움이 인지력 저하 초기 단계에 관련될 수 있고, 잠재적으로 치매에 기여할 수 있다는 것을 보여준다고 합니다.

우리 덕패회는 현재 화, 목, 토, 일 4일을 포함해서 그 이상을 당구 모임을 통해 교류하고 있습니다. 여기에 더해 두뇌 노화 예방에 도움을 주기 위해 공식 경기를 통해 적절한 긴장감도 느끼게 하고 있습니다.

우리 회원들이 아직은 당구 외에도 다른 활동들을 많이 하고 있기 때문에 당장은 당구 교류를 통한 치매 예방효과를 절감하지 못할지 모르겠습니다. 하지만 나중을 대비해서라도 지금의 습관을 만들어 두는 것도 좋겠습니다.

어때요? 오늘 '화당' 한 당 하실래예?

* 내가 승리하면 실력이고 상대가 승리하면 운이 좋아서일까?

가까운 사이일수록 지켜야 할 것들

(2022. 4. 29.)

봄비가 그치고 맑은 공기에 상쾌한 하루가 시작되었습니다. 4월도 다 지나가고 5월이 되면 실외 마스크를 벗어도 된다고 합니다.

여러분은 가족을 비롯해서 주변에 가까운 사람들을 어떻게 대하고 있나요? 편하다는 이유로 대충 대하고 있지는 않나요?

어떻게 보면 가족과 주변에 있는 가까운 사람들이 내가 힘들고 어려울 때 항상 함께 해줄 소중한 사람들입니다. 나에게 편안함을 주는 만큼 소중하게 대해야 할 사람들인 거죠.

외국과 비교해서 우리나라가 부족한 것 중 하나는 대부분의 영업장에서 단골손님들을 아무렇게나 대한다는 겁니다. 단골손님은 특별한 노력을 들이지 않아도 스스로 찾아주는 고객이기에 더더욱 신경 써서 서비스를 제공해야 하지 않을까요?

친한 친구나 동료들도 마찬가지인 것 같습니다. 언제나 함께하고 수시로 만날 수 있어서 그 존재의 소중함을 잊고 지내지는 않나요? 나이가 들면서 언제나 편하게 시간을 보낼 수 있는 친구와 동료들이 있다는 사실은 그 무엇과도 비교할 수 없는 행복이라는 사실을 새삼 깨닫게 됩니다.

그러기에 내가 잠시 그 소중함을 잊고 상대를 소홀히 대하는 우를 범하지 않으면 좋겠다는 생각을 해봅니다. 편하게 아무렇지 않게 던진 말이나 행동이 상대의 마음을 상하게 하는 일은 없어야겠습니다.

회원 모두를 가족 못지않게 존중하고 배려하는 마음으로 그 존재의 가치를 인정해 주는 성숙한 덕패회로 쭉 계속되었으면 하는 바람입니다.

* 똑같은 배치의 초구를 치고 난 뒤의 공 배치는 백번 치면 다 다르다.

당구와 삶 #1

(2022. 5. 17.)

코로나 거리두기를 벗어나 완연한 일상으로 돌아온 느낌입니다. 마스크를 쓰고 다니기는 하지만 감염 위험이 예전만 못합니다. 하지만 여전히 하루 수만 명의 감염자가 나오고 있으니, 경계심을 완전히 늦추면 안 될 듯합니다.

바깥으로 뛰어나가 그늘에서 쉬면서 음악을 듣고 싶은 그런 날씨입니다.

당구를 치다 보면 나의 일상에 비추어 비교되는 것들이 많습니다.

힘을 빼고 부드럽게 큐의 무게를 느끼며 스트로크를 해야 공에 힘이 제대로 전달됩니다. 나를 중심으로 지나치게 고집을 부리거나 강한 주장을 하다 보면 그런 힘들이 상대에게는 오히려 반발감을 불러일으키기 일쑤이듯이 말입니다.

큐대를 믿고 스트로크를 해야 합니다. 큐대가 수구를 치고 나서도 큐대를 못 믿고 이리저리 비틀다 보면 미스샷이 나거나 공이 의도한 대로 굴러가지 않습니다. 지금까지 살아오면서 일구어 온 나라는 존재의 무게감을 온전히 받아들이지 않고 무리한 추가 행동이 가해지다 보면 상대에게는 오히려 부담이 됩니다.

1 적구에 내 수구의 힘이 뺏기지 않아야 합니다. 1 적구의 두께와 내 수구의 당점과 회전을 잘 조절해서 1 적구를 맞힌 이후에 오히려 내 수구의 구름이 더 커지는 스트로크를 해야 합니다. 나를 둘러싼 가족과 친구들과의 관계에 있어서도 그들로 인해 내가 삶의 동력을 얻을 수 있는 그런 관계가 필요합니다. 집착을 벗어나야겠지요.

테이블을 탓하거나 키스를 원망만 하지 말고 테이블 특성에 맞는 컨트롤과 수구와 부딪힌 이후의 1 적구의 움직임을 감안한 스트로크를 해야 합니다. 내 주변의 환경과 사람들을 탓하지 말고 그 속에서 적응하면서 조화롭게 살아가는 지혜로움이 필요할 듯합니다.

당구에서 상대를 이기고도 상대로부터 감사의 말을 들을 수 있는 매너를 갖춘다면 금상첨화이겠지요. 사회생활에서 어쩔 수 없이 겪어야 하는 사람들과의 경쟁에서 적을 만들지 않는 현명함이 필요하겠습니다.

* 내 큐볼이 2 목적구를 맞추는 두께까지 조절할 수 있다면 가히 절정 고수라 할 수 있다.

당구의 역주행

(2022. 5. 25.)

하루하루 더워지네요. 올여름은 작년만큼 더위가 길다고 하니 건강 관리 잘하시길 바랍니다.

어릴 적 우리가 즐겼던 것들 가운데 나이 들어서도 여전히 즐기는 것들이 무엇이 있을까요? 딱지치기, 왕놀이, 무협만화, 썰매, 당구, 갤러그, 자치기… 자치기는 골프, 썰매는 스키, 무협만화는 시리즈 드라마, 갤러그는 스마트폰 게임 등으로 변형되어 즐기지만 당구만은 큰 변화 없이 그대로 즐기고 있습니다.

오히려 당구는 어릴 적보다 더 재미있고 더 많은 시간을 할애해서 즐기는 것이 아닐까 생각합니다. 일명 역주행이라고 하죠.

현재 당구 인구는 1,500만 명에 전국 당구장 수도 3만에 육박한다고 합니다. 편의점 수가 4만 5천이라고 하니 편의점 2개 있으면 당구장 1개 가 있을 정도입니다.

프로당구(PBA)도 생기고 당구 선수가 여당에서 스포츠 여가 부문에서 정치인으로 활동하는 등 가히 제2의 당구 붐이 일고 있다고 할 수 있겠네요. 우리와 같은 베이비붐 세대가 은퇴하면서 당구장을 찾게 된 것이 가장 큰 영향을 미치지 않았나 생각됩니다.

무엇보다 덕패회가 당구 붐에 가장 큰 기여를 하는 것 같습니다. 우리의 제2 아지트이자 대대 10대라는 큰 규모의 '캐롬고'만 해도 전체 매출액의 1/3 가까이를 우리 덕패회 회원들이 가져다주고 있으니 말입니다.

이번 주도 당구로 하나 되는 덕패, 당구로 스트레스를 날리는 덕패회 회원 여러분들이 되시길 바랍니다!!!

* 당구는 신체(Physical), 기술(Technic), 마음(Mind)의 조합으로 완성된다.

반복되는 생활이 지겹다?

(2022. 10. 25.)

완연한 가을입니다. 우리의 인생 나이가 가을이라고들 합니다. 가을의 정취를 즐기듯 우리네 인생도 즐기면서 살아가는 나날들이면 좋겠습니다.

대부분의 사람들은 똑같은 생활이 반복되면 지겨워하는 경향이 있습니다. 음식도 같은 메뉴를 반복해서 먹으면 질려서 더 이상 먹지를 못합니다. 직장인들은 매일 반복되는 출퇴근 생활을 답답해하기도 합니다. 반복되는 일상을 피할 수 없으니, 거기에 일정한 변화를 가미해서 답답함에서 벗어나려고 시도하기도 하지요.

동일한 식사 메뉴라 하더라도 반찬을 바꿔서 먹기도 하고, 출퇴근 루트를 바꾸어서 가보기도 하고, 지하철이나 버스 정류장도 하나 먼저 내려서 걸어가 보기도 합니다. 작은 변화지만 시도해 보면 많은 차이를 느낀다고 합니다.

그런데 이런 지겹게 반복되는 일상조차도 누리지 못하는 상황이 되면 간절해지기도 합니다. 외국에서 현지 음식이 입에 맞지 않아 힘들어

할 때는 지겹도록 매일 먹었던 김치와 고추장이 그립습니다. 다람쥐 쳇바퀴 돌듯하던 직장조차도 못 다니게 되면 그런 직장이 얼마나 고마운 존재인지 새삼 깨닫기도 하지요.

우리 덕패회 회원들이 자주 즐기는 당구는 어떤가요? 언제든 마음만 먹으면 당구장에서 당구 게임을 즐길 수 있어서 좋기도 하지만 이것 역시 반복되는 일상 중에 하나라 가끔 지겹기도 하지요. 매주 반복되는 조당도 언제든 마음만 먹으면 동참할 수 있는 일상이라서 지겹다고 느끼는 건 아닐까요?

하지만 코로나로 격리 중일 때는 손이 근질근질할 정도로 당구를 치고 싶습니다. 팔다리나 허리가 고장 나서 당분간 큐대를 잡을 수 없게 되면 당구가 눈에 선하면서 지금 당장 치면 하이에버를 기록할 수 있을 듯합니다. 더 이상 조당을 할 수 없게 되는 상황이 발생해서 우리끼리 웃고 떠들며 당구를 칠 수 있는 공간을 마땅히 찾을 수 없게 되면 지금의 조당을 많이 그리워하겠지요.

현재의 반복되는 일상을 지겨워 않고 고맙게 생각하며 즐기기 위해서는 동일한 일상에 일정한 변화 요소를 가미하는 노력이 필요할 듯합니다. 큐대 상대를 바꿔본다든지, 당구안경을 맞춰서 껴본다든지, 장갑도 다른 스타일로 바꿔보거나, 평소 잘 안쳐본 상대와 게임을 해보는 것도 좋을 듯합니다. 덕패회 회원이 아닌 지인들과 쳐보거나, 아지트가 아닌 다른 당구장에서 게임을 해보거나 잠시 쉬어보는 것도 좋겠네요.

반복되는 일상도 노력이 없으면 지겨워서 흥미를 잃게 됩니다. 우리 덕패회 회원들 모두 흥미 잃지 않고 오래도록 당구를 즐길 수 있기를 바랍니다.

* 내 공이 성공하는지 실패하는지를 스트로크 순간 알게 되면 당구 감각은 어느 정도 형성된 것이다.

The Greatest Of All Time

(2022. 12. 20.)

이틀 후면 벌써 동지이고 2022년도 열흘만 남았습니다. 내년부터 우리 친구 중에서 회갑을 맞이하는 친구들이 나오기 시작합니다. 조선 시대에는 회갑까지 사는 것이 요즘 80세 넘어 사는 것과 마찬가지였다고 하니 참 많은 세월이 흘렀네요.

우리 친구들을 처음 만난 지도 벌써 43년이 지나고 있습니다.

어제 새벽 월드컵 축구 결승전 많이 시청하였겠지요. 전반전만 해도 싱겁게 아르헨티나의 낙승이 기대되었는데, 후반전에서는 월드컵 2연승에 도전하는 프랑스의 뒷심이 만만치 않았습니다. 빨리 끝나면 잠자리에 들려고 했으나, 연장전에 승부차기까지 마치고 시상식까지 시청하고 나니 4시가 다 되어서 취침했습니다. 2:0 → 2:2 → 3:2 → 3:3 → 승부차기 4:2. 만약 이것이 영화나 드라마였다면 역전에 역전을 거듭하는 상황을 인위적으로 만들었다고 비판받을 정도였으며, 역대 월드컵 결승전 가운데 가장 극적이었다고 합니다.

36년 만의 아르헨티나의 우승보다도 메시의 신화 완성에 더욱 관심이 가고 흥분이 되었던 순간이었습니다. 펠레도 마라도나도 역사상 그 누구도 이루지 못한 4관왕을 이루는 순간이었습니다. UEFA 챔피언스리그 우승, 올림픽 우승, 발롱도르 수상 그리고 월드컵 우승까지 차지하면서 축구 신화를 완성하였습니다. 그래서 메시를 The Greatest Of All Time(GOAT)이라고 부른답니다.

개인적으로 메시의 열렬한 팬으로서 흥분감 때문에 쉬이 잠을 이룰 수가 없었습니다. 먼 훗날 손주들이 태어나면 할아버지는 메시의 신화 완성을 실시간으로 직접 목격했노라고 자랑할 거리가 생겼습니다.

우리 세대는 부모님을 모시는 마지막 세대이고 자식들의 부양을 받지 못하는 첫 세대라고 합니다. 하지만 어릴 적 펠레의 축구를 아련히 기억하고 있고 마라도나가 축구장을 휘젓고 다니던 모습을 지켜봤으며 메시가 신화를 완성하는 장면을 실시간으로 응원한 세대이기도 합니다.

대중은 스타를 원한다고 합니다. 삶이 녹록지 않을 때일수록 더더욱 대리만족을 해줄 스타를 갈구한다고 합니다. 코로나와 세계적인 경기침체로 억눌려있었던 많은 대중들의 욕망이 메시라는 신화를 만들어 낸 것이 아닌가 생각되기도 합니다.

얼마 전 우리 친구가 퍼펙트 큐를 달성했습니다. 우리는 부럽기도 하지만 우리가 못한 것을 해낸 친구를 통해 대리 기쁨을 함께 나눈 것이 아닌가 생각됩니다. 메시도 친구의 퍼펙트 큐도 그냥 우연히 이루어진 것은 결코 아니라고 생각합니다. 딴 데 신경을 분산시키지 않고 오로지 축구와 당구에 매진한 지난한 노력의 결과물이 아닐까요?

이래저래 기쁘고 즐거운 일이 많지 않지만, 새해에는 많은 친구들이 당구에서만은 이루고자 하는 소망을 모두 이루기를 기원합니다.

* 당구는 아침에 하이런을 치다가도 저녁에 긴 공타를 치는 운동이다.

나이 들면서 잃는 것과 얻는 것들 #1

(2022. 12. 28.)

겨울이 추운 것은 당연하고 예로부터 우리나라의 겨울 날씨는 삼한 사온의 전형을 보이고 있습니다. 근데 언론에서는 조금만 춥거나 조금만 따뜻해도 이상기온이니 어쩌니 하면서 호들갑입니다. 그래서 나는 언론이 싫습니다.

며칠만 지나면 우리 나이로 60이 됩니다. 내년 6월부터 만 나이로 바뀐다고 하지만 우리의 일상 나이 셈법이 크게 바뀔 것 같지는 않습니다. 칠순이나 팔순이 만 나이로 바뀌지는 않듯이 말입니다.

우리는 한해 한해 나이가 들면서 알게 모르게 본의든 타의든 잃어가는 것들이 있습니다. 직장 다닐 때 빈번했던 직장 동료나 업무 관련된 사람들과의 만남이 점점 줄어들거나 아예 없어지고 있습니다. 그러다 보니 자연스럽게 이런저런 모임에도 발길이 뜸해집니다.

건강에 신경 쓰느라 술 담배도 줄이거나 끊어 보지만 그동안 몸 구석 구석에서 잠복하고 있었던 문제들이 나타나면서 병원 나들이 빈도가 늘어나고 있습니다. 벚꽃 구경이나 단풍놀이에서 오는 감흥도 예전만 하지 못합니다. 한때는 집 안에 크리스마스 트리 장식도 했지만, 요즘은 귀찮거나 집안을 어지럽힌다는 생각이 앞섭니다.

특별히 여행에 취미를 갖고 있는 사람이 아니라면 여기저기 돌아다니는 것도 재미가 없고 피곤하기만 합니다. 술 한잔하고 노래방에서 목이 터져라 불렀던 노래도 요즘은 들려오는 음악에 맞춰 흥얼댈 뿐 마음껏 불러본 기억이 언제인가 싶습니다.

"노세 노세 젊어서 노세"라는 옛말이 틀린 것 같지가 같네요.

반대로 나이가 들면서 새로 얻어가는 경험도 합니다. 그간 바쁘게 살아오느라 소원했던 고향이나 학창 시절 단짝 친구들을 찾게 됩니다. 특정한 이해관계로 이루어진 것이 아니다 보니 이들 친구와의 만남을 통해 편안함을 찾으려고 하는 것이 아닌가 여겨집니다.

가까이 있는 가족의 소중함을 새삼 깨닫게 됩니다. 다양한 의도를 갖고 만났다 헤어지는 사람들이 아니라 희로애락을 언제나 함께하면서 앞으로도 동행해야 할 사람들이기에 더더욱 소중함을 느끼게 됩니다.

고정적인 소득이 줄어들거나 없어지면서 가성비 좋은 놀이를 찾게 됩니다. 골프, 해외여행이나 비싼 술집 대신 당구, 탁구, 자전거, 등산, 선술집 등으로 발길을 옮기게 됩니다.

나이가 들면서 잃는 것과 얻는 것들이 있지만 그 와중에 놓치지 말아야 할 것이 있습니다. 적당한 돈과 건강 그리고 친구가 그것입니다. 너무 많은 돈은 엉뚱한 짓을 하게 만들고 건강을 잃으면 만사가 무의미해지며 만날 사람이 없으면 독거노인 대열에 끼게 됩니다.

새해에는 우리 덕패회 회원 모두 당구 열심히 치면서 돈도 절약하고 건강도 지키면서 회원들과의 만남의 기회도 더 많이 가질 수 있으면 좋겠습니다.

* 밉게 보면 불운 아닌 키스 없고, 곱게 보면 행운 아닌 키스 없다.

당구와 삶 #2

(2023. 2. 3.)

내일이 입춘입니다. 회원님들의 집 출입문에 '입춘대길 건양다경'(立春大吉 建陽多慶)이라는 글씨 멋있게 써서 한번 붙여보심이 어떨지요? 봄이 시작되니 모든 일이 크게 길하고 경사스러운 일이 많이 생기기를 기원한다는 내용이지요.

나는 언젠가부터 입춘 때마다 이 글귀를 출입문에 붙여놓습니다. 붙여놓는다고 길한 일이 생기지는 않겠지만, 매번 출입 때마다 이 글귀를 보면서 길하게 살려고 마음 다짐을 하는 효과는 있는 것 같습니다.

3쿠션 당구를 칠 때 당점, 회전, 두께, 스트로크, 선구, 배치 등에 따라 결과는 많이 달라집니다. 이 모든 요소가 포지션 상황별로 어떻게 조합되느냐에 따라 실패하기도 하고 키스가 나기도 하며 성공하기도 합니다. 잘 되는 경우는 성공 후 뒷공마저도 잘 배치되는 결과를 가져오기도 하지요.

우리네 삶도 마찬가지 아닐까요? 가치관, 철학, 배우자, 성격, 직업, 환경 등에 따라 각양각색의 삶을 살아가고 있으니 말입니다.

당점과 회전은 우리 삶의 가치관과 철학에 해당하는 듯합니다. 출발점인 당점과 회전에 따라 결과가 달라지듯이 낙천적이냐 비관적이냐 개인주의적이냐 집단주의적이냐 등에 따라 살아가는 행태는 천차만별인 듯합니다.

1 적구를 얇게 치고 나갈 것인가 두껍게 치고 나갈 것인가는 배우자를 실속으로 선택할 건가 사랑이라는 감정으로 선택할 건가와 유사한 듯합니다. 키스의 가능성을 줄이기 위해 1 적구를 얇게 치고 나가는 건 사랑이라는 감정에 치우치지 않고 실속을 선택하는 것과 비슷한 상황 아닐까요?

스트로크에 따라 공의 구름이나 쿠션 반발 등이 크게 달라지듯이 우리의 성격 역시 많은 것을 좌우합니다. 일을 느긋하고 부드럽게 처리할 것인지 서둘러 밀어붙일 것인지는 상황에 따라 달라야 합니다. 부드럽게 처리해야 하는 상황에서 급하게 밀어붙이다 보면 예기치 못한 부작용이 발생합니다. 반대로 서둘러 강하게 밀어붙여야 하는 상황에서 너무 느긋하게 되면 일을 그르치기 일쑤입니다.

당장의 하나를 성공시키기 위해 쉽게 칠 수 있는 공을 선택할 것인가, 아니면 후구 배치까지를 고려하여 다소 어려운 공을 선택할 것인가의 고민에 놓이는 경우가 많습니다. 상대적으로 편한 월급쟁이의 삶을 살아갈 것인가, 아니면 리스크를 감수하면서 사업가의 길을 갈 것인가의 선택의 문제와 유사한 것 같습니다.

내 순서에 공의 배치가 쉬우냐 어려우냐에 따라 그날의 성적이 많이 달라지듯이 우리에게 주어진 환경이나 관운 등에 따라 삶의 진로는 많이 바뀌게 됩니다. 키스가 나면서 실패하기도 하지만 운 좋게 성공하기도 하듯이 우리네 인생도 새옹지마처럼 울고 웃기도 합니다.

여러 변수에 따라 의도대로 그날의 당구가 잘 맞기도 하고 잘 안 맞기도 하듯이 우리의 삶도 마찬가지일 듯합니다. 매번 승패에 지나치게 일희일비하지 않고 꾸준하게 실력을 연마하면 언젠가는 당구도 고수의 경지에 도달합니다. 우리의 삶도 한두 번의 성공과 실패에 너무 안주하거나 실망하지 않고 끊임없이 자신을 개발하고 노력한다면 행복의 경지에 도달하지 않을까 생각합니다.

* 어려운 공은 상대를 견제하기 위해, 쉬운 공은 내 공 배치를 위해 생각하면서 쳐야 한다.

가는 세월과 체력 저하

(2023. 3. 21.)

　　오늘은 낮과 밤의 길이가 같다는 춘분이네요. 이때를 즈음하여 농가에서는 농사 준비에 바쁘다고 합니다. 또한 바람이 많이 불어 어촌에서는 고기잡이를 나가지 않고 먼 길 가는 배도 타지 않는다고 합니다. 바람 때문에 산불도 많이 난다고 하니 산행하시는 분들은 주의해야겠습니다.

　　당구는 다른 스포츠에 비해 상대적으로 강한 체력을 요구하지는 않는 것 같습니다. 은퇴한 고령자분들이 당구장을 많이 찾는 이유이기도 하겠지요. 당구 4대 천황이라 불리는 분들의 연령도 대부분 4~50대인 걸 보면 당구 실력은 체력보다는 경륜이 더 크게 작용하는 게 아닌가 여겨집니다.

　　그러면 나이가 들고 당구장을 많이 찾으면 실력이 비례해서 증가할 수 있을까요? 어느 정도까지는 실력이 비례해서 증가할 수는 있겠지만, 어느 시점부터는 기존의 성적을 유지하는 것조차 힘에 부치게 되는 것이 현실인 것 같습니다. 물론 개인적인 노력이나 체력 관리 정도에 따라 한계에 도달하는 시점은 차이가 있을 겁니다.

개인적으로는 금년 들어 하루 6게임 이상 소화하기가 힘에 부친다는 걸 느끼기 시작했습니다. 특히 토, 일요일 아침부터 저녁까지 이틀 연속으로 치다 보면 체력적으로나 정신적으로 힘들어 점수가 제대로 나오지 않고 있습니다. 그나마 당구를 즐기고 함께하는 친구들과 재미있게 당구를 치다 보니 이틀 연속으로 칠 수 있지 그렇지 않다면 도저히 소화하기 어려울 거라 생각됩니다.

지난 2월에는 총 75게임 정도를 소화했습니다. 당구에 체력을 안배하기 위해 좋아하는 골프도 줄여나가고 있습니다. 이제 날씨가 좋아지고 바깥으로 나가는 일이나 지인들과의 이런저런 행사들이 늘어나면서 2월만큼 당구를 많이 치지는 못하더라도 최소 50게임 이상은 소화하려고 합니다. 그러려면 지금보다 체력 관리에 더 많은 노력을 기울여야 하지 않을까 생각됩니다.

나는 매년 정기적인 건강진단을 받으며 나름 건강관리에 신경 쓰고 있지만, 해가 갈수록 조금씩 건강에 적신호가 많이 켜지는 걸 매번 확인하고 있습니다. 아무리 건강을 위해 노력해도 나이가 들면서 찾아오는 질병이나 체력적인 문제들은 예방하기가 어려운 것 같습니다. 의사 선생님의 조언에 따르면 이러한 건강상의 문제들을 이제는 담담히 받아들이고 관리해야만 정신적으로나마 건전하게 살아갈 수 있다고 합니다.

나의 어머니에게 '불청객' 치매가 찾아왔습니다. 주변에 아픈 사람들과 돌아가시는 분들도 많아지고 있습니다. 나 자신의 건강관리뿐만 아니라 주변 사람들의 건강 문제도 마냥 당구를 즐길 수 없게 만드는 요인들로 작용하는 것 같습니다. 그래서 나이가 들어 경륜이 쌓인다고 당구 실력이 비례해서 좋아지지 않는 것이 아닌가 생각되기도 하네요.

어찌 되었든 당구는 현재로서는 나에게 가장 큰 삶의 활력소 역할을 하고 있으니, 가능하면 오래도록 즐기면서 실력 또한 높일 수 있는 만큼 높이기 위해서 체력과 건강관리에 더욱 신경 써야겠습니다. 우리 모임의 큰 형님이신 터미 형은 칠순을 앞두고 있지만 여전히 탁구와 당구를 왕성하게 즐기고 있습니다. 당구가 체력 소모가 아닌 체력과 정신건강 유지에 도움이 되는 방향으로 적절히 관리해서 터미 형과 같이 오래도록 좋아하는 당구를 왕성하게 즐길 수 있기를 희망하고 다짐해 봅니다.

* 당구는 축구나 야구 등과 달리 가늘고 길게 가는 스포츠다.

내 삶의 활력소

(2023. 3. 24.)

따뜻한 봄 날씨와 함께 목련이 활짝 피었습니다. 벚꽃도 여기저기서 얼굴을 내밀기 시작합니다. 하지만 짙은 황사가 가져온 미세먼지 때문에 코로나에서 벗어났던 마스크를 계속 쓰게 되네요. 모든 게 이처럼 좋을 수도 없고 나쁘지만도 않은 것이 우리네 인생사인 모양입니다.

인생을 거슬러서 보면 그때그때마다 힘든 일도 많이 있었지만, 하루하루를 기대하게 만드는 것들도 많았던 것 같습니다. 내가 시골에서 학교 다녔던 초중등 시절에는 만화방에서 만화책 빌려보거나 김일의 레슬링을 보는 재미로 살았습니다. 학교 마치면 라디오가 오늘은 무슨 재미있는 옛날이야기를 들려줄지 기대를 잔뜩 하면서 라디오 앞에 드러누웠습니다. 이어서 마루치와 아라치가 파란해골13호를 신나게 무찌르는 이야기도 함께 듣고 나면 하루가 즐겁게 지나곤 했습니다.

고교 시절에는 고교야구를 보는 재미로 힘든 고등학교 시절을 보냈던 것 같습니다. 우리 학교에는 야구부가 없었지만 대구상고, 경북고 등 대구 지역 고교야구팀을 많이 응원했습니다. 이후 프로야구가 출범하면서 재미가 시들해지긴 했지만, 당시 고교야구는 요즘 학생들에게 아이돌 이상의 인기를 누리지 않았나 생각됩니다.

대학 시절에는 그때까지 알고 있었던 정의와 애국 그리고 선과 악에 대해 새롭게 눈을 뜨면서 사회와 정치 이슈에 관여했습니다. 마치 일제 강점기 독립운동하던 독립 투사인 양 민주와 정의를 대의명분으로 내세우며 힘든 시절을 이겨나갔던 것 같습니다.

사회생활을 시작하면서 직장에서 많은 부조리함을 목격하고 을로서의 힘든 생활을 보냈지만, 당시 데이트하던 아내를 만나서 보냈던 꿈 같은 시간들이 직장의 애환들을 견뎌 나가게 했던 원동력이 아니었나 생각됩니다. 아내와 결혼을 이야기하고 함께 꾸려나갈 미래를 꿈꾸면서 말입니다.

결혼 후 아이 자라는 모습을 보면서 나태해지는 나 자신을 채찍질하기도 하고 아이가 주는 행복감에 빠져들기도 했지요.

직장에서는 수많은 좌절과 실패를 겪기도 했지만, 자기개발 하면서 노력하여 승진이라는 결실을 맺으면 나름의 보람을 느끼기도 했습니다. 한 푼 두 푼 돈을 모아 전셋집 넓혀서 이사 가고, 내 집 마련을 하면서 내 삶에 동력을 불어넣어 왔습니다.

직장 후반기에는 퇴직 후의 삶을 대비하여 자격증, 학위, 연금, 취미 생활 등을 준비하면서 미래에 대한 막연한 불안감을 떨치려고 노력했습니다. 미래에 대한 불안감을 해소하는 것이 당시에는 삶의 활력소가 아니었나 생각됩니다.

퇴직한 지금은 그간 준비해 온 것들을 기반으로 프리랜서 형태로 간간이 일을 하기도 하고, 미루어 두었던 책도 읽고, 아내와 여행도 다니면서 살고 있습니다. 퇴직 전에 준비한 계획과는 100% 일치하지는 않지만 상당 부분 계획대로 흘러가는 것 같습니다.

살아가면서 모든 것이 계획대로 되지 않듯이 내게도 계획에 없었던 당구가 찾아와서 내 일상의 많은 부분을 차지하게 되었습니다. 원래 당구가 있었던 자리에는 악기와 역사 공부가 있었는데 이것들은 자연스럽게 나중으로 미루어졌습니다. 하지만 지금으로서는 예정에 없었던 당구가 내 삶의 중요한 활력소 역할을 하고 있다는 사실은 부인할 수 없습니다. 또한 당구와 함께 찾아온 친구들과 만남의 시간들은 힘들게 살아온 내 삶에 주어진 가장 소중한 선물입니다.

가능하면 보배 같은 친구들과 당구를 오래도록 즐기면서 남은 내 삶의 시간에 활력소가 될 수 있기를 소망해 봅니다.

* 공들의 움직임이 많게 치면 그만큼 충돌(키스) 가능성도 높아진다.

우리나라의 사회상과 당구

(2023. 3. 30.)

올 한 해의 1/4이 지나고 있습니다. 하루 기온 차가 심해 집을 나설 때마다 옷 입기가 고민입니다. 코로나가 잠잠하다고 느슨해지지 말고 이럴 때일수록 감기 걸리지 않도록 조심하길 바랍니다.

통계청이 2022년 우리나라의 사회지표를 조사한 결과를 발표했습니다. 당구를 치고 있는 우리 세대가 주목할 만한 주요 내용들을 살펴보겠습니다.

우선, 2022년에 태어난 아기의 기대수명은 83.6년이라고 합니다. 1970년에 태어난 아기의 기대수명이 62.3세였던 걸 보면 지금 우리 덕패회 회원들은 기대수명 이상을 살 가능성이 높아 보입니다. 수명이 늘어나면서 우려스러운 점은 사망원인 가운데 1위인 암에 지금까지 걸리지 않았다고 해도 60세 이후에 발병할 확률이 100명당 14명 내외라고 하니 평소 암 검진 등을 통해 건강관리에 유의해야겠습니다.

수명이 늘어나면서 알츠하이머로 사망하는 비율이 늘어나고 있답니다. 2000년에는 알츠하이머 사망자가 인구 10만 명당 0.3명이었는데,

2022년에는 무려 52배가 늘어난 15.6명이라고 합니다. 앞으로 이 비중은 더 늘어나겠지요. 이 질병을 예방하기 위해서라도 당구를 더 열심히 쳐야 하는 이유가 분명해지는 것 같습니다.

60세 이상 노령인구 가운데 평소 외롭다고 느끼는 사람들의 비중은 26.2%이며, 여가를 혼자 보내는 사람들의 비중은 51.8%라고 합니다. 가구주가 65세 이상인 세대가 501만 세대인데 이 가운데 36.4%가 1인 가구, 즉 독거노인이라고 합니다. 사회구조적으로나 고령층으로 접어들면서 외로워질 수밖에 없기 때문에 우리 덕패회가 이들을 더 많이 끌어안고 가야 할 듯합니다.

2020년 기준으로 기대수명은 83.5세인데 반해 건강수명은 66.3세에 불과하여 수명이 다하기 전에 상당 기간을 병마에 시달리면서 살아간다고 합니다. 성인 흡연율은 18.2%이고 음주율은 53.5%라고 하니 이제는 술도 적당히 마시고 금연하면서 당구를 즐기다 보면 건강수명은 자연스레 늘어나지 않을까 생각합니다.

생산연령인구가 노인을 부양하는 비율인 노년부양비가 24.6%, 즉 생산연령인구 100명이 노인 24.6명을 부양해야 한다고 합니다. 자식 세대에게 부담이 되지 않으려면 자식에게 재산 다 물려줄 생각 하지 말고 노후를 대비해야겠습니다. 예전과 달리 이혼할 수 있다고 생각하는 사람도 18.7%나 되고, 가사 분담률은 전 세대 평균 47.5%인데 비해 60세 이상은 15.2%에 불과하다고 합니다. 우리 회원들은 집안일을 지금까지보다 더 많이 분담하면서 딴짓하지 말고 건전한 당구를 즐기면서 오래도록 해로하면 좋겠습니다.

1980년에 전체 가구 중 1인 가구 비중이 4.8%였는데 2021년에는

33.4%로 급증했고, 2000년에 3.13명이었던 평균 가구원 수가 2022년에는 2.3명으로 급감했다고 합니다. 1980년에 부부만 함께 사는 가구 비중이 6.4%였는데 2021년에는 이 비중이 26.6%로 크게 증가했습니다. 앞으로 주거용이나 투자용으로 주택을 장만할 때는 이러한 추세를 감안하여 작은 평수를 찾아야 할 듯하며, 차액은 우리의 노후에 보태야겠습니다.

지금까지 우리나라의 사회지표를 살펴보면서 느낀 점은 덕패에서 저렴하고 건전하게 당구 열심히 치면서 회원들과 교류하고 가사 일을 분담하면서 건강하게 배우자와 해로하는 것이 소박한 행복을 꿈꾸는 사람들의 모습이 아닐까 하는 것입니다.

* 2.84m×1.42m 테이블 대회전과 마찬가지로 50mm×50mm 안 좁은 코너에서도 3쿠션은 완성된다.

당구와 인생에는 멀리건이 없다

(2023. 4. 18.)

봄비가 내립니다. 이틀 후가 곡우라고 하네요. 곡우 때쯤이면 봄비가
잘 내리고 백곡이 윤택해진다고 합니다. 곡우에 가물면 그해 농사를 망
친다고 하는데 그나마 다행입니다. 예전에는 곡우 무렵에 농가에서는
못자리를 하기 위해 볍씨를 담갔다고 합니다.

우리는 당구를 칠 때 매번 선구(選球)를 하게 됩니다. 성공 확률이나
키스 가능성, 후구 배치 등을 고려하여 신중하게 루트를 선택합니다. 그
리고 나서는 세게 칠 건지 부드럽게 칠 건지, 두께는 얇게 할 건지 두껍게
할 건지를 고민합니다. 직접 3쿠션 만에 성공시킬 건지 아니면 돌아 나오
면서 4 내지는 5쿠션 만에 2 목적구를 맞출 건지를 결정하게 됩니다.

앞돌리기를 선택하여 시도했으나 실패할 경우에는 뒤돌리기를 선택
하지 않은 것을 후회합니다. 짧게 들어가도록 샷을 했는데 약간 길게
들어가서 실패하면 처음부터 길게 시도하지 못한 것을 아쉬워하기도 합
니다. 키스를 피하기 위해 1 목적구를 얇게 맞춘 것이 오히려 키스의 원
인이 되면 두껍게 쳐서 1 목적구를 벗어나게 하지 못한 것을 안타까워합

니다.

옆돌리기가 매번 길게 빠져 이번에는 짧게 시도했는데 반대로 너무 짧아서 실패하면 길게 치지 못한 자신을 원망합니다.

지난번 세워치기에서 너무 짧아 2쿠션 만에 2 목적구를 맞추어서 이번에는 약간 길게 쳤는데 아예 2 목적구를 맞추지 못하기도 합니다. 빗겨치기를 할까 걸어치기를 할까 망설이다 걸어치기를 선택하여 크게 벗어나면 빗겨치기를 선택하지 못한 자신이 한심해 보입니다.

왼쪽 앞돌리기를 선택하여 실패하면 오른쪽 앞돌리기를 선택할 걸 하고 후회하고, 오른쪽 뒤돌리기를 선택해서 실패하면 왼쪽 되돌리기가 차라리 좋았겠다고 생각합니다. 옆돌리기를 3쿠션으로 직접 시도했는데 길거나 짧게 빠지면 확률 높은 옆돌리기 대회전을 선구하지 못한 자신이 미워집니다. 코너에 있는 공을 원뱅크샷으로 시도했는데 키스로 실패하면 차라리 3뱅크샷으로 키스를 피해서 치지 못한 것이 후회됩니다.

당구를 치면서 선구가 성공하면 상관없으나 실패하면 매번 선택하지 않았던 다른 길에 대해 미련을 갖거나 후회를 하게 됩니다. 우리가 살면서도 이런 선택하지 않았던 길에 대해 미련을 갖게 되는 경우가 많습니다. 고교 때 문과를 선택해서 나중에 취업이 어려우면 이과를 선택했어야 했는데 하면서 안타까워합니다. 개인사업을 창업하여 실패하거나 어려움에 처하게 되면 월급 또박또박 나오는 직장에 들어가지 못한 것을 후회합니다. 반대로 직장 상사에게 갑질 당하거나 휴일 없이 일에 시달리다 보면 개인 사업하는 친구를 부러워합니다. 아직 한창 일할 수 있는 나이에 은퇴를 하게 되면 60대 이후에도 왕성하게 활동하는 전문직을 준비하지 못했던 자신이 미워집니다.

내 집 마련하느라 무리하는 대신 여유로운 여가생활과 문화생활을 즐겼으나, 젊었을 때 무리해서 아파트를 구입한 지인의 집값이 많이 오르게 되면 대출을 내서라도 집을 샀어야 했는데 하면서 후회합니다. 승진을 포기하고 회사에서 기회를 제공해 준 해외 유학을 다녀왔는데, 승진한 동기 밑에서 일하게 되면 이 또한 원망스러운 일로 느끼게 됩니다. 맞벌이보다는 가정에 충실할 것 같은 착한 배우자를 선택했는데, 맞벌이 하면서 여유로운 노후를 보내는 사람을 보게 되면 맞벌이가 가능한 배우자를 선택하지 못한 것을 아쉬워하기도 합니다.

이렇듯 당구나 우리 인생이나 매번 선택의 연속이면서 선택한 길에 대해서는 되돌리는 멀리건(Mulligan)이 없습니다. 우리가 선택한 길이 성공적이면 다른 선택 대안에 대해 아쉬워하지는 않습니다. 선택이 만족스럽지 못할 때만 이런 아쉬움 느끼게 되는 것 같습니다.

이 대목에서 생각해 볼 점은 내가 선택하지 않은 다른 길을 설령 선택했다고 해서 반드시 만족스러운 결과를 가져올 것인가입니다. 앞돌리기를 선택해서 실패했지만 뒤돌리기를 선택해서 실패할 수도 있을 뿐만 아니라 상대에게 더 좋은 공 배치를 갖다 바치게 할 수도 있지 않을까요? 회사가 제공해 준 유학 다녀오느라 동료보다 승진은 늦었지만, 승진한 동료가 이른 나이에 명예퇴직을 할 수도 있지 않을까요? 맞벌이 부부가 노후에 황혼이혼 가능성이 높다면 어떨까요?

내가 선택한 길을 후회하거나 아쉬워하지 않고 열심히 최선을 다하면 그 안에서 새로운 기회와 가치를 찾을 수 있지 않을까요? 앞돌리기를 실패했다고 해서 선택하지 못한 뒤돌리기만을 떠올릴 것이 아니라, 앞돌리기 실패 원인과 상대 공 배치 등을 확인하고 다음번 비슷한 상황에서 적절하게 활용할 수 있는 자세가 더 중요한 것 같습니다. 선택하지 못한 길에 대해 후회할 시간에 선택한 길에서 최선의 노력을 통해 새로운 기회와 가치를 찾는 삶이 더 멋지지 않을까요?

* 멀리건(mulligan): 이전 시도의 결과가 좋지 않은 상태에서 하는 두 번째 시도.
* 대대 테이블에서 1시간 경기하면 1,500보를 걷는 효과가 있다.

오늘이 가장 젊은 날

(2023. 4. 27.)

아침에는 패딩을 입어야 하고 낮에는 반팔로 다닐 정도로 아침과 낮의 기온 차이가 극심합니다. 감기도 유행하고 결막염을 동반한 신종 코로나가 등장했다고 하니 다들 건강에 유의해야겠습니다.

오늘과 지금을 살아가고 있는 우리는 가끔 어제와 그때를 그리워합니다. "그때가 좋았지!" 하면서 말입니다. 학생 때는 공부 안 해도 되는 어른을 부러워했습니다. 어른이 되고 나서는 젊었을 때 더 열심히 배울걸 하고 학창 시절을 아쉬워합니다.

팔순이 되어 거동이 불편하고 나서는 회갑 때 회갑 여행을 못 간 것을 후회합니다. 100세가 되어서는 팔순 때 외국어를 배우지 못한 것을 안타까워합니다. 결혼하고 나서 직장과 육아에 지칠 때면 결혼 전에 해외여행을 많이 다니지 못한 것을 아쉬워합니다.

대학생 때는 빨리 졸업하고 취직해서 독립하고 싶어 하고, 졸업하고 나서는 다시 학창 시절로 돌아가고 싶어 합니다. 직장에서 생고생할 때는 빨리 은퇴해서 버킷리스트에 담긴 것들을 하나씩 해보고 싶어 합니다. 은퇴하고 나서는 바쁜 직장생활이 그립습니다.

팔을 다쳐 깁스를 하고 나서는 매일 양치질을 할 수 있는 내 팔의 고마움을 느낍니다. 치질로 고생하고 있노라면 매일 편하게 대소변을 볼 수 있는 것이 얼마나 행복한 것이었나 생각합니다. 목발로 불편하게 걷다가 휠체어에 의존하게 되면 불편하게라도 걸을 수 있었던 때가 좋았습니다.

마감 원고에 시달리는 작가나 내일 제안서 발표를 앞두고 긴장하고 있는 사람은 청소 미화원과 경비를 부러워합니다. 이들처럼 육체노동을 하는 사람은 책상머리에서 머리만을 써도 되는 사람들은 "얼마나 편할까?" 생각합니다. 사업하면서 스트레스받는 사람은 퇴근하는 직장인이 부럽고, 주변 간섭이 너무 많아 스트레스받는 직장인들은 지금이라도 뛰쳐나가 사업하고 싶습니다.

당구장에서 탁한 공기를 마시며 당구를 치다 보면 맑은 공기 마시며 산에 오르거나 자전거 타고 북한강 변을 달리는 사람이 마냥 부럽습니다. 산에서 내려오다 무릎이 아프거나 자전거 타다가 미세먼지라도 만나면 당구장에서 당구를 즐기는 친구들의 선택이 옳았다고 생각합니다. 새벽같이 일어나 비싼 돈 내고 치는 골프에서 공이 제대로 안 맞을 때면 느긋하게 일어나 저렴하게 당구나 즐길걸 하고 후회하기도 합니다.

여름휴가를 계곡에서 심심하게 보낸 사람은 시원한 바닷물에 몸을 담그지 못한 것을 아쉬워합니다. 목욕탕 같은 해수욕장에서 어수선하게 휴가를 보낸 사람은 조용한 계곡에서 발 담그고 독서나 할걸 하면서 후회합니다.

3쿠션 핸디가 30점이라 더 이상 승점에 한계를 느끼는 사람은 1년에

2점 내외씩 올리는 재미가 있었던 20점 때를 그리워합니다. 20점을 치는 사람은 어느 정도 경지에 도달해 의도한 대로 치거나 난구를 멋지게 풀어내는 30점 고수를 마냥 부러워합니다.

이렇듯 우리 인간에게 있어 행복과 불행 혹은 만족과 불만족의 느낌은 상대적인 것에서 생기는 것 같습니다. 다른 사람과의 비교에서 만족과 불만족을 느끼고, 다른 때와의 비교에서 행복과 불행을 느낍니다.

하지만 대부분의 비교는 한쪽의 온전함과 다른 쪽의 일부분과의 비교입니다. 내가 지금 행복이나 만족을 느끼는 경우는 비교 상대의 그렇지 못한 일면과의 비교에서 나타나는 것 같습니다. 반대로 내가 지금 불행이나 불만족을 느끼는 경우는 비교 상대의 행복하고 만족스러운 일면만을 보기 때문입니다.

내로남불도 그렇다고 합니다. 나의 행동은 의도까지 포함해서 판단하고 타인의 행동은 의도가 배제된 행동 자체로만 판단하기 때문이라고 합니다.

오늘은 내 남은 생에 가장 젊은 날이라고 합니다. 어차피 공평한 비교가 아니라면 내가 지금 이 순간 행복하고 만족스럽다고 느낄 수 있는 비교를 주로 하는 것이 좋지 않을까요? 80세 노인이 60세라면 하려고 할 거를 지금 내가 하면 어떨까요?

직장 다니며 스트레스받는 후배는 은퇴해서 자유로운 일상에 빨리 합류하고 싶어 할 겁니다. 매번 새로운 길을 익히고 내일이면 '승점'할 수 있다는 기대를 갖고 즐길 수 있는 3쿠션 핸디 22점짜리라서 행복하다고.

---

* 하수와의 경기에서도 최선을 다해 멋진 경기를 해주는 것이 매너다.

잊고 지내는 것들

(2023. 5. 4.)

어제는 햇살이 너무 좋았습니다. 모처럼 먼지 낀 자전거를 꺼내 타고 한강 변을 달렸습니다. 젊은 시절에는 날씨가 좋다는 이유만으로 바깥나들이를 했습니다. 요즘은 뼈 건강에 좋다는 이유가 추가되었습니다.

모처럼의 한강 변 라이딩이라 그런지 예전과 다른 풍경이 많았습니다. 잠실에서부터 강동까지 한강 변 전체가 거대한 공원으로 조성되어 있었습니다. 먼지도 없고 햇살도 좋아서인지 평일임에도 불구하고 남녀노소 가릴 것 없이 많은 사람들이 보였습니다.

서로 팔짱을 끼고 산책하는 연인들, 아빠의 도움으로 자전거를 배우는 어린이, 휴식을 취하는 라이딩족들, 벤치에 앉아 음악을 들으며 사색에 잠긴 사람들, 건강을 위해 달리는 사람들, 유모차에 손주를 태우고 나온 할아버지와 할머니, 야외수업차 나온 일련의 초등생들.

귀로는 음악을 듣고, 코로는 라일락 향내를 맡고, 눈으로는 바람에 이는 물결을 보면서 다양한 군상들을 스쳐 지나가는 라이딩이 너무 좋았습니다. 햇살을 온몸으로 받기 위해 반팔로 달렸습니다. 라디오에서 들리는 예전 노래와 강가의 풍경이 오버랩되면서 아스라한 추억이 소환되기도 합니다. 이런 풍경과 분위기에 취해 너무 많이 달렸는지 이정표에 하남이 보입니다. 전기자전거라 배터리가 부족할까 염려되어 그곳에서 자전거를 돌렸습니다.

요즘은 여유시간의 대부분을 당구장에서 보내다 보니 좋은 날씨를 제대로 느껴볼 기회가 없었습니다. 시합에 나가는 것도 아닌데 내 마음을 온통 당구에 빼앗기다 보니 1년에 몇 번 없는 이런 좋은 공기와 햇살마저도 그냥 보내버리기 일쑤입니다.

우리는 생업이 바쁘다거나 특정한 일에 몰입되어 잊고 지내는 것들이 많습니다. 아내와의 여행, 고향 방문, 부모님 안부 방문, 스승님 인사, 자식들과의 대화, 음악회나 영화 관람, 취미생활 등등. 지나고 나서 뒤돌아보면 정말 시간이 없어서 못 하고 그냥 보내버린 것은 아닐 거라고 생각됩니다. 마음의 여유가 없었던 것이 아닐까요?

생업이나 특정한 일에 지나치게 몰입되어 살다 보면 어느 순간 지치면서 상실감에 빠지는 경우가 많습니다. 물론 그 일이 재미있거나 잘 진행되어서 이런 감정을 느낄 틈이 없을 수도 있습니다. 하지만 대부분의 경우 이러한 몰입으로 인해 얻는 것 이상으로 기회비용이 더 크게 인식되는 경우가 많습니다. 돈도 좋고 당구 실력도 좋지만 이로 인해 포기하는 다른 것들(버킷리스트)이 더 크게 다가오는 순간이 종종 있습니다.

생업이든 취미든 봉사활동이든 내가 전념하는 일 못지않게 가끔은 주변도 돌아보고 하늘도 쳐다보면서 살아가는 마음의 여유를 가지며 살아야겠다는 생각을 해봅니다. 주변에 대한 배려 이상으로, 이 세상에 태어나한 생밖에 못 사는 나 자신에 대한 진정한 배려가 아닐까 생각합니다.

5월은 가정의 달답게 가족과 함께할 많은 날이 있습니다. 어린이는 아니지만 자녀들과 식사도 함께 해보면 어떨까요?

이제는 성치 않은 아버지나 어머니를 찾아뵙고 용돈도 드리고, 스승님 연락처 찾아서 안부 전화를 드려 보는 시간도 좋을 듯합니다. "내일 하면 되지" 하면서 지금에 이르렀습니다. 후회됩니다. 그간의 핑계의 본질은 물리적인 시간이 아니라 여유 없었던 내 마음이 아니었나 생각됩니다.

버킷리스트나 주변을 챙기는 일들 모두 핑계에 묻혀버린 안타깝고 소중한 것들입니다. 조금씩 여유를 갖고 하나씩이라도 시간을 할애해 가면서 살면 좋겠다는 생각을 해봅니다.

* 당구공은 스트로크뿐만 아니라 구장 내 온·습도나 테이블 천의 상태에 따라서도 다르게 굴러간다.

내 생의 쓰리쿠션

(2023. 5. 9.)

어제는 어버이날이었습니다. 시골에 계신 어머니께 전화를 드렸습니다. 목소리에서 세월의 흔적이 하루가 다르게 느껴집니다. 이달 말에 찾아뵈어야겠습니다.

쓰리쿠션 당구는 큐볼이 2개의 목적구를 맞추는 과정에서 반드시 테이블 쿠션을 3번 이상 맞추어야 성공입니다. 쿠션을 한 번이나 두 번을 맞추어서도 안 됩니다. 쿠션을 세 번 이상 맞추어도 2개의 목적구를 맞추지 못하면 실패입니다.

여러분 인생의 목적구와 쓰리쿠션은 무엇입니까? 목적구는 행복, 웰다잉(Well Dying), 장수 등을 말하는 사람이 많을 겁니다. 그렇다면 이런 목적구를 향해 가기 위해 거쳐야 하는 쓰리쿠션은 무엇일까요? 돈, 친구, 일, 사랑, 건강, 취미 등 각자의 가치관이나 삶의 방식에 따라 다양하게 나타날 것입니다.

내 생의 쓰리쿠션은 좋은 사람들과의 인연, 적당한 돈 그리고 소명(Vocation)입니다.

먼저, 인연은 사회적 동물로서 나 혼자 살아갈 수 없기에 필요한 요소입니다. 특히 좋은 사람들과의 인연이 중요합니다.

좋은 사람들과 인연을 맺으려면 내가 먼저 그들에게 좋은 사람으로 다가가야겠지요. 내가 이기적이면 이기적인 사람을 만날 것이고, 내가 타산적이면 타산적인 사람을 만날 것입니다. 내가 이기적이지도 않고 너무 타산적이지도 않은 좋은 사람이 되어 좋은 사람들과 만나 만들어가는 인연이 첫 번째 쿠션입니다.

둘째, 적당한 돈입니다. 사회주의 사회가 아니고 자본주의 사회에서 살아가려면 적당한 돈은 필수불가결한 요소입니다. 돈이 너무 없으면 삶이 피폐해집니다. 너무 많으면 자아를 잃고 욕망의 노예로 전락합니다. 너무 없어서 돈에 쫓기지도 않고 너무 많아서 욕망의 노예도 되지 않는 적당한 수준의 돈이 두 번째 쿠션입니다.

셋째, 소명(Vocation)입니다. 소명은 직업, 일, 신앙 등 여러 가지로 해석될 수 있습니다. 나는 소명을 '내가 가치를 느끼며 몰입할 수 있는 일'이라고 정의하고 싶습니다. 직업(Job)이라고 해석하면 왠지 돈벌이로 한정되는 듯합니다. 그냥 일이라고 하면 심심해서 하는 소일거리 정도로 이해될 수도 있을 듯합니다. 내가 하고 싶고 거기에서 나름의 의미와 가치를 찾을 수 있는 일이 나에게는 소명이 아닐까 생각합니다.

나는 이 세 가지 쿠션을 성공시켜야 행복이라는 목적구에 도달할 수 있다고 생각합니다. 이 가운데 하나, 혹은 두 개의 쿠션만 성공한다고 해서 진정한 목적구에 도달하지는 못할 거라 생각합니다.

좋은 사람들과 만들어가는 인연이 없이 돈과 소명만 있으면 어떨까요? 그냥 혼자서 보람 있는 일을 하면서 적당히 먹고 살아가는 모습이 되겠지요. 자신은 만족하면서 행복이라는 목적구에 도달할 수 있겠지만 다른 사람들은 인정해 주지 않겠지요. 타인의 인정이 중요한 것은 아니지만 최소한 사회의 일원으로 살아가려고 한다면 진정한 목적구에 도달한 건 아니겠지요.

돈이 너무 적거나 많으면 어떻게 될까요? 물론 돈은 적든 많든 자신이 이를 어떻게 받아들이고 활용할 것이냐에 따라 그 의미가 달라질 것입니다. 하지만 일반적으로 돈이 없어 기본적인 생계마저도 유지하기 어렵거나 돈이 주체할 수 없을 정도로 많은 사람들의 행복지수는 높지 않다고 합니다. 어느 정도의 재산이 있어야 적당한지는 사람마다 모두 다를 것입니다. 적당량의 식사가 건강에 중요하다고 하지요. 허기가 가시고 맛을 느낄 때쯤 조금 더 먹을까 하는 데서 멈추면 된다고 합니다. 적당한 돈의 규모도 마찬가지 아닐까요?

소명이 없이 살면 어떨까요? 군중 속의 고독이라는 말이 있습니다. SNS가 발달되었지만 외로움을 느끼는 사람이 더 많아졌다고 합니다. 사람들과 온·오프라인에서 활발히 만나지만 나는 여전히 고독을 느끼는 이유는 뭘까요? 내가 가치를 부여하고 몰입하면서 하는 일이 없기 때문입니다. 직업이든, 음악이든, 운동이든, 취미든, 봉사활동이든 어느 것이든 말입니다.

쓰리쿠션 당구는 여러 번의 이닝을 거치며 매번 쓰리쿠션을 통해 목적구를 맞추려고 시도합니다. 우리 인생의 쓰리쿠션은 인생을 통틀어 한 이닝으로 생각할 수도 있지만 작게는 1년을 한 이닝으로 간주할 수도 있을 것입니다. 작년 이닝에 쓰리쿠션을 완성하지 못했다 하더라도 금년에 새로이 쓰리쿠션을 시도할 수도 있습니다.

* 당구는 운칠기삼(運七技三)이 아니라 운삼기칠(運三技七)이다.

당구 수준과 인생 여정

(2023. 9. 5.)

아직 낮에는 여름이 미련이 남아 덥지만, 아침저녁으로는 확연히 가을이 찾아온 듯합니다. 애매할 때부터 가을이라 생각해야 그나마 가을의 길이가 좀 더 연장되지 않을까요?

3쿠션 당구는 실력이 다른 상대와 동등한 조건에서 겨루기 위해 일정한 핸디캡을 적용합니다. 이 핸디캡은 점수 형태로 부여됩니다. 저점자들이 같은 시간에 적은 수의 3쿠션을 성공해도 되는 반면에 고점자들은 더 많은 3쿠션을 성공시켜야 하는 원리입니다. 핸디캡 점수를 보면 초보인지 고수인지 알 수 있습니다. 골프 핸디캡과 유사한 점수 부여 방식이라고 할 수 있을 겁니다. 그런데 초보에서 고수에 이르기까지 수준별로 당구에 임하는 방식이나 태도가 우리 인생 여정에서 단계별로 살아가는 방식이나 가치관과 비교되는 측면이 있는 것 같습니다.

핸디캡(수지) 10점에서 14점까지는 우리 인생의 유소년기에 비유할 수 있을 듯합니다. 4구 경기는 좀 쳐봤지만, 대대 테이블에서의 3쿠션 경기는 처음 접해보면서 모든 것이 낯설고 어색한 단계입니다. 공을 다루는 스트로크 방식부터 당점과 회전의 정도 등에서 4구 경기와는 전혀 딴판입니다. 모든 것이 처음이라 호기심 가득한 유소년기에는 많은 시도와 경험을 해보지만 서툴기만 합니다. 이 시기에 3쿠션에 적합한 스트로크를 제대로 만들어야 이후 실력 향상에 도움이 됩니다. 우리 인생살이에서도 유소년기에 인성이나 생활 습관이 잘 갖추어지지 않으면 이후의 삶이 고달프듯이 말입니다.

15점에서 19점까지는 청소년기에 비유할 수 있을 듯합니다. 서서히 3쿠션이 가능한 길이 보이기 시작합니다. 충돌 가능성이나 뒷공 배치 등을 고려하기보다는 직관적으로 보이는 길을 선택해서 시도하려고 합니다. 고점자들이 보기에는 성공 확률이 높은 루트가 분명히 있는데도 불구하고 이들은 그 길보다는 눈에 우선 띄는 길을 선택합니다. 실패하고 나서 고점자의 지적이 있으면 다음에는 안정적인 선구를 하기도 하고요. 청소년기에 어른들이 시키는 길을 걷기보다는 새로운 길을 가고자 하고 방황도 하고 좌충우돌하면서 질풍노도의 시절을 보내는 우리의 청춘 시절과 유사해 보입니다.

20점에서 24점까지는 사회 초년생에 비유할 수 있을 듯합니다. 이전까지는 말하지 못했지만, 이 수준이 되면 어디 가서 3쿠션 당구 친다고 말하고 다니기 시작합니다. 그간 없었던 개인 큐도 장만하기도 하고요. 자신만의 스트로크 스타일이 갖추어져서 이제는 바꾸기도 쉽지 않게 됩니다. 고점자들을 만나도 이길 수 있다는 자신감도 생기고 그들과 더 좋은 선구에 대해 의견을 나누기도 합니다. 학창 시절을 벗어나 성인이 되어 사회에 진출하면서 결혼도 하는 우리의 사회 초년생 시절과 비슷합니다. 기성세대들의 사고와 행동 방식과는 다른 시도도 많이 하지만 그들의 삶의 방식을 존중하면서 받아들이기도 하는 시기가 아닐까 합니다.

25점에서 29점까지는 중년층에 해당하지 않을까요? 기본 공은 거의 성공시킬 뿐만 아니라 웬만한 난구도 풀어나가는 수준입니다. 저점자들에게 한두 가지 원포인트 레슨이라는 것도 할 수 있으며 자신만의 스트로크와 샷이 정립되어 있습니다.

실력에 걸맞은 상당한 경륜도 갖추고 있어서 다른 이들과는 다른 자신만의 고유한 3쿠션 해법도 정립되어 있습니다. 새롭게 배우는 시스템이나 난구 해법보다는 그날그날의 컨디션에 따라 성적이 좌우되기도 합니다. 사회의 기성세대에 접어들면서 인생철학도 어느새 만들어져서 후배들에게 가르침을 주기도 하는 중년층에 비유할 수 있겠네요. 이들은 사회를 이끌어 가는 주류층으로서 이 시기의 노력 여하에 따라 주변의 많은 것들이 달라집니다. 그대로 안주할 수도 있지만 더 도전적인 노력을 통해 추가적으로 성장할 수 있는 시기이기도 합니다.

30점대 이상은 장년층 혹은 노년층에 해당할 듯합니다. 30점 이상을 치려면 당구에 상당한 시간과 돈을 투자해야만 가능한 수준입니다. 골프에 비교하면 낮은 싱글이나 이븐파 정도를 치는 수준이라고 할 수 있을 겁니다. 어쩌면 일반 당구 동호인들이 30년 이상을 열심히 쳐서 도달할 수 있는 최고의 수준이 아닐까 생각합니다. 물론 40점 이상을 치면서 당구를 직업으로 삼는 전문 프로선수는 예외이겠지만요.

이 정도를 치면 당구에 대한 흥미가 예전만은 못할 겁니다. 새롭게 배우는 것도 많지 않고, 오히려 예전에는 무난히 성공시키던 난구도 종종 실패하기 일쑤입니다. 그냥 치면 재미가 없어 자꾸 내기의 유혹에도 빠지곤 합니다. 동호인들끼리 즐기는 당구장에서 게임비나 밥값 내기를 주도하는 사람들도 대부분 고점자들입니다. 이들은 저점자들이 서툴게 샷을 하면 가르쳐주고 싶어서 자꾸 레슨을 하려고 합니다.

인생 환갑을 넘긴 장년층도 비슷한 것 같습니다. 여행도 그저 귀찮기만 합니다. 재미있게 즐겼던 운동도 내기가 걸려 있어야 그나마 시도를 합니다. 밤새워서 즐겼던 카드놀이나 음주도 이제는 12시를 넘기기 힘듭니다. 자녀나 주변 젊은 친구들이 어설프게 살아가는 걸 보면 자꾸 잔소리하고 싶어집니다.

이런 사람들이 있는 반면에 30점대 이상을 치면서 후진을 양성하고, 크고 작은 대회에 출전도 하면서 끊임없이 당구에 대한 연구와 흥미를 유지해 나가는 사람들도 있습니다. 인생 60 넘어 세계 일주나 문화 유적지 답사도 다니고, 새로운 공부를 시작하면서 매일 아침 호기심 가득하게 시작하는 사람들도 있습니다. 새로운 취미생활에 재미를 붙여 빠져들기도 하고요.

* 3쿠션 핸디캡 30점 이상은 골프로 치면 싱글 플레이어에 가깝다.

나이 들면서 잃는 것과 얻는 것들 #2

(2023. 11. 7.)

내일이 입동이라서 그런지 꽤 쌀쌀합니다. 단풍이 들었네, 생각했는데 순식간에 낙엽으로 지고 맙니다. 할 일이 많은 것도 아닌데 왠지 마음이 급해지기도 하고요. 덕패회 회원 여러분, 올 한 해 남은 기간 동안 더 열심히 노력해서 1점씩 승점 합시다.

대부분의 사람들은 나이 들면서 늙어가는 것을 싫어합니다. 늙어 보이지 않기 위해 많은 노력을 합니다. 젊어 보인다고 하면 다들 좋아합니다. 이마의 주름을 없애기 위해 노력하고 흰 머리카락을 숨기기 위해 염색을 하기도 합니다. 심하게는 성형수술을 하면서까지 외모를 젊게 보이려고 많이들 노력합니다. 그런데 나이 들어 보이는 것이 반드시 나쁜 것일까요? 물론 자신의 실제 나이보다 훨씬 많아 보여서 사회생활에 지장이 있을 정도면 당연히 별도의 노력을 해야겠지요.

나이 들면서 우리는 많은 것들을 잃어갑니다. 우선 몸이 예전 같지 않습니다. 2~3시간 거뜬히 했던 등산도 요즘은 마치고 나면 여기저기 아픕니다. 예전엔 새벽까지 과음하고도 다음 날 출근해서 일을 잘 수행

했지만, 요즘은 과음만으로도 다음 날이 힘듭니다. 골프도 18홀은 예사고 9홀을 추가하면서까지 즐겼지만, 요즘은 18홀 만으로도 충분합니다.

젊었을 때는 상사에게 꾸중을 듣거나 스트레스받는 일이 있더라도 술 한잔으로 그냥 견딜 수 있었지만, 요즘은 스트레스를 받으면 두통이나 소화불량 등 여기저기 고장이 납니다. 머리숱이 줄어들고 이마의 주름 때문에 주변에서 나이 들었다는 소리를 자주 듣게 됩니다. 축구도 하는 것보다는 보는 것을 더 즐기게 됩니다. 장거리 운전이 피곤하고 장거리 여행이 귀찮아지기 시작합니다.

하지만 나이 들면서 얻는 것들도 많습니다. 우선 마음이 너그러워집니다. 운전 중인 내 차 앞으로 끼어드는 차가 있어도 예전 같으면 양보하지 않았지만, 이제는 끼어들게 놔둡니다. 시행착오를 많이 겪고 이런저런 경험을 많이 해서 그런지 웬만한 일이 아니면 당황할 일이 별로 없습니다. 운전 중 접촉 사고가 나거나 아파서 병원에 갈 일이 있어도 담담히 받아들입니다.

인간사를 보는 눈도 넓어집니다. 단편적으로만 보지 않고 다각적으로 보려고 합니다. 그래서인지는 몰라도 행동으로 옮기는 데 시간이 많이 걸립니다. 여러 가지를 고려해야 하기 때문이지요. 지켜야 할 소중한 것이 있을 때는 보수 편에 들고, 바꾸어야 할 불합리한 것이 있을 때는 진보 편에 섭니다. 역사도 승자의 기록인 정사만을 믿지 않고 기록되지 못한 패자의 흔적들도 찾아보려고 합니다. 내 주장만 하기보다는 상대의 입장도 이해하려고 노력합니다. 물론 이렇지 않은 사람들도 많지만요.

젊었을 때는 동적인 스포츠를 주로 즐겼습니다. 축구, 야구, 테니스 등을 많이 했습니다. 여름 피서지로는 계곡보다는 바다를 찾아 해수욕을 즐기기도 했습니다. 패키지보다는 자유여행을 좋아했고, 겨울과 가을보다는 여름과 봄을 좋아했습니다. 취미생활을 즐기기보다는 직장생활과 돈벌이에 여념이 없었습니다. 현재보다는 미래를 더 많이 걱정하면서 지냈습니다.

하지만 나이가 들어가면서 정적인 스포츠가 더 좋아집니다. 바둑을 즐기게 되고 당구장을 찾게 됩니다. 산에 오르기보다는 내려오기가 더 힘이 듭니다. 미래에 대한 걱정보다는 현재를 즐기려고 노력합니다. 잊고 지냈던 나 자신에 대해 더 충실해지면서 미루어 두었던 것들을 하나씩 챙기기 시작합니다. 기타도 배우고 그림도 그리고 글도 쓰게 됩니다. 바쁜 여행보다는 여유 있는 여행을 즐깁니다.

모든 것에는 양면이 있습니다. 그래서 한쪽 면에만 집착할 필요가 없습니다. 젊었을 때는 혈기와 패기로 살면 되고, 나이 들면 여유와 관록으로 지내면 됩니다. 어느 쪽이 더 좋을 이유도 없습니다. 젊음은 그 자체로 좋고, 나이 들면 젊었을 때를 추억하면서 현재를 즐길 수 있어서 좋습니다. 게임의 승자는 이겨서 좋지만, 승자의 자리를 유지해야 하는 부담을 가지게 됩니다. 패자는 져서 슬프지만, 다음에 승리를 희망할 수 있어서 좋습니다. 돈 많은 사람들은 돈으로 관계를 만들지만, 돈이 부족한 사람은 사람으로 관계를 만듭니다.

마음이 앞서 나이 들어가는 것을 받아들이지 않으려 하다 보면 문제가 생기기도 합니다. 과한 성형으로 추한 모습이 되기도 하고, 무리한 운동으로 부작용이 생겨 병원 신세를 지기도 합니다. 나이 들면서 잃어가는 것들을 붙잡으려 애 쓰기보다는 얻을 수 있는 것들을 실속있게 챙기는 것이 현명하지 않을까요? 회원들과 격하지 않는 당구를 치면서, 승패에 연연하지 않는 너그러운 마음으로 상대의 입장을 배려하고 내일보다는 오늘 주어진 시간에 충실하면서 나이 들어가는 것도 좋지 않을까요?

모든 양면 가운데 어떤 측면을 받아들일 것인가는 각자의 처한 상황에 따라 다르겠지만 이제부터는 중심을 나에게 두고 물 흐르는듯한 선택이 현명하지 않을까 생각합니다. 당구를 치면서 행복하다면 그 자체로 탁월한 선택이 아닐까요?

* 약점을 보강하는 것 이상으로 강점을 더 탄탄히 하는 것이 좋다.

핸디캡은 실력 향상의 기회
(2024. 1. 8.)

　　원래 소한과 대한 사이가 소위 말하는 한겨울이라고 하는데 오늘 정말 많이 춥네요. 이맘때쯤이면 썰매 잘 만드는 동네 형에게 부탁해서 썰매 만들어 꽁꽁 얼어붙은 저수지에서 썰매 타던 때가 생각납니다. 썰매 타며 놀던 시간은 요즘 당구 치면서 보내는 시간만큼이나 빨리 지나곤 했지요.

　　"발이 없는 사람을 보기 전까지는 내게 신발이 없음을 슬퍼했다"라는 고대 페르시아의 속담이 있습니다. 나에게 주어진 어려운 상황에 비해 더 힘든 사람들도 많이 있으니 불평 없이 살라는 뜻인 것 같습니다. 죽기를 작정한 사람이 마지막으로 응급실에서 사경을 헤매는 사람을 보거나 폐지를 모아 하루를 버티며 살아가는 노인을 보고 나서도 같은 마음이라면 죽어도 좋다는 말도 있습니다.

　　핸디캡은 그 자체로 존재하는 것이 아니라 자신이 처한 환경 안에서 누구와 비교하느냐에 따라 존재 유무가 결정되는 것 같습니다. 내가 가지지 못한 것을 가진 사람과 비교하면 나의 핸디캡이 되지만 내가 가진 것을 가지지 못한 사람과 비교하면 나의 강점이 되기도 하는 것입니다. 골프나 당구에서 실력이 다른 사람들끼리 게임을 할 때 핸디캡을 보완하기 위해 일정한 점수를 부여하는 것 역시 누구와 하느냐에 따라 핸디캡을 줄 수도 있고 받을 수도 있습니다.

나보다 잘난 사람들이 많아서 늘 비교하거나 비교당하면서 받는 스트레스가 싫어서 도시를 떠나 한적한 시골에서 살아가는 사람들도 많이 있습니다. 이렇게 잘난 사람과의 비교를 피해 가면서 사는 것이 반드시 능사인지는 모르겠습니다. 자기보다 못난 사람도 이 세상에는 많다는 사실을 인지하고 자신에게 주어진 것들에 감사할 수 있다면 굳이 피해 가면서 살아갈 필요는 없겠지요.

핸디캡이 늘 자신을 위축시키지만은 않는 것 같습니다. 오히려 자신을 성장시키는 경우도 많이 있습니다. 배구나 농구 선수는 의례 장신인 경우가 많습니다. 하지만 상대적인 단신이면서도 슈터나 세터로 훌륭한 선수 생활을 하는 경우도 많이 있습니다. 마라도나나 메시 같은 선수도 축구에서는 단신이 핸디캡이 될 수 있지만 오히려 이를 극복하고 레전드 선수가 된 사례도 많이 있습니다.

나는 왼쪽 다리가 불편해서 골프를 시작하지 않으려고 했습니다. 하지만 직장 선배가 한 손으로 골프를 평균 이상으로 치는 사람을 봤다며 시작해 보라고 해서 시작했습니다. 레슨을 받는 과정에서 기본적인 것을 가르치고 난 후 코치는 스스로의 신체 조건에 맞추어 자신만의 스윙을 만들어보라고 했습니다. 그래서 나름의 노력을 한 결과 한 때는 싱글 수준까지 기록하기도 했습니다. 물론 지금은 90점 정도의 보기 플레이어에 불과하지만요.

조재호 프로당구 선수는 방송 인터뷰에서 대부분의 저점자들이 핸디캡을 많이 인정받는데 안주하다 보면 실력이 늘기는커녕 그 수준을 벗어나기 어렵다고 합니다. 고점자와의 경기에서 핸디캡을 적게 부여받고서 많은 패배를 해봐야 자신을 연마할 동기가 생긴다고 주장합니다.

경기에서 이기려고 한다면 핸디캡을 많이 부여받아 핸디 수지를 낮게 할 수도 있을 겁니다. 이 경우의 승리는 그리 오래 가지도 못할 것입니다. 하지만 실력을 늘리는 것이 목적이라면 가급적 핸디캡을 적게 부여받아 핸디 수지를 높게 해야 할 것입니다. 물론 터무니없는 수준으로 책정하면 안 되겠지만요. 많은 패배 속에서 자신을 연마하다 보면 어느 순간 자신도 고점자의 대열에 합류하지 않을까 생각합니다.

단단한 하체의 무게중심이 중요한 당구에서도 나는 약간의 불편함을 지니고 있습니다. 물론 골프에서 느끼는 나의 핸디캡에 비하면 핸디캡이라고까지 할 수는 없을 겁니다. 입으로 보조 브릿지를 사용하여 한 손으로 샷을 하는 사람을 영상으로 본 적이 있습니다. 이 사람에 비하면 나의 신체 조건으로는 당장 내년부터라도 꿈의 에버리지 1점을 쳐야 하지 않을까 생각해 봅니다.

모든 분야에서 핸디캡이 없이 완벽한 사람은 존재하지 않을 겁니다. 마찬가지로 모든 분야에서 핸디캡을 지니고 있는 사람도 아마 없을 겁니다. 오늘 뉴스에서 핸디캡이 없을 것 같은 세계 최고 갑부인 일론 머스크가 상습적으로 마약을 사용하고 있다는 보도를 봤습니다. 앞이 보이지 않는 김예지 국회의원은 피아노 박사라고 합니다. 특정 분야에서의 핸디캡은 약간 불편할 뿐 약점은 될 수는 없는 것 같습니다.

* 당점이나 두께를 확실히 정하지 않으면 큐 미스가 나고, 길게든 짧게든 정하지 않으면 그 사이로 빠진다.

닥치니 하게 된다

(2024. 4. 3.)

　　벚꽃이 절정을 향해 치닫고 있습니다. 목련, 벚꽃, 개나리와 같은 봄 꽃은 잠시 화려하게 피었다가 금방 지고 마는 것 같습니다. 마치 수백억 년의 지구의 역사에서 100년도 못 사는 우리 인간의 삶을 닮은 것 같습니다. 이토록 짧은 인생이기에 봄꽃처럼 화려해야 하는 것 역시 우리의 몫이지 않을까 생각됩니다.

　　한 번도 해보지 않은 것을 하려고 하는 것에 대한 두려움은 누구에게 나 있습니다. 그것이 힘든 것도 있지만 직접 경험해 보지 못한 것에 대한 불확실성도 두려움을 느끼는 데 한몫하는 것 같습니다.

　　시골에서 중학교를 마친 나는 부모님과 형제들의 품을 떠나 대구라 는 대도시로 진학하게 되었습니다. 대도시가 주는 위압감뿐만 아니라 부모님과 형제들이 없는 곳에서 생활한다는 것에 대한 두려움은 어린 나를 기죽게 하기에 충분했습니다. 외삼촌 댁에서 다니면서 정서적인 안정감은 어느 정도 있었지만, 눈칫밥까지 면하기는 어려웠습니다.

　　처음에는 수업이 없는 주말마다 대구를 떠나 시골집을 찾았습니다.

일요일 저녁에 시골집을 떠나올 때의 발걸음은 천근만근 같았습니다. 하지만 도시 생활에 조금씩 적응하면서 2학년부터는 주말 시골행은 거의 없어지고 방학 때만 내려가게 되었습니다. 처음에는 학교와 집만 왔다 갔다 했습니다. 언젠가부터는 영화도 보러 다니고 복잡한 시내도 나가고 하면서 도시 생활에 대한 두려움 없이 원래 도시 사람이었던 것처럼 지내는 나를 발견하게 되었습니다.

이어지는 미지의 세계는 서울 생활이었습니다. 서울로 대학 진학을 하면서 자취생활을 하게 되었습니다. 대구는 그나마 시골집에서 가까워서 마음만 먹으면 시골집을 찾아갈 수 있었지만, 서울은 그러기에는 너무 멀었습니다. 자취생활도 난생처음이었습니다. 눈 뜨고도 코 베인다는 서울 생활은 촌뜨기인 나에게는 너무나 큰 시련이었습니다.

1학년 때에는 자취를 한다고는 했지만 대부분 학교 구내식당이나 친구들과 술 마시면서 해결했습니다. 그 결과 고3 때 60kg이 넘었던 체중이 55kg이 채 되지 못했습니다. 2학년 때부터는 시골에서부터 아는 친지 집에서 신세를 지면서 차츰 서울 생활에도 익숙해지기 시작했습니다. 방학 때 시골에 내려가면 주변 사람들이 서울 물을 먹은 티가 난다고도 했으니까요.

직장에서 임원의 자리에 오르면서부터 선배들은 이구동성으로 언제 잘릴지 모르니 퇴직 후를 준비해야 한다고 했습니다.

자격증도 따고 학위도 딸 수 있으면 따두어야 한다고 말입니다. 직장 생활 자체도 야근이나 휴일 근무를 밥 먹듯이 해야 하는 상황에서 별도의 시간을 내서 이러한 것들을 준비한다는 것이 불가능에 가깝다고 생각했습니다.

퇴근 후 회식이나 술자리를 줄이고 휴일 근무를 안 하기 위해 주중에 웬만한 업무는 마무리했습니다. 주말 골프나 모임도 꼭 가야 하는 것을 제외하고는 모두 빠지고 새벽 일찍 학원을 다니며 자격증 공부를 했습니다. 2년여의 노력 끝에 목표를 달성하고 나니 자신감이 생겨 내친김에 석사와 박사 공부에도 도전했습니다. 다행히 퇴직하기 전에 목표한 것들을 모두 이루어냈습니다. 퇴직 후의 삶에 대한 준비를 했다는 것 이상으로 직장을 병행하면서 이러한 것들을 해냈다는 것에 대한 성취감이 더 크게 다가왔습니다.

얼마 전에 아내가 뜻하지 않은 사고로 발목 골절 수술을 받게 되었습니다. 8주 진단이 나왔고 2개월 정도는 혼자서 일상생활을 하기 어렵게 되었습니다. 내가 집안일을 도맡아 해야 하는 상황이 된 것이지요. 어릴 적부터 부모님에게 남자는 부엌에 발도 들이면 안 된다고 배우며 자란 내 입장에서는 밥도 짓고, 빨래도 하고, 청소도 하는 등 집안일을, 한다는 것을 상상도 하지 못했습니다.

하지만 아내의 코치를 받아 가며 밥은 말할 것도 없고 반찬 요리도 하나둘씩 직접 하게 되었습니다. 설거지도 하고 빨래도 해서 널고 개었습니다. 집 안 청소와 화장실 청소도 했습니다. 설거지나 쓰레기 버리기와 같은 일부 일은 전에도 분담했지만 밥만 얻어먹을 줄 알았지 집안일을 하나에서 열까지 모두 책임지는 일은 처음이라 2주 만에 체중이 2kg이나 빠졌습니다. 아침 준비해서 먹고 설거지와 청소하고 나면 점심 걱정해야 한다던 아내의 말을 실감하게 되었지요. 직장 다니면서도 집안일을 병행해 온 아내의 수고를 말이 아니라 몸으로 공감하는 순간이었습니다.

예전 4구 당구 게임을 할 때에는 자신의 공을 모두 치고 나면 3쿠션

두 개와 뱅크샷 하나를 추가로 마무리해야 승리하는 방식이었습니다. 3쿠션 2개는 말할 것도 없고 마지막 뱅크샷은 성공하기 너무 어려워서 게임하는 사람들은 어차피 뱅크샷에서 만나서 승부가 난다는 말을, 하곤 했습니다.

그렇게 어려운 3쿠션과 뱅크샷을 그것도 4구 당구 테이블보다 훨씬 큰 국제식 대형 테이블에서 더 작은 공으로 3쿠션만으로 점수를 내는 게임을 시작했습니다. 처음 접했을 때에는 30분 동안 하나도 성공시키지 못하기도 했습니다. 이렇게 어려운 것을, 1시간 안에 20개에서 30개를 친다는 것이 과연 가능할까 의구심이 들었습니다. 몇 번의 게임을 통해 연이은 참패를 당하면서 오기가 생겼습니다. 레슨도 받고 집 근처 당구장에서 혼자 연습도 했습니다. 덕패회 회원들과의 게임에서 많은 패배를 당했습니다. 그렇게 5년이 지난 지금은 한 시간 정도에 23개를 치는 수준이 되었습니다.

시작하기가 어렵지 일단 출발하면 어떻게든 적응하면서 살아갈 수 있는 것이 우리네 삶이 아닌가 생각합니다. 나이가 들면서 체력도 떨어지고 건강도 여기저기 적신호가 켜지지만 적응력만은 더 강해지는 것 같습니다. 물론 도전 의식은 예전만 못하지만 일단 발을 들여다 놓으면 무난히 헤쳐 나가는 힘은 분명 강해진 것 같습니다.

덕패회 회원 여러분, 지금부터라도 집안일 하나씩 도전해 보면서 자생력(?)도 키우고 아내도 도와주는 일석이조의 삶을 살아보면 어떨까요?

* 아무리 뒤지고 있어도 포기하지 않으면 기회는 반드시 온다.

기대를 먹고 산다

(2024. 6. 12.)

봄이 끝나기가 무섭게 갑자기 여름이 찾아온 것 같습니다. 낮 기온이 벌써 30도를 넘고 밤에도 선풍기를 켜기 시작했습니다. 평소 무심히 지나쳤던 산과 바다와 계곡이 낭만과 함께 반갑게 다가오는 계절이 왔습니다. 산과 바다와 계곡도 좋지만, 더울 때는 시원한 에어컨 바람이 부는 당구장 만한 곳도 없지요.

여러분들은 하루하루를 어떤 기대를 가지고 사나요? 아니면 그냥 어제처럼 오늘도 그냥 살아내나요? 기대를 가지고 사는 사람과 하루를 그냥 살아가는 사람은 주변 사람들에게 많이 다르게 보여집니다. 목표 달성이 되었든 좋은 일이 되었던 내일과 미래에 대해 기대를 가지고 사는 사람은 매 순간에 활기가 넘칩니다. 하지만 특별히 달성해야 할 목표도 없고 그리 반가운 일도 없이 그냥 하루하루를 살아가는 사람에게는 무기력함이 보여집니다. 여기에 더해 그리 반갑지 못한 일이 내일 기다리고 있으면 무기력함을 넘어 시간이 빨리 지나가기를 바라기도 하지요.

명절, 휴가, 연말연시 등은 누구나 기다려지는 시간들입니다. 막상 닥치면 기대만큼 행복하거나 소중하게 시간을 보내지 못할지도 모르겠지만 그 시간들을 준비하면서 기다리는 순간들은 우리에게 삶의 의미와 더불어 작은 행복감을 느낄 수 있게 해주는 것 같습니다. 우리의 일상 속에는 이런 거창한 것들이 아니어도 내일을 기대하면서 살게 해주는 것들이 많이 있습니다. 하루에 만 보 걷기를 하면서 건강 관리하는 것도 있습니다. 매일 헬스장에서 운동하면서 체중 관리하는 것도 있습니다. 텃밭에서 키우는 식물이 자라는 모습을 보는 재미도 있습니다. 기타로 연주하는 곡을 하나씩 추가하는 재미는 어떤가요? 이번 주말에는 새로운 산을 오르겠다는 기대로 설레기도 하지요.

이런 소박한 기대와는 달리 학창 시절 중간고사나 기말고사를 기다리는 시간은 어떤가요? 일부 시험에 자신 있는 친구들을 제외하면 대부분 준비하면서 기다리는 시간이 재미없거나 고통스럽기까지 하지 않을까요? 이런 즐겁지 못한 것들을 기다리는 고통을 해소하기 위해 시험이 끝나면 영화를 보러 간다거나 친구와 여행계획을 잡기도 합니다.

직장인들도 마찬가지입니다. 까다로운 상사에게 보고하기 위해 보고서를 준비하는 시간, 황금연휴를 반납하고 출근해서 업무에 시달리는 시간, 매일 다람쥐 쳇바퀴 돌듯 반복되는 출퇴근, 고객들의 터무니 없는 요구에도 웃어야 하는 등 직장인들의 하루는 작지만 확실한 불행을 가져다주는 소확불(?)이 아닌가 생각합니다. 간간이 승진이나 급여 인상이 가뭄에 단비 역할을 하기는 하지만 이걸로는 충분하지 않습니다. 그래서 이들은 은퇴 후의 삶을 꿈꾸기 시작합니다. 이 꿈이 없다면 소확불 때문에 지쳐 쓰러질 것 같으니 말입니다.

삶에는 희로애락이 있듯이 즐거운 일과 슬프고 고통스러운 일들이

번갈아 일어납니다. 일어나서 기쁘고 슬픈 것은 어쩔 수 없지만 일어날 것에 대한 기대로 기쁘거나 슬픈 것은 어느 정도는 조절할 수 있을 것 같습니다. 다가오는 연휴를 그대로 맞이하기보다는 여행계획을 미리 짠다든지, 추석이 지나면 설에는 고향 친구를 만나야겠다든지, 이번 주말에는 근교로 나들이를 간다든지, 이번 달에는 소설책 한 권을 읽는다든지, 결혼 30주년에 배우자에게 줄 선물을 준비한다든지, 친구들과 회갑기념 여행을 준비한다든지 등은 설령 실행이 되지 않더라도 준비하면서 기다리는 시간 자체가 의미 있고 소소한 행복감을 맛보게 해주는 것 같습니다.

우리는 어떤 마음으로 당구장을 찾을까요? 그냥 특별히 할 것이 없으니, 당구장을 찾는 이들도 있습니다. 당구장에서 친구들과 게임을 즐기기 위해 가는 이들도 있습니다. 당구 실력을 더 쌓기 위해 가는 이들도 있고, 시합에서 좋은 성적을 거두기 위해 가는 이들도 있습니다. 점심내기에서 이겨 점심을 얻어먹기 위해서 가기도 하지요.

그냥 시간을 때우러 가는 사람은 당구에 대한 기대가 그리 크지 않아 당구를 지속적으로 즐기기 어려울 것입니다. 하지만 에버를 높이거나 시합에서 우승하거나 친구들을 만나기 위해 당구장을 찾는 사람들은 오래도록 당구를 즐길 수 있을 것입니다. 다른 동호회와 마찬가지로 당구 동호회에서 다양한 이벤트를 개최하는 이유도 여기에 있지 않을까 합니다. 회원들이 어제처럼 오늘도 그냥 찾는 당구장이 아니라 어제와는 다른 실력, 성적, 내기 승리 등을 기대하고 나올 수 있도록 만들어 줄 수 있다면 그 모임은 오래도록 유지될 수 있을 것입니다.

지난번 내기 경기에서 져서 점심을 사주었으니, 이번에는 기필코 이겨서 점심을 얻어먹어야겠다는 기대와 지난번 시합에서 아깝게 4강에 머물렀지만, 이번에는 반드시 결승전에 진출해야겠다는 기대는 우리가 당구장을 찾게 되는 이유가 되기도 합니다. 금년이 가기 전에 라이벌 친구와의 경기에서 좋은 승률을 유지하겠다는 기대와 금년에는 반드시 2점을 승점하여 고수로 나아가기 위한 발판을 마련하겠다는 기대는 당구에 대한 관심과 게임에 대한 기대를 가지게 만듭니다. 이런 기대는 비단 당구 자체에 대한 기대에만 머물지 않고 우리의 일상에도 작은 활력소 역할을 하기도 합니다.

우리의 마음은 예민해서 사소한 화를 참지 못해 부부싸움을 하게 됩니다. 일이 커지면서 살인과 같은 불상사를 초래하기도 합니다. 역으로 작은 것에서 희망과 기대를 가지게 되면 의외로 스트레스를 줄이거나 활기찬 일상을 누릴 수 있습니다. 스피노자가 "내일 지구의 종말이 온다 하여도 오늘 한 그루의 사과나무를 심는다"는 말을 했습니다. 실제로 내일 지구의 종말이 온다면 오늘 한 그루의 사과나무를 어떻게 심을 수 있겠습니까. 다만 내일 일은 모르기에 오늘 사과나무를 심으면 최소한 내일 그 열매를 기대하면서 살 수는 있을 것입니다.

미세먼지 없는 상쾌한 날씨에는 교외 드라이브 기대, 비 오는 날씨에는 친구와 막걸리 한 잔 기대, 배우자가 아프면 빨리 나아서 여행 갈 기대, 자식이 말썽부리면 그래도 아프지 않으니 언젠가는 돌아오리라는 기대, 지금 생업으로 스트레스받으면 나중에 당구장 차려서 당구 실컷 칠 수 있을 거라는 기대, 오늘 3연패 했으면 내일 3연승 할 거라는 기대, 오늘 예선 탈락했으면 내일 우승할 거라는 기대, 금요일엔 내일이 주말이라는 기대, 목요일은 내일이 주말이라는 기대를 할 수 있는 금요일

하루 전이라는 기대, 월요일은 이런 좋은 날들이 쭉 이어진다는 기대, 공타가 길어지면 연타를 칠 거라는 기대, 오늘도 당구장에서 친구와 농담하며 웃을 수 있을 거라는 기대, 손을 다쳤으면 빨리 나아서 더 좋은 샷을 할 수 있을 거라는 기대. 힘들면 기대를 만들고, 좋으면 다음의 또다른 좋은 기대를 만들면서 산다면 같은 시간이라도 소중하게 보낼 수 있지 않을까요?

* 타격이 요구되는 스포츠는 대부분 임팩트 후의 팔로우가 중요하다.

난구는 운 없는 사람이 아닌 누구에게나 온다

(2024. 7. 1.)

60년 전 갑진년에 태어난 용띠 아이들이 회갑을 맞이하는 또 다른 갑진년이 절반을 지나고 있습니다. 장맛비와 함께 본격적인 여름도 시작되었습니다. 아직 6개월이나 남아있는 청룡의 해를 뜨거운 여름과 함께 열정적으로 맞아보면 어떨까요.

당구의 승패는 공 배치에 좌우된다고 할 정도로 공이 어떻게 배치되느냐에 따라 그날의 성적이 달라집니다. 쉬운 기본 공이 자주 배치되거나 치고 나면 뒷공이 쉬운 포지션이라 연타가 이어지는 날은 어김없이 승률이 좋습니다. 하지만 같은 날이라도 게임에 따라서 공 배치가 좋을 때도 있고 그렇지 않을 때도 있습니다. 이런 다양한 상황을 통틀어서 평균적인 자신의 수지가 만들어지는 것입니다.

시합에서 우승하는 사람은 공 배치가 좋아서라기보다는 그날의 컨디션과 감각이 좋아서일 겁니다. 덕패의 경우 하루 시합을 하면 4~5게임을 모두 이겨야 우승을 할 수가 있습니다. 4~5게임 모두 쉬운 공이 배치되어서 이기는 경우는 아마 거의 없을 것입니다. 관건은 쉬운 공 실수하지 않고 어려운 난구를 어떻게 잘 풀어내느냐에 달려있을 것입니다.

이번 PBA 대회에서 준우승한 16세 김영원 선수는 자신이 결승까지 올라온 이유는 기본 공을 실수하지 않고 성공시키는 연습을 많이 한 덕분이라고 합니다. 우승 문턱을 넘지 못한 이유는 자신에게 닥친 난구를 풀어내지 못했기 때문이라고 했습니다. 쉬운 공 배치만으로는 승리에 한계가 있다는 이야기가 아닌가 생각합니다.

난구라고 해서 모두 성공시키는 해법만 있는 것은 아닌 것 같습니다. 난구를 풀어보려다가 실패하고 상대에게 쉬운 공을 선사하는 경우가 설상가상의 상황이 아닐까요? 평소에 연습을 통해 풀어낸 적이 있는 난구는 성공시키기 위해 시도하는 것이 좋을 겁니다. 하지만 연습이 부족하거나 성공 확률이 극히 희박한 배치의 경우에는 무리해서 시도하기보다는 상대의 뒷공 배치를 감안해서 치는 것도 좋은 전술이라고 하겠습니다.

자동차를 오래 운행하면 부품 수명이 다 되어서 교체하거나 수리하게 됩니다. 그렇게 운행하다가 10년 20년 이상 운행하면 부품 교체나 수리로는 더 이상 지탱하기 어려운 한계에 도달하게 됩니다. 자동차 기술이 발전하여 과거에 비해 이 기간이 길어지는 경향이 있는 것은 사실입니다. 우리 인간도 마찬가지 아닌가요? 운동 등 평소 건강관리를 어느 정도 하느냐에 따라 어느 정도의 차이는 있지만 나이가 들면서 누구에게나 질병은 찾아옵니다. 질병에 좌절하고 무너질 것인가, 아니면 당연지사로 받아들이고 기꺼운 마음으로 극복해 나갈 것인가의 문제는 당구에서의 난구 풀이와 유사한 것 같습니다.

겨울이 오면 춥습니다. 감기도 자주 걸리고요. 여름은 더워서 땀띠도 자주 나고 모기에도 시달립니다. 겨울에는 쌓인 눈길이 불편하고 여름엔 홍수 때문에 위험합니다. 겨울이 덜 춥고 여름이 덜 더우면 좋겠지만 이것들은 희망 사항에 불과한 것입니다. 마치 당구를 치면서 난구 없이 모두 쉬운 기본 공만 배치되기를 바라는 것과 같은 이치인 것 같습니다.

난구를 모두 풀어내는 건 불가능에 가깝습니다. 세계에서 쓰리쿠션을 가장 잘 치는 선수들조차도 많은 난구를 풀어내지 못하는 걸 우리는 많이 보아왔습니다. 더욱이 난구를 무리해서 모두 풀어내는 것만이 능사는 아닙니다. 겨울의 추위를 피하는 것이 아니라 추위를 받아들이고 추위에 익숙해지는 것이 더 중요하지 않나요? 여름의 폭염을 피해 다니는 것만으로는 한계가 있으니 그 속에서 땀 흘리고 즐기는 방법을 찾아내야겠지요.

마찬가지로 우리에게 어김없이 찾아오는 질병과 장애도 완전히 치유되는 것만이 능사는 아닌 것 같습니다. 물론 완전히 치유되면 좋겠지만 그러지 못하더라도 불편함을 받아들이고 즐거운 마음으로 기꺼이 살아갈 수 있다면 차선의 전략이 될 수 있을 겁니다. 쓰리쿠션에서 난구를 풀어내지 못하더라도 상대에게 어려운 뒷공이 배치되도록 방어 전략을 구사하는 차선책을 쓰는 것처럼 말입니다.

당구를 치다 보면 난구를 대하는 두 가지 유형의 사람들을 봅니다. 첫 번째 유형은 난구에 약간의 생각하는 시간은 길어지지만 당황하지 않고 풀기 위해 시도하든지 뒷공 배치를 감안해서 방어하든지 망설임 없이 결정합니다. 하지만 다른 유형은 난구에 당황하면서 운이 없다고 투덜댑니다. 특별한 전략 없이 그냥 운 좋게 들어가기만을 바라고 시도할 뿐입니다. 당구에서 운은 특정한 사람에게만 찾아가는 것이 아닙니다.

난구 역시 누구에게나 찾아가는 당연지사입니다. 그것을 받아들이는 사람들에 따라 난구이기도 하고 그냥 평범한 공이기도 한 것입니다.

* 쓰리쿠션은 일반적으로 성공보다는 실패가 많은 운동이라 이를 받아들이는 마인드 컨트롤이 중요하다.

행운샷은 운 좋은 사람이 아닌 누구에게나 온다

(2024. 7. 8.)

긴 장마 한가운데 들어간 듯 덥고 습한 날씨가 이어집니다. 뭔가에 집중도 잘 안되고 왠지 짜증도 잘 나는 것 같습니다. 다행히 스포츠 빅이벤트가 몰려 있어 보는 재미는 있습니다. 유로2024, 코파아메리카, 윔블던테니스, 3쿠션월드컵, PBA 등을 보느라 잠이 많이 부족합니다.

아마추어 당구 동호인들은 3쿠션 한게임을 소화하는데 보통 1시간 정도 소요되며 이 동안 45이닝 내외를 칠 기회가 주어집니다. 3쿠션 평균 성공률(핸디) 0.5점 내외 정도 치는 사람들은 한 게임을 치는 동안 공 간의 충돌(키스) 등으로 운 나쁘게 실패하는 경우를 보통 3~4번 경험합니다. 마찬가지로 키스나 의도치 않은 루트로 성공하는 경우도 비슷한 빈도로 발생하는 것 같습니다.

실패할 공이 중간에 키스가 발생하면서 운 좋게 성공하는 경우는 눈에 띄는 행운샷이라고 할 수 있습니다. 이 경우에는 상대에게 미안하다는 제스처를 하는 것이 일반적입니다. 3쿠션을 의도하고 쳤으나 4쿠션 혹은 5쿠션으로 성공하는 경우도 있습니다. 짧게 의도하고 쳤으나 길게 들어가는 경우도 있습니다. 반 바퀴로 직접 맞추려고 했으나 코너를 돌아 나오면서 한 바퀴를 돌고 성공하는 경우도 있습니다. 빗겨치기를 의도했으나 뒤돌리기가 되면서 성공하는 경우도 자주 경험합니다. 빗겨치기를 의도했으나 원뱅크 걸어치기로 성공하는 경우도 더러 있습니다.

키스로 인한 명백한 행운샷이 아닌 이러한 의도치 않은 행운샷들은 본인만 알고 상대는 짐작만 할 뿐입니다. 그래서 전문 선수들이나 절정 고수들이 아닌 일반 동호인들은 의도치 않게 성공했을 경우 상대에게 미안하다는 제스처를 하지 않습니다. 물론 자신에게 철저한 사람들은 미안하다고 합니다. 하지만 대부분의 사람들은 그러한 행운샷 가능성을 항상 염두에 두고 치는 경우가 많기 때문에 일일이 미안하다는 의사표시는 하지 않습니다.

이처럼 의도치 않게 성공하는 경우를 모두 행운샷에 포함한다면 어쩌면 한 게임을 치루는 동안 키스 등 불운으로 실패하는 경우보다 행운샷이 더 많을지도 모르겠습니다. 그런데 대부분의 동호인들은 의도치 않게 성공한 경우들을 의도한 것이나 마찬가지로 받아들이는 경향이 있습니다. 그래서 이기면 본인의 실력으로 이긴 것이고 지면 운이 나빠서 진 거라고 인식하는 경향이 있습니다.

행운샷까지는 아니지만 공이 아슬아슬하게 성공하는 경우와 빠지는 경우가 있습니다. 아슬아슬하게 성공하는 경우 대부분의 동호인들은 당연히 들어갈 것이기에 운과 무관하게 그냥 성공한 것으로 간주합니다. 하지만 아슬아슬하게 빠지면서 실패하면 운이 나쁘다고 생각합니다. 이러한 현상이 게임 상대에게 발생하면 반대로 받아들입니다. 상대가 아슬아슬하게 성공하면 운이 좋은 거고, 아슬아슬하게 빠지면 당연히 빠질 것이 빠진 것이라고 생각합니다.

당구 게임을 하다 보면 명백한 운, 개연성 있는 운, 개연성 있는 불운, 명백한 불운들이 번갈아 가면서 발생합니다. 이러한 것들을 어떻게 받아들이느냐에 따라 게임으로 인한 스트레스가 달라지는 것 같습니다. 명백한 운과 명백한 불운은 어쩔 수 없을 것 같습니다. 하지만 개연성 높은 운이나 불운에 대해서 자신에게 너그러울 수 있으면 좋겠습니다. 불운으로 받는 스트레스만 의식하지 말고 개연성 높은 운 좋은 샷에 대해서도 감사한 마음을 가진다면 스트레스가 많이 반감되지 않을까 생각합니다.

행운샷은 운 좋은 상대에게만 발생하는 것이 아니라 자신에게도 동일하게 발생합니다. 다만 자신에게 발생하는 운에 대해서는 엄격하고 상대에게 발생하는 운에 대해서는 너그럽게 인식하기 때문에 항상 나보다는 상대에게 행운샷이 많다고 생각하는 것 같습니다.

나의 행운은 작게 보이고 타인의 행운은 크게 보이기 때문에 우리는 늘 크게 만족하지 못하는 것 같습니다. 나의 불운은 크게 보이고 타인의 불운은 작게 보이기에 우리는 늘 불만을 가지고 불안하게 사는 게 아닌가 생각해 봅니다. 나의 작은 행운을 크게 보고 불운을 작게 볼 수 있다면 당구든 삶이든 더 행복하고 덜 불행할 수 있을 듯합니다.

* 모든 시스템은 테이블 컨디션을 포함해야 한다.

내가 당신의 선물이다

(2024. 9. 13.)

9월 폭염이 대단합니다. 에어컨을 다시 켜고 잠을 청합니다. 추석이 며칠 남지 않았는데 아직 폭염입니다. 폭염과 함께하는 추석이니 두 계절이 공존하는 건가요?

생일이면 의례 가족이나 주변 사람들이 당사자에게 축하의 말이나 소정의 선물을 주곤 합니다. 일반적인 생일은 말할 것도 없고 60번째 생일인 회갑은 더더욱 그러하리라 기대하는 것이 보통입니다. 사실 매년 맞이하는 생일에 축하 인사는 그렇다 치더라도 별도의 선물을 받아본 적은 그리 많지 않은 것 같습니다. 최근에 와서는 더더욱 그렇습니다.

지난 60번째 생일에 아내에게 선물 뭐 없느냐고 했더니 내가 당신 선물 아니냐는 뜻밖의 말을 들었습니다. 아내와 아들이 나의 60번째 생일 선물이라는 말이었습니다. 처음에는 무슨 그런 말도 안 되는 농담을 하고 그러냐고 했습니다. 하지만 돌아서서 곰곰이 생각해 보니 그럴 수도 있겠다 싶었습니다. 이 세월 동안 나의 가장 가까운 곳에서 나와 희로애락을 함께하면서 살아준 사람이 가장 소중한 나의 회갑 선물이 아닐까 생각이 들었습니다.

아내와 아들을 데리고 가서 옷을 사주었습니다. 물론 그 두 사람도 내게 조그마한 생일 선물을 해주었습니다. 회갑을 맞이해서 내게 가장 소중한 사람들을 위해 선물을 해주는 것도 나름 뜻깊은 경험인 것 같습니다. 내가 선물을 받는 것 이상으로 뿌듯함을 느낄 수 있는 순간이었습니다. 이번 추석 때에는 어머니를 찾아뵙고 내가 회갑을 맞을 수 있도록 낳아주고 키워주신 것에 대한 고마움을 표해야겠다는 생각입니다.

나이 60세가 되기 전에는 생일이란 것이 태어난 것에 대한 축하의 의미가 더 컸던 것이 사실입니다. 그래서 주변 사람들은 한 사람의 탄생에 더 큰 의미를 부여하면서 축하해줍니다. 그런데 나이가 들면서 태어난 것 못지않게 가정을 꾸리고 사회의 일원으로 잘 살아가는 것 또한 중요한 요소라는 생각이 듭니다. 태어나서 혼자만이 잘 살아가는 것이 아니라 가족을 비롯한 나를 둘러싼 주변 사람들과 잘 어울리면서 조화롭게 살아가는 것 말입니다.

요즘은 생일을 맞게 되면 태어나서 지금까지 살아온 것도 중요하지만 앞으로 가족을 포함한 주변 사람들과 잘 어울리면서 행복하게 살아갈 수 있을지가 더 중요하게 생각되기도 합니다. 그래서 생일 축하의 의미는 잘 태어난 당사자 못지않게 앞으로도 잘 살아갈 수 있도록 도와주는 주변 사람들에 대한 감사의 의미가 더 큰 비중을 차지하지 않나 생각이 듭니다.

최근 회갑을 맞이한 덕패회 회원 일부가 회갑을 축하해준 회원들에 대한 보답과 앞으로도 같이 행복한 당구를 함께 치자는 의미로 회원들에게 식사 대접을 했습니다. 생일의 의미가 태어난 사실보다는 앞으로 주변 사람들과 잘 어울리면서 건강하고 즐겁게 살아가는 것이 더 중요하기 때문이 아닐까요?

태어나서 60년이라는 세월 동안은 태어난 것에 대해 주변 사람들로부터 축하를 받아 왔습니다. 앞으로는 60년 이후 남은 세월 동안 함께 해줄 주변 사람들에게 감사해하면서 살아가야 하겠습니다. 잘 태어난 것 이상으로 이들과 함께 잘 늙어가야 하니까요.

우리 덕패 모임에서는 앞으로 회원의 생일이 되면 주인공이 함께 해준 회원들에게 식사를 포함한 감사의 뜻을 표하는 것이 관행으로 자리 잡을 것 같습니다. 이러다 생일을 공개하지 않을 수도 있겠습니다. 기쁠 때는 기쁨을 함께하고 슬플 때는 슬픔을 같이 나누어 가지면서 함께 당구도 치고 같이 늙어갈 수 있다는 사실은 충분히 감사할 일이라 생각됩니다. 가족의 정 듬뿍 느끼는 한가위 되시길 바랍니다.

* 두뇌를 건강하게 하는 웃음이 덕패에서는 넘쳐난다.

회갑을 지나면서 든 생각

(2025. 1. 7.)

벌써 2025년도 1주일이 지나가고 있습니다. 새해라고는 하지만 예전처럼 가슴 설레는 기다림이나 각오는 덜합니다. 오히려 저축해둔 돈을 인출해 쓰듯 세월의 통장에서 또 다른 한 해를 꺼내 쓴다는 느낌이 들 뿐입니다. 돈도 개같이 벌어 정승같이 쓰라고 했듯이 남은 세월도 허투루 쓰지 않고 소중하게 사용할 수 있기만을 바랄 뿐입니다.

2025년 현재 세계 최장수 노인은 116세 브라질 사람이라고 합니다. 지금의 내 나이보다 거의 두 배를 더 살고 있는 셈이네요. 우리 부모 세대 남자의 평균 수명은 70세 중후반이었는데, 우리 세대 남자의 평균 수명은 80세 중후반이 된다고 합니다. 지금까지 살아 있다면 90세를 넘겨 살 가능성이 높다고 할 것입니다. 100세까지 살 줄 알았으면 80세 때 삶을 정리하는 모드로 살지 말고 외국어라도 배울 걸 하고 후회하는 분의 이야기도 들었습니다.

나는 작년에 회갑을 지났습니다. 지금까지 살아 있는 우리 친구들은 평균 90세까지 살 것 같습니다. 앞으로 30년입니다.

마지막 10년은 병치레를 하면서 지낸다 하더라도 최소 20년이라는 시간은 활동적으로 보낼 수 있을 것입니다. 작년에 회갑을 보내면서 많은 생각들이 스쳐 지나갔습니다. 어떻게 생각하고 행동하면서 앞으로의 삶을 살아가면 좋을지에 대해 많은 고민을 하게 되었습니다. 회갑 전에는 빨리 회갑을 지나 은퇴의 대열에 합류하여 제2의 삶을 멋지게 살고 싶었습니다.

하지만 막상 회갑을 지나면서 정신적, 육체적으로 많은 변화를 겪게 됩니다. 이 대목에서 회갑 이후의 삶에 대해 다시 한번 생각해 봅니다.

건강에 대해 실질적인 관심과 관리를 해야겠습니다. 우리는 친구들을 만나면 서로에게 건강이 최고라고 합니다. 새해와 명절 인사를 나눌 때도 건강은 빼놓지 않는 덕담입니다. 그러면서 막상 우리 자신의 건강 문제에 대해서는 그리 신경을 쓰지 않는 것 같습니다. 미국 스탠퍼드 연구진의 연구에 따르면 인간의 신체는 44세와 60세 두 차례에 걸쳐 급격히 노화한다고 영국 일간 가디언(2024. 8. 14.)이 보도했습니다. 우리의 의지와 무관하게 신체는 늙어갑니다. 술과 담배를 젊은 시절처럼 무절제하게 즐겨서는 안 됩니다. 체력이 강할 때는 육체적 무리와 정신적 스트레스를 극복할 수 있었지만 이제는 관리해야 합니다.

꼰대처럼 행동하고 사고해서는 안 되겠습니다. 열린 사고와 경험이 필요합니다. 보는 만큼 알고, 아는 만큼 보인다는 말이 있습니다. 우리는 그간 60년의 세월을 통해 보고 배운 것에 갇혀 있는 것은 아닌지 생각해 볼 필요가 있습니다. 더 이상 보고 배우고 경험하지 않아도 웬만큼 안다고 생각하고 있는 것은 아닐까요? 아직도 이 세상 아니 우리나라에도 내가 가보지 못한 장소도 많고, 경험해 보지 못한 것들이 너무 많습니다.

지금껏 내가 보고 배우고 경험한 것들은 빙산의 일각에도 미치지 못할 것입니다. 하물며 이러한 것들조차도 시대의 흐름에 따라 그 의미와 해석이 달라질 수 있습니다. 못 가본 곳에도 가보고, 안 해본 것들도 해보고, 하고 싶었던 공부도 해보면서 우리의 마음과 행동을 좀 더 열어 보면 어떨까 생각합니다.

과거에 너무 많이 연연해하지 말아야겠습니다. 왕년에 잘나갔던 시절의 기억에 얽매이다 보면 현실을 온전히 받아들이지 못합니다. 과거의 유산은 현재의 삶에 참고 사항일 뿐이지 대변하지는 못합니다. "나 때는 말이야…, 나도 한때는…"과 같은 말을 자주 하는 사람치고 현재를 만족스럽게 살아가는 사람은 많지 않을 것입니다. 주변 사람들 역시 현재 그 사람의 행동과 사고방식을 받아들일 뿐, 그 사람의 과거 이야기는 잡담으로 치부합니다.

주된 직업에서 벗어난 만큼 전념할 거리가 필요한 것 같습니다. 두 번째 직업이든, 취미, 운동, 공부, 봉사활동이든 새롭게 몰두하며 하루하루를 살아갈 것이 있으면 좋겠습니다. 나는 다행스럽게 당구와 헬스 그리고 봉사에 의미를 두고 일상에서 많은 부분을 할애하며 살고 있습니다. 역사 공부도 하면서 유적지 여행도 다니고 싶습니다. 주변에 주된 직장에서 퇴직하면서 그냥 무료하게 하루하루를 보내는 사람들을 종종 보게 됩니다. 처음 몇 달간은 자유를 만끽하며 살다가 이 시간이 지나면 무료함과 무기력에 빠져드는 것이지요. 내가 전념할 수 있는 것이라면 그것이 아무리 사소한 것이라도 내가 의미 부여하기 나름인 것 같습니다.

일본의 은퇴 전문가 가와카미 다에코가 행복한 은퇴 생활을 위한 생활 철칙 7가지를 제시했는데, 많이 공감되어 소개합니다. (1) 집에만 틀어박혀 있지 말고 밖으로 나간다. (2) 내일 무엇을 할 것인지 오늘 밤에 정해 놓는다. (3) 집안일은 스스로 찾아서 한다. (4) 자신의 취약점을 감추지 않는다. (5) 현역 시절 직함을 자랑하지 않는다. (6) 칭찬과 감사의 말을 아끼지 않는다. (7) 자신의 처지를 타인과 비교하지 않는다.

직장에 얽매여 정신없이 지내다가 그 직장을 떠났을 때 닥쳐오는 공허함을 떨쳐내고 내가 주체가 되는 삶을 주도적으로 살아가려면 위와 같은 노력들이 필요해 보입니다. 이제부터는 초조함도 없고 심한 눈치도 보지 않고 숨 가쁘지도 않고 오롯이 나를 중심에 두고 여유 있게 열린 마음과 행동으로 살아갈 수 있기를 소망해 봅니다.

* 인생의 전환점에서 당구를 만난 것은 나의 행운이다.

| 4장 |

당구에서 배우는 교훈

힘 빼기의 미학

(2021. 11. 9.)

대부분의 스포츠를 잘하려면 힘을 뺄 줄 알아야 한다고 합니다. 골프, 탁구, 배드민턴 등 뿐만 아니라 당구도 마찬가지이죠. 골프를 처음 배우고 나서 힘을 빼는 데 3년이 걸린다고 합니다. 저는 15년이 지났는데 아직도 힘이 잔뜩 들어가는 걸 느낍니다.

당구는 말할 것도 없지요. 프로들이 샷을 하는 걸 유심히 보면 어깨에 큰 힘이 들어가지 않으면서 부드럽게 스트로크를 해도 대회전 두 바퀴는 충분히 돌아갑니다.

우리 일상에서도 마찬가지입니다. 나이가 들면서 어린 친구들에게 조언이나 꾸지람을 할 경우 필요한 말 이상의 말을 과도하게 하게 됩니다. 그들의 눈에는 꼰대로 보일 뿐입니다. 필요한 말만 하고 그 이상의 말은 불필요합니다. 부부간의 대화나 친구 간의 대화 역시도 감정이 앞서다 보면 필요 이상의 액센트와 과다한 말로 인해 전달하고자 하는 메시지는 왜곡되고 감정만 서로 상하는 결과를 초래합니다.

골프와 당구의 경우 공이 없는 상태에서 빈 스윙이나 빈 스트로크를 할 때처럼만 부드럽게 샷을 해도 많이 좋아지는 걸 느낄 겁니다.

저의 당구 목표도 일단 힘을 빼겠습니다. 최고 고수를 넘어 1인자가 되겠다는 꿈을 당분간 접고 빈 스윙하는 기분으로 편안하게 동점자나 넘어 보렵니다.

* 핸디점수(수지)를 적정하게 올리는 것은 자신이 아닌 상대를 위한 배려다.

내가 아는 게 반드시 진실은 아니다

(2022. 6. 17.)

장마 시즌이 다가오는지 많지는 않지만 수시로 비가 내리고 있습니다. 메마른 대지를 흠뻑 적실 수 있도록 시원하게 비가 내렸으면 좋겠습니다.

대부분의 역사 실록은 진실에 기반한 기록이 아니라 승자가 만들어 낸 기록이라서 사실과는 거리가 먼 내용도 많다고 합니다.

절대선으로 알려진 세종대왕이나 이순신에게도 선하지 못한 모습이 있을 겁니다. 절대악으로 알고 있는 이완용이나 전두환도 인생 전체가 악하지는 않겠지요.

나이가 들면서 경륜이 쌓이다 보면 여러 방면에서 자기만의 가치관이 뚜렷해지면서 자기주장이 강해집니다. 타인의 이야기를 듣기보다는 나의 주장을 많이 펼치게 됩니다.

중대 4구에 익숙해진 사람들은 대대 쓰리쿠션에 잘 적응을 하지 못합니다. 대대 쓰리쿠션은 스트로크와 스피드 두께와 당점 등에서 중대 4구와는 판이하게 그 특성이 다름에도 불구하고 자신의 당구 실력에만 의존하려다 보니 쉬이 고쳐지지 않습니다.

진실된 역사적 사실에 가까워지려면 단편적으로 접근하려 하지 말고 다양한 시각과 개방된 가치관으로 이해하려고 노력해야 합니다.

시니어 계층이 자기 고집이 센 꼰대로 비치지 않고 풍부한 경험을 지닌 지혜로운 인생 선배로 보여지기 위해서는 나의 이야기를 절제하고 타인의 주장을 너그럽게 들어주는 노력을 많이 해야 하지 않을까요?

대대 쓰리쿠션을 제대로 치려면 4구를 통해 배운 공 구름의 원리만 남기고 스트로크와 스피드 등 나머지 모든 요소를 제로 베이스에서 새롭게 배우려는 자세가 필요하겠습니다. 내 공은 후루크라도 좋으니 들어가고 상대의 공은 키스로 빠지기만을 기대하지 말고 상대의 스트로크와 선구를, 마음을 비우고 배우려 하는 자세를 가질 수 있다면 어느 순간 고수의 반열에 오르지 않을까 생각합니다.

* 당구에서 충돌(키스)은 필요악이다.

타인을 배려하는 마음을 배우다

(2022. 7. 7.)

베트남이 무덥다고 하지만 우리나라가 더 무더운 것 같습니다. 에어컨 바람을 싫어하는 나도 에어컨 없이는 밤잠을 제대로 이루지 못할 정도입니다. 다들 건강 유의하시길 바랍니다.

회원들과 베트남 여행을 다녀오면서 동료들을 배려하는 마음을 많이 확인했습니다. 동료의 짐을 대신 들어주거나 동료를 위해 내가 하고 싶은 것을 양보하거나 솔선해서 궂은일을 마다하지 않는 등 전체를 위해 자신을 내려놓는 모습들이 곳곳에서 보였습니다.

당구장에서 지키는 매너와 에티켓 또한 상대를 배려하는 마음이 아닐까 합니다. 상대가 공을 칠 때 방해가 되지 않도록 자리에 앉아 조용히 지켜보거나 함부로 상대를 가르치려 하지 않고 난구를 풀었을 때 조용히 응원해 주거나 내가 행운으로 성공했을 때 미안함을 표현하는 행위들이 이러한 배려의 마음이 아닐까 합니다.

최근 우리의 제2 아지트인 캐롬고에 '실내 정숙'이라는 대형 현수막이 여러 군데 내걸렸습니다. 대대에서 치는 3구는 중대에서 치는 4구와는 달리 시스템 계산이나 스트로크 등 신경 써야 할 것들이 상대적으로 많아 플레이어들이 신중할 수밖에 없어 조용한 분위기를 선호하는 것 같습니다.

우리 덕패회가 조당 때에는 우리 회원들끼리만 게임을 하기 때문에 다소 시끄럽더라도 서로 이해하고 즐길 수 있지만, 다른 때와 장소에서는 타인을 위해 조용히 당구 게임을 즐기는 것이 좋겠습니다.

나이가 들수록 내 삶의 방식에 익숙해지고 다른 이들의 눈치를 덜 보는 경향이 있다 보니 나도 모르게 한 행동이 타인에게는 곱지 않게 보일 수밖에 없는 것 같습니다. 언제나 겸손하고 배려하면서 멋있게 늙어가는 덕패회 회원이 되어보지 않으시렵니까?

* 상대 공이 키스로 실패하기를 기대하는 만큼 내 공도 키스로 실패한다.

행복해지려면 비교를 자제해야

(2022. 10. 26.)

아침에 라디오에서 이브 몽탕이 부른 고엽이 흘러나옵니다. 가사를 확인해 보니 이런 구절이 있네요. "우리가 친구로 지냈던 행복한 나날들, 그땐 인생이 지금보다 훨씬 아름다웠고 태양도 오늘보다 뜨겁게 불타올랐죠." 따가운 가을 햇살과 함께 행복한 추억만들기 해보기 좋은 날씨입니다.

타인과 나를 비교하는 건 성장과 발전의 밑거름이 될 수 있지만 때로는 불행의 씨앗이 되기도 합니다. 1억을 가지고 있으면 2억을 가진 사람이 부러워 노력해서 2억을 벌려고 합니다. 이 정도에서 그치면 비교가 나의 발전에 긍정적인 역할을 할 수 있어 좋겠지요. 하지만 2억을 벌고 나서 10억을 가진 사람과 비교하다 보면 그때부터 나는 불행해집니다.

기업체에서 직원들이 이직하거나 조직에 대한 불만을 가지는 이유 가운데 많은 부분을 차지하는 것은 절대적인 처우가 나빠서라기보다는 동료나 동기에 비해 연봉이 적거나 승진이 늦어지는 상황을 용납할 수 없어서입니다. 그래서 우수한 인재가 조직을 떠나거나 직원들이 조직에 대한 불만을 가지지 않도록 하려면 공정한 평가를 해야 하며 피고과자가 납득할 수 있도록 평가 결과를 합리적인 기준으로 설명할 수 있어야 합니다.

옛말에도 사돈이 논을 사면 배가 아프다는 말이 있습니다. 내가 모르는 사람이나 나와 인연이 없는 사람이 논을 사면 상관없겠지만 가까운 사람이 논을 사니 직접 비교가 되어서 내 배가 아프다는 이야기겠죠.

겉으로는 사돈이 논을 사거나 동기가 승진하면 축하해 주지만 속으로는 배 아파하는 것이 인간의 본성이 아닐까 합니다.

배 아픈 증상이 계기가 되어 나의 분발을 불러일으켜서 나에게도 나중에 그만한 성취가 이루어진다면 이보다 좋은 인센티브가 없겠지요. 하지만 한 번 비교하기 시작하면 끝이 없는 법이라 만족하기는 쉽지 않습니다.

돌이켜보면 나의 3쿠션 당구 실력은 3년 동안 많이 늘었습니다. 12점에서 시작해서 지금은 22점을 치고 있으니 말입니다.

물론 22점을 놓은 이후 승률은 좋지 않지만 에버는 확실히 성장했습니다. 하지만 상대가 있는 게임에서 승률이 좋지 않다 보니 당구를 치면서도 매번 즐겁지만은 않습니다. 특히 라이벌과의 게임에서 패하고 나면 화가 나기도 합니다. 때로는 고수와 비교하여 나의 당구 실력은 참으로 형편없다고 느끼면서 좌절하기도 합니다.

비교는 필요악인 것 같습니다. 적당한 비교는 성장에 도움이 되지만 만족할 줄 모르고 과하게 상대와 비교하다 보면 성장은커녕 불행해지기 때문입니다.

자살이라는 극단적인 선택을 하려는 사람에게 죽기 전에 병원 응급실이나 전통시장 좌판에 앉아 물건 파는 할머니들의 모습을 한번 보라는 말이 있습니다. 비교는 성장에 자극이 될 정도까지만 하고 나보다 못한 상대를 생각하면서 현재의 나에게 만족하면서 행복한 당구를 칠 수 있으면 좋겠습니다.

* 선구는 2 목적구가 big ball이 될 수 있는 루트를 선택해야 한다.

핑계 없는 패배는 없다

(2022. 11. 15.)

이틀 뒤면 대학 수능일입니다. 그래서인지 오늘은 무척 쌀쌀한 듯합니다. 하지만 예년처럼 수능 한파 정도는 아니라고 하니 다행입니다.

떨어진 낙엽이 길 위를 온통 뒤덮고 있는 가을 끝자락입니다. 가을은 떨어진 낙엽과 함께 우리에게 낭만과 추억의 감성을 선사합니다. 인생 계절이 가을인 우리네 삶도 이렇듯 주변 사람들에게 뭔가를 선사할 수 있으면 좋겠습니다.

심리학에 '인지부조화'라는 용어가 있습니다. 개인이 가지고 있는 신념, 생각, 태도와 행동 간의 부조화가 유발하는 심리적 불편감을 의미합니다. 이와 더불어 '귀인이론'도 있습니다. 자신의 행동이나 결과의 이유를 내외부적 요인에 돌리며 자기합리화하는 것입니다.

흡연이 건강에 해로운 걸 알면서 금연하지 못하는 경우 인지부조화가 발생합니다. 이 경우, 내적 갈등을 해소하기 위해 흡연은 스트레스 해소에 도움이 된다, 장수하는 사람 중에 흡연자도 많다 등과 같이 그 원인을 내부나 외부에 돌리는 자기합리화를 하게 됩니다.

기업체 인사 평가에서도 마찬가지입니다. 인사고과에서 좋은 평가를 받지 못했을 때 인지부조화가 발생하여 내적 갈등을 겪게 됩니다. 이 경우 대부분의 사람들은 평가자가 공정하지 못했다거나 다른 동료가 평가자에게 잘 보이려고 업무 외적인 노력을 했다고 생각하며 고과 결과를 합리화합니다.

우리가 당구를 칠 때도 이런 현상은 나타납니다. 당구 게임에서 지게 되면 대부분의 사람들은 내가 이길 거라는 기대와 패배라는 결과 사이에 인지부조화로 인해 심리적인 불편감을 느끼게 됩니다.

이 경우 패배의 원인을 다양하게 찾게 됩니다. 어제 잠이 부족해서 집중이 잘되지 않았다거나 어제 마신 음주로 인해 컨디션이 좋지 않았다는 등 내부 탓으로 돌립니다. 상대가 오늘따라 유별나게 잘 친다거나 상대의 후루크가 많이 들어갔다는 등의 외부 탓으로 돌리기도 합니다.

흡연, 인사고과, 게임 패배 등과 같이 인지부조화 상태에서 느끼는 심리적 갈등이나 불편감을 가지기보다는 그 원인을 찾아 자기합리화를 함으로써 일시적인 심리적 안정감을 찾을 수는 있을 겁니다. 하지만 매번 부조화의 본질적인 원인을 찾기보다 부수적인 요인 탓으로 돌리다 보면 다음번에도 부조화로 인한 심리적 갈등은 반복될 것입니다.

우리 덕패회 회원들은 게임 패배의 원인이 무엇이라도 생각합니까?

* 상수와 칠 때는 이기려고 하지 말고 나보다 나은 점을 하나라도 더 찾도록 노력해라.

이기적인 기억력

(2023. 4. 20.)

어제는 더워서 반팔을 입었는데 오늘은 평소의 봄 날씨로 돌아왔네요. 아침과 낮의 기온 차가 심하고 날마다 기온이 변해서 옷 입기가 고민됩니다.

머피의 법칙이라고 있습니다. 나는 뒤로 넘어져도 코가 깨진다든지, 내가 주식을 사면 주가는 떨어지고 팔면 오른다고 느끼는 현상이지요. 이뿐이 아닙니다. 단체 미팅에서 내 파트너는 항상 제일 못생긴 사람이 걸린다든지, 세차를 하면 비가 내린다고 생각하는 것 역시 여기에 해당합니다.

몇 해 전에 모 영화에서 어린아이가 일찍 죽은 엄마가 꿈에 나타나서 비가 내리면 찾아오겠다고 했답니다. 옆집 아저씨가 "내가 세차만 하면 비가 내린다"고 푸념하는 걸 듣고서는 그 아저씨의 차에 오물을 끼얹었다고 합니다. 그 아저씨가 세차하게 해서 비가 내리면 그리운 엄마가 찾아올까 해서지요. 참 웃픈 이야기이지요.

자신이 주식을 팔면 주가가 떨어지는 현상이 통계적으로 유의미하게 검증되지도 않을뿐더러 검증할 필요도 없겠지요. 마찬가지로 내가 세차를 한다고 비가 내리는 현상이 과학적으로 설명되지도 않을 겁니다. 그러면 왜 이런 현상을 사실인 것처럼 사람들은 인식할까요?

아마도 자신에게 당연시되는 것들은 기억에 오래 남지 않고 의외적인 것이나 충격이 큰 것 위주로 기억에 오래 남기 때문에 나타나는 현상이 아닐까 합니다. 어쩌면 세차하고 나서 비가 내리지 않았던 경우가 훨씬 많았을 수도 있을 겁니다. 주식을 팔고 나서 주가가 떨어져 팔기를 잘했다고 생각한, 경우도 많을 거고요.

당구를 치면서도 이런 현상들이 나타납니다. "왜 너는 나만 만나면 잘 치는 거지", "나는 내기만 걸리면 지는 경우가 많다", "나는 시합만 하면 예선에서 탈락한다", "승점을 하고 나서 에버가 더 떨어졌다", "첫 게임에서는 몸이 덜 풀려서 그런지 패가 많다", "난 너와 치면 거의 이긴 것 같다거나 진 것 같다"(실제는 승률이 반반)

"왜 너는 나만 만나면 잘 치는 거지?"

특별히 상대하기 편하거나 상대에게 의도적으로 좋은 공을 주지 않는 바에는 이 말이 이론적으로 설명되지는 않습니다. 다만 다른 회원과의 경기에서는 대부분 패하고 나서 나와의 경기에서는 이길 경우에 이런 말이 나오게 되지요. 그냥 이기고 지는 경기 중의 하나일 뿐인데 다른 사람에게는 지고 나에게 이기다 보니 이렇게 느껴지는 것 같습니다.

"나는 내기만 걸리면 지는 경우가 많다", "나는 시합만 하면 예선에서 탈락한다"

내기나 공식적인 시합에서 너무 많이 긴장하여 많은 실수를 하지 않는 바에는 확률적으로 설명되지 않는 표현입니다. 식사 내기에서 이기면 얻어먹는 것이 당연시되는 반면에 져서 밥값을 내면 억울한 마음이 강해서 기억에 오래 남기 때문이 아닐까 생각합니다. 시합 역시 경기 룰이 고점자나 저점자에게 특별히 유리하거나 불리하지 않은 바에는 이 역시 시합에서 이기고자 하는 욕구와 기대가 강해서 나타나는 현상인 듯 보입니다.

"승점을 하고 나서 에버가 더 떨어졌다"

승점에 따른 부담감으로 인해 눈에 띄게 실수가 많지 않는 바에는 이 역시 합리적으로 설명되지 않습니다. 일반적으로 승점을 통해 핸디점수를 올리게 되면 자신의 실력에 대한 기대 수준 역시 올라갑니다. 승점을 했다고 해서 하루아침에 성적이 비례해서 좋아지기보다는 서서히 승점 수준에 근접한 결과를 보여주는 것이 일반적일 겁니다. 하지만 기대 수준은 승점과 비례하다 보니 기대만큼 결과가 나오지 않아서 이런 말을 하지 않나 생각됩니다.

"첫 게임에서는 몸이 덜 풀려서 그런지 패가 많다"

어제 과음한 후유증 등으로 특별히 집중하지 못하는 사유가 있지 않는 한 이 말도 그냥 느낌일 뿐입니다. 첫 게임인 것은 상대도 마찬가지 조건이기 때문이지요. 대부분 첫 게임에 대한 기대가 크고 승리하고자 하는 욕망이 강하다 보니 패배할 경우 기억에 오래 남는 것 같습니다.

"난 너와 치면 거의 이긴 것 같다거나 진 것 같다"(실제는 승률이 반반)

만만한 상대를 만나면 실제로는 승률이 반반 정도여도 느낌적으로는 내가 더 많이 이긴 것 같은 생각이 듭니다. 반대로 어려운 상대를 만나면 진 기억이 더 많은 것 같기도 하고요. 하지만 실제로는 50% 승률에서 약간의 편차만 있을 뿐이지 이렇게 말할 정도로 크게 차이는 나지 않습니다.

우리의 기억은 가끔 이기적인 것 같습니다. 나의 입장에서 금방 잊어버리기도 하고 오래 기억하기도 하니까요. 하지만 이런 이기적인 기억 성향이 자칫 자신을 너무 움츠리게 하여 매사에 소극적이게 만들거나 아니면 너무 과욕을 부리게 하여 매사에 오버하는 일이 생기지 않도록 하는 것이 중요할 듯합니다.

* 내 큐볼이 쿠션과 목적구를 거의 동시에 맞추었을 경우에는 실패로 인정하는 것이 매너다.

잘 치고도 지고 못 치고도 이긴다

(2023. 5. 2.)

오랜만에 미세먼지가 거의 없는 좋은 날씨입니다. 오늘은 지하보다는 야외로 나가 라이딩이나 등산하기에 좋은 날씨 같네요. 1년의 1/3이 훌쩍 지나갑니다. 날씨는 참 좋고 세월은 참 빠릅니다.

오래전에 직장 선배 중 한 분이 무리해서 강남에 아파트를 장만한 적이 있습니다. 다들 부러워했지요. 그런데 1년도 채 살지 않고 그 아파트를 팔고 다른 곳으로 이사를 갔습니다. 다들 의아해했습니다. 그 집 아이가 다른 집은 비싼 외제 차가 있는데 왜 우리는 없느냐며 친구들이 놀려댔답니다.

대기업에 입사하여 남 부럽지 않은 연봉을 받던 직원이 퇴사를 선택합니다. 자신보다 특별히 뛰어난 것 같지 않았던 입사 동기가 먼저 승진했기 때문입니다. 공정한 기준에 따라 정당하게 평가한 결과라면 불만족스럽기는 하겠지만 퇴직까지 선택하지는 않았겠지요.

시골 학교에서 1, 2등을 다투던 아이가 대도시로 전학 가서 공부에 흥미를 잃어버리는 경우도 많습니다. 시골에서는 그리 열심히 하지 않아도 1, 2등을 하면서 우쭐 대기도 하고 늘 자신감이 넘칩니다. 하지만 대도시에서는 다들 열심히 하기 때문에 상대적으로 위축되고 자신감마저도 사라지게 되면서 공부가 재미없어지게 됩니다.

카톡과 같은 SNS를 자주 이용하는 요즘 사람들은 과거에 비해 불행감을 많이 느낀다고 합니다. 동창, 직장 동료, 동호인 등으로 구성된 각종 SNS에 올라오는 글들은 대부분이 승진, 결혼, 좋은 학교 입학 등과 같이 좋은 소식 위주로 공유됩니다.

실상은 그렇지 못한 사람들이 훨씬 많음에도 불구하고 공유되는 소식은 온통 좋은 것들만 있다 보니 자신만 소외되는 상대적인 불행감을 느낀다는 거죠.

은퇴 후에 귀농이나 귀촌을 선택하는 사람들이 많습니다. 물론 전원생활을 꿈꾸면서 어릴 적 추억으로 돌아가고 싶어서 선택하는 사람들도 많을 겁니다. 하지만 일선에서 물러나 한가하게 지내는 것이 마치 무위도식하는 사람으로 비춰지는 것이 두려워 귀농이나 귀촌을 선택하는 사람들도 꽤 있을 것 같습니다. 자신은 그렇지 않은데 타인의 눈에는 그렇게 보이는 탓이겠지요.

견디기 힘든 어려움으로 삶을 마감하려는 사람들에게 마지막으로 응급실이나 장례식장, 아니면 할머니가 좌판에서 물건 팔고 있는 시장을 둘러보라는 말이 있습니다. 자신보다 더 힘들게 살아가는 사람들도 많이 있다는 것을 확인하고 나서 선택하라는 뜻이 아닐까요?

당구를 치다 보면 내가 평소보다 잘 쳤는데도 상대에게 그분(?)이 와서 내가 지는 경우가 있습니다. 반대로 내 컨디션이 좋지 않아 평소에 못 미치게 쳤는데도 이기는 경우도 있습니다. 전자의 경우 사실은 자신이 좋은 에버가 나와서 좋아해야 함에도 불구하고 대부분의 경우에는 졌다는 이유로 불만을 가집니다. 후자의 경우에는 제대로 못 쳐서 반성하고 각성해야 함에도 불구하고 이겼다는 이유로 즐거워합니다.

행복과 불행의 기준은 무엇일까요? 나는 비교라고 생각합니다. 절대적인 행복이나 불행의 기준은 없지 않을까요? 비교는 나를 분발하게 하는 힘이 될 수도 있지만 나를 불행하게 만드는 독이 될 수도 있습니다. 비교를 통해 행복감을 느낄 수도 있지만 현실에 안주하게 될 수도 있습니다.

평소보다 잘 쳤지만 진 경우에는 아쉬워하기보다는 상대에게 고마움을 표하고, 잘 못 쳤는데도 이겼을 때는 상대에게 미안함을 표하면 어떨까요?

* 아슬아슬하게 빠지는 공은 안타까운 일이 아니라 성공 가능성이 높아지고 있다는 증거다.

키스, 후루크, 큐미스가 당구를 더 재미있게 한다?

(2023. 5. 12.)

예보에 비는 없는데 비가 내릴 듯한 날씨입니다. 강변 벤치에 앉아 음악을 들으며 조용히 사색에 잠기기 좋은 날씨입니다. 왠지 일상에서 벗어나 어디론가 떠나고 싶습니다.

당구를 치다 보면 쓰리쿠션을 무사히 거치면서 샷을 성공할 수도 있지만 큐미스나 키스가 나서 실패하는 경우도 많습니다. 가끔 예상치 않았던 후루크로 성공하기도 합니다. 내 공과 목적구가 붙어서(frozen, 속칭 떡) 재배치하다 보면 난구가 되기도 하고 의외로 쉬운 기본 공으로 배치되기도 합니다.

우리의 일상도 마찬가지인 것 같습니다. 매번 의도한 대로 목적을 달성하기도 하지만 예기치 않은 많은 일들이 도와주기도 하고 방해하는 경우도 많은 것 같습니다. 후루크와 같이 관운이 좋아 승승장구하는 사람도 있습니다. 적성에도 맞지 않는 전공을 선택하는 큐미스가 나기도 하고요. 파트너의 배신으로 사업에서 실패하는 키스 상황을 맞기도 하지요. 은퇴라는 frozen 상황에서 재배치한 2nd Life가 잘 풀리기도 하지만 돈만 까먹는 경우도 많습니다.

후루크는 내가 의도하지는 않았던 변수가 작용하여 잘 풀리는 상황입니다. 관운이 좋은 사람뿐만 아니라 드물지만 복권에 당첨되는 사람도 있습니다. 주식에 관심도 없는 사람이 지인 사업 도와준다고 투자한 것이 몇십 배의 수익으로 돌아오는 경우도 있습니다. 조상 대대로 물려받은 애물단지 땅이 개발되면서 돈방석에 앉는 사람들도 있지요. 당구에서 후루크로 성공하면 상대에게 미안함을 표합니다. 일상에서도 이런 운 좋은 상황이 생기면 사회를 위해 미안함(?)이나 감사의 뜻을 전하면 좋겠다는 생각입니다.

큐미스는 잘못된 선택이나 상황으로 인해 목적한 길을 가보지도 못하는 경우입니다. 돈벌이 때문에 적성에도 맞지 않는 전공을 선택하여 자신의 길이 아닌 길을 가는 사람들뿐만이 아닙니다. 외모나 재산 때문에 결혼한 배우자에 실망하여 갈라서는 경우도 있습니다. 사고나 질병으로 평생 장애를 안고 사는 경우는 어떤가요? 당구에서는 한번 큐미스가 나면 팁을 다듬거나 초크칠을 해서 큐미스가 재발되지 않도록 합니다. 일상도 마찬가지 아닐까요? 또 다른 선택의 기로에서 신중을 기하게 되겠지요. 또 다른 장애가 추가되지 않도록 더더욱 조심해서 살아가지 않을까요?

키스는 일상에서의 머피의 법칙 같은 거 아닐까요? 후루크의 반대 상황이기도 하고요. 근무하고 싶은 부서로 갔더니 갑질하는 상사를 만나고, 내 실력을 인정해 주던 상사가 조기 명퇴하고, 길이 막혀 차선을 변경하니 더 막히고, 만만해 보이는 상대를 골랐더니 그 친구가 라베를 기록하고, 비 예보가 있어 골프 라운드를 취소했더니 날씨가 너무 좋고, 당구에서 키스가 나면 짜증이 나지만 키스 때문에 게임의 재미는 있듯이, 우리 일상도 이런 머피의 법칙 때문에 살아가는 재미는 있는 것 같습니다.

내 큐볼과 목적구가 붙어 버리는 상황(frozen)이 되면 그 공들을 재배치합니다. 나이가 들어 명예퇴직이나 은퇴를 하게 되면 어쩔 수 없이 내 삶을 재배치하게 됩니다. 씀씀이도 줄이고 다른 직업을 찾거나 취미, 봉사활동도 하게 됩니다. 주변 권유로 사업에 손을 대기도 하고요. 새롭게 운동도 시작하고 악기를 배우기도 합니다. 재배치 후의 삶이 잘 풀리기도 하지만 그렇지 못한 경우도 많은 것 같습니다.

3쿠션 당구 절대 고수인 쿠드롱 선수도 가끔 키스를 내거나 후루크로 성공하는 경우가 있는 걸 보면 우리 같은 동호인들에게는 이런 것들이 당연한 상황으로 보입니다. 어쩌면 이런 것들 때문에 당구장을 다시 찾게 되는 거 같기도 하고요.

우리네 삶도 그렇겠지요? 후루크로 좋은 일이 생기면 주변에 감사하고, 큐미스나 키스로 한두 번 실패하더라도 다음번에는 피하면 되고, 미리미리 준비해서 은퇴(frozen) 후 재배치되는 삶을 대비하다 보면 살 만한 가치가 있지 않을까요?

* 골프공이 홀컵을 지나가야 하듯이 내 큐볼도 2 목적구를 지나가는 속도로 쳐야 한다.

초구 성공이 중요한 이유

(2023. 6. 5.)

직장인들이 제일 힘들어하는 요일이 월요일입니다. 하지만 오늘처럼 휴일 사이에 낀 샌드위치 월요일은 그렇지 않습니다.

더군다나 우리나라 U-20월드컵 팀이 강호 나이지리아를 꺾고 4강에 진출한 날이니 더더욱 기분 좋은 월요일입니다.

3쿠션 당구를 치다 보면 대부분의 사람들이 선구를 정하기 위한 뱅킹에 의외로 신경을 많이 쓰지 않습니다. 사실 선구를 잡아서 초구에 2~3개를 성공하면 그 게임을 승리할 확률이 높습니다. 나의 경우 뱅킹에서 선구를 잡아 초구를 성공하면 이길 확률이 61%를 넘습니다. 하지만 선구를 잡아도 초구를 성공하지 못할 경우에는 승리 확률이 49%에 불과합니다.

이처럼 뱅킹에서 선구를 잡고 초구를 성공하면 그 게임을 이길 가능성이 높음에도 불구하고 뱅킹과 초구 연습을 하는 사람들은 많지 않습니다. 사실 후구치기가 없는 상황에서는 프로나 아마추어나 공히 선구를 잡는 것이 승리에 유의미한 영향을 미칩니다.

당구 동호인들이 여유 시간에 연습하는 공을 보면 난구 풀이가 가장 많은 것 같습니다. 이걸 성공하면 마치 내가 고수가 된 것 같은 기분이 들어서이기도 할 겁니다. 사실 동호인 경기에서는 난구를 풀어 성공하는 것보다는 기본 공 배치를 실수 없이 성공하는 것과 초구를 잡아 성공하는 것이 승패에 더 결정적인 영향을 미치는 것 같습니다.

이렇듯 중요함에도 그만큼의 신경을 쓰지 않는 경우는 우리 일상에서도 많이 발생합니다.

배우자와 가족은 어떤가요? 우리를 이 세상에 태어나게 해주고 지금까지 길러주고 후원해 주신 부모님의 사랑과 헌신에 합당한 효도를 우리는 하고 있는 걸까요? 나이 들고 병들어 누군가의 손길이 필요할 때 내 곁에 있어 줄 사람은 배우자뿐일 텐데 우리는 배우자에게 평소 사랑한다는 따뜻한 말 한마디 하고 있나요?

과거처럼 자식의 부양을 받지는 못하겠지만 우리가 더 나이가 들어 육체적, 정신적으로 많이 부족해질 때는 어떤 형태로든 자식의 도움을 받지 않을까요? 그런데 우리는 자식의 좋은 점을 보며 따뜻한 격려와 칭찬을 하기보다는 부족한 부분만 보며 지적질을 하고 있지는 않은지요?

어디가 아파서 병원에 가면 의사로부터 가장 많이 듣는 이야기가 규칙적인 운동과 식사입니다. 그 어떤 명약보다도 이러한 일상에서의 습관이 중요하다고 하고 우리도 어느 정도는 알고 있지만 그 중요성에 비해 실천은 제대로 못 하고 있는 것 같습니다. 나이가 들면서 여기저기 아픈 곳이 늘어나고 있는 우리에게 있어서는 더더욱 절실한 습관임에도 불구하고 내일로 미루기만 합니다.

얼마 전 방향지시등(깜빡이)을 켜지 않아 과태료를 납부했다며 억울해하는 친구가 있었습니다. 차를 운전할 때 우리가 속도를 내며 도로를 달릴 수 있는 이유는 다른 차들이 차선을 지킨다는 기본적인 믿음이 있기 때문입니다. 이 믿음을 더욱 굳건히 지키게 하는 것이 바로 방향지시등입니다. 방향지시등을 켜지 않고 차선을 바꾸는 행위는 바로 이 기본적인 약속과 믿음을 무너뜨리는 행위임에도 불구하고 많은 운전자들이 방향지시등 없이 차선 변경을 합니다.

말 한마디로 천 냥 빚을 갚는다는 격언이 있습니다. 우리 같은 경상도 남자들은 표현이 서툴러서 상대를 칭찬하거나 격려하는 말을 잘하지 못합니다. 어렵지 않는 말 한마디로 상대의 기분을 좋게 하고 사람 사이의 관계를 더욱 돈독히 할 수 있는데도 우리는 그러지를 못하는 것 같습니다.

선구를 잡기 위해 뱅킹 연습을 많이 해서 초구를 2~3개씩 성공시켜 봅시다. 부모님과 배우자 그리고 자식들에게 사랑한다는 말이나 고맙다는 말을 더 자주 해봅시다. 규칙적인 운동과 스트레칭도 하고 운전할 때는 방향지시등을 켜는 습관을 가집시다.

친구나 지인들의 단점을 비난하기보다는 장점에 감사하고 격려하는 말을 해주는 습관을 가져봅시다.

---

* 프로는 당구를 잘 쳐서 돈을 벌지만 아마추어는 당구를 자주 쳐서 우정과 좋은 인간 관계를 번다.

화(火)를 줄이자
— 화이에나에서 빌로더(Bill-Roader)로

(2023. 6. 22.)

어제는 낮의 길이가 가장 길다는 하지였습니다. 오늘은 모내기를 끝내고 풍년을 기원한다는 단오네요. 며칠간 변덕 심한 날씨를 보이더니 오늘은 언제 그랬냐는 듯 청명한 하늘에 여유로운 구름이 둥실둥실 떠다닙니다.

스포츠에서는 'Royal Roader'라는 말이 있다고 합니다. 첫 출전한 개인 리그 본선에서 우승까지 차지한 선수에게 붙여주는 명칭으로 '황제가 걸은 길'이라는 뜻이라고 합니다.

이번 PBA 개막전에서 우승한 세미 세이기너는 프로 데뷔 후 첫 출전한 대회에서 우승을 차지해서 Royal Roader 대열에 합류했습니다. 골프 선수 김아림은 LPGA 비회원으로 첫 출전한 2020년 US여자오픈에서 우승했습니다. 네덜란드 마라톤 선수 시판하산은 마라톤 대회로는 첫 출전한 2023년 런던마라톤 대회에서 우승했습니다.

비단 스포츠뿐 아니라 다른 분야에서도 Royal Roader의 사례를 찾아볼 수 있습니다. 윤석열 대통령도 정치에 입문하자마자 대선에서 이겨 대통령이 되었지요. 트로트 가수 임영웅 역시 오디션 프로그램에서 1등을 차지하자마자 한해 수백억의 수입을 벌어들이는 대세 가수가 되었지요.

황제처럼 자만하지 않고 겸손하게 더욱 노력한다면 그 길은 짧지 않고 길게 이어지겠지요.

당구는 여가 스포츠라 경기를 통해 스트레스도 해소하고 적당한 운동 효과도 거둘 수 있는 운동에 해당합니다. 하지만 게임과 승부에 지나치게 몰입하다 보면 나도 모르게 화(?)가 나는 상황을 종종 겪게 됩니다.

상대 선수가 후루크로 운 좋게 1점을 획득한 후 이어서 장타를 치는 경우입니다. 상대가 키스가 나거나 의도치 않은 길로 들어가서 성공하는 경우는 게임을 하다 보면 종종 발생하기 때문에 그럴 수 있다고 받아넘깁니다. 하지만 그 후루크 한점이 하이런으로 이어질 때면 속으로 화가 치밀어 오릅니다.

내가 마지막 한점을 마무리하지 못하는 사이에 한참 뒤진 상대가 따라와서 역전승을 할 경우에도 화가 납니다. 상대가 의도적으로 Safety Play를 한 것이라면 실력으로 진 것이기에 그리 화가 나지 않습니다. 하지만 내가 쉬운 공도 놓치면서 마지막 한점을 끝내지 못하고 연이어 공타만 치는 경우에는 나 자신에게 화를 낼 수밖에 없는 것 같습니다.

다른 사람과의 경기에서는 컨디션이 좋지 않다는 등의 이유로 많은 점수 차이로 진 사람이 나와의 경기에서는 평소 에버 이상의 점수를 획득하면서 이길 때면 은근히 화가 납니다. 왜 나만을 상대로 실력 발휘를 하는지 야속한 마음에서 생기는 화가 아닐까 생각합니다.

첫 게임을 하기 전만 해도 컨디션이 좋아 전승을 할 것 같은 기분으로 시작한 경기에서 4~5게임을 연패할 때 또한 화가 치밉니다. 컨디션이 좋지 않은 상태에서 치른 경기라면 그럴 수 있다고 담담히 받아들일 수 있는데 최상의 컨디션임에도 불구하고 전패를 하고 돌아가는 발길은 무겁기만 합니다.

평소 당구장을 자주 찾지 않았던 회원과 2게임을 쳐서 모두 질 경우에도 화가 납니다. 나는 상대적으로 당구장을 자주 찾아 많은 게임을 치렀기에 당연히 가볍게 이길 거라고 생각했기 때문입니다. 한 게임을 지면 그럴 수 있다고 생각하지만 두 게임을 모두 지면 나 자신에게 실망감이 들면서 화가 납니다.

수지가 한참 하수인 회원과의 경기에서도 비슷한 상황을 경험합니다. 그 하수가 기대 이상의 실력을 발휘하면서 나를 이기는 경우에는 그리 화가 나지도 않고 박수를 쳐주고 싶지만 내가 못 쳐서 지는 경우에는 어김없이 화가 나기도 합니다.

대부분의 덕패회 회원들은 속 마음은 모르겠지만 겉으로 보기에는 승패보다는 당구 게임 자체를 즐기는 것으로 보입니다. 하루 이틀 치고 말 당구가 아니기에 하나하나의 상황에 지나치게 집착하지 말아야겠습니다. 친구들과 당구를 통해 웃고 즐기면서 우정도 쌓고 근심 걱정도 홀홀 털어버리고 쌓여 있었던 화도 풀어버리는 그런 당구를 즐겨야겠습니다.

그래서 닉네임을 당구장에서 승리를 찾아 어슬렁거리는 '화(하)이에나'가 아닌 당구를 사랑하고 게임을 즐기면서 진정한 당구인의 길을 걷는 '빌로더'(Bill-Roader)로 바꿉니다.

* 1점짜리 빗겨치기인지 2점짜리 뱅크샷인지 모호할 때는 1점짜리 빗겨치기이다.

손톱 밑 가시도 박혀봐야 불편함을 안다

(2023. 6. 29.)

장맛비가 내립니다. 우리가 어릴 적 내렸던 장맛비는 작은 양이지만 1주일 이상씩 꾸준히 내렸던 기억이 있습니다. 요즘 장맛비는 일부 지역에 그것도 짧은 시간에 많은 양을 쏟아붓는 것이 많이 다른 듯합니다. 조금씩 변할 때는 몰랐던 장마 패턴도 수십 년의 시간을 거슬러 비교하면 그 차이를 확연히 느낄 수 있습니다. 10년 전 내 사진을 볼 때와 마찬가지겠지요.

요즘은 대부분의 직장에서 주 5일 근무를 하지만 예전에는 주 6일 근무할 때가 있었습니다. 토요일까지 일하고 일요일만 쉴 때는 평소 하고 싶었던 일들을 일요일에 몰아서 하다 보면 일요일 하루가 너무 소중하고 금방 지나가는 듯했습니다.

하지만 주 5일을 근무하고 토, 일요일을 쉬게 되면서부터는 토요일은 그나마 하고 싶은 것 하면서 쉬는 것 같지만 일요일이 되면 다음 날 근무해야 한다는 부담 때문에 마음이 그리 편하지 않았습니다. 같은 일요일이지만 주 5일 근무 때보다는 주 6일 근무 후의 일요일의 가치가 훨씬 컸던 것 같습니다.

　평소에는 별것 아닌 것 같아 그 중요성을 제대로 알지 못하다가도 아파본 후에 비로소 그 중요성을 깨닫게 되는 경우도 많습니다. 평소 신경을 많이 기울이지 않았던 손톱 밑에 가시가 박혀 염증이라도 생기면 세수나 양치질과 같은 사소한 일상에도 많은 불편함을 느끼게 됩니다. 당연하게 매일 보는 용변조차도 치질로 고생해 보면 아침에 일어나 시원하게 용변을 볼 수 있는 사람이 너무 부럽습니다.

　아파트 저층이나 주택에서 살면서 여름 모기 때문에 밤잠을 설쳐본 사람은 모기 걱정 없이 편한 잠을 잘 수 있다는 것이 얼마나 큰 행복인지를 알게 됩니다. 대수롭지 않게 생각한 모기로 인해 밤잠을 제대로 자지 못하면 하루 종일 집중도 잘 안되고 쉽게 피곤해집니다. 그래서 침실만이라도 출입구와 창문에 별도의 방충망을 설치하고 나서부터는 모기의 방해에서 벗어나 편한 잠을 청할 수 있어 너무 행복합니다.

　나는 다리가 불편해서 예전에는 뛰어다니며 마라톤이나 축구를 하는 사람이 부러웠습니다. 세월과 함께 무릎에까지 문제가 생기기 시작하면서부터는 마음껏 걸어 다니며 등산도 하고 트래킹도 하는 사람들이 부러워지기 시작했습니다. 더 많은 시간이 지나면 걸을 수 있다는 것 자체를 부러워할지도 모르겠네요. 우리가 일상에서 누리는 보고, 듣고, 걸을 수 있는 것들조차도 누리지 못하는 사람들에게는 그 어떤 억만금보다도 부러운 것들이 아닌가 생각됩니다. 그래서 사지 멀쩡하고 보고, 들을 수 있는 사람은 자기 신세를 한탄해서는 안 될 듯합니다.

　우리가 마음만 먹으면 언제든지 즐길 수 있는 당구 게임도 마찬가지인 것 같습니다. 손가락 하나라도 다치면 신경이 쓰여 큐를 제대로 잡지를 못합니다. 어깨 관절에 문제라도 생기면 스트로크를 시원스럽게 하지 못합니다. 무릎이나 발목이 아프면 몸을 편하게 지지하지 못해 샷이 불안정해집니다. 노안이 심해지기 시작하면 테이블 위의 공조차도 선명하게 보이지 않아 두께 조절을 의도대로 하지 못합니다.

마음에 근심 걱정이 있기라도 하면 집중이 잘되지 않아 공을 원하는 대로 맞추지를 못합니다. 그나마 당구장에라도 나올 수 있으면 다행입니다. 회사 일이나 개인적인 일로 인해 좋아하는 당구장을 찾지 못하고 영상으로만 회원들의 경기 장면을 보고 있노라면 당구장에서 게임을 즐기는 회원들이 너무 부럽습니다.

주 6일 근무할 때의 일요일처럼 매일매일을 소중하게 보낼 수는 없을까요? 손톱에 가시가 박히지 않아 세수와 양치질을 편하게 할 수 있어서 다행이라는 생각은 들지 않나요? 모기의 방해를 받지 않고 숙면을 취할 수 있는 것이 얼마나 큰 행복인지 모르지요? 아직은 듣고 보고 걷는 데 불편함이 없어 감사하고 행복해야 할 것 같지 않나요?

우리네 인간은 모자람이 많아 내가 직접 경험하거나 당해보지 않고서는 작은 것이든 큰 것이든 내게 주어진 것들의 소중함을 자각하지 못하고 사는 것 같습니다. 지금 우리에게는 현재 내게 없는 것을 찾아 끊임없이 목말라하기보다는 지금 내게 주어진 것에 감사하고 행복을 느끼며 사는 것이 어쩌면 더 가치 있는 삶이 될 수도 있겠다는 생각이 듭니다.

오늘같이 장맛비가 내리는 날에 당구장에서 시원한 샷을 날리며 당구 게임을 즐길 수 있는 당신은 작고 소박한 행복을 즐길 줄 아는 사람 아닐까요?

* 자신감이 중요한 당구에서는 패배보다는 승리의 기억을 오래 간직하는 것이 정신 건강에 좋다.

1 목적구 컨트롤이 키스를 좌우한다

(2023. 7. 18.)

천재지변은 자연의 힘에 인간이 지배당할 때 생기는 것입니다. 그런데 최근에 발생한 지하차도 침수, 산사태, 건물 붕괴 등이 과연 천재지변인가요? 과학과 기술이 발전하지 못한 원시 시대에도 예방할 수 있었던 사고 아닐까요? 사람들의 안전불감증, 희생양 만들고 금방 잊어버리는 망각증 등이 만들어 내는 명백한 인재라고 생각합니다.

당구를 치다 보면 1 목적구가 다른 공과 키스(충돌)를 일으켜 의도한 2 목적구를 맞추지 못하는 경우가 많이 발생합니다. 초보나 저점자인 경우에는 내 큐볼에만 집중하다 보니 내 큐볼을 맞고 움직이는 1 목적구의 움직이는 방향에는 신경 쓸 여유가 없습니다. 그러다 보면 내 큐볼의 궤적에 따라 2 목적구를 찾아가야 하지만 많은 경우에 예상치 못한 키스로 인해 큐볼의 궤적이 엉뚱한 곳을 향하거나 목적구의 위치가 이동하면서 실패하게 됩니다.

직장이나 학교 등 사회생활을 하면서 우리는 많은 사람들을 만나고 교류하고 헤어지기도 합니다. 이들과의 만남과 교류가 1 목적구라고 하면 이들과의 인연으로 인해 성공적인 사회생활을 할 수 있다면 그것은 내 큐볼이 무난히 2 목적구에 도달하는 것과 마찬가지일 겁니다. 반대로 이들과의 잘못된 만남으로 인해 내 삶이 꼬이고 의도치 않은 선택을 하게 된다면 이들은 키스를 일으키는 1 목적구의 역할을 하게 되는 것일 겁니다.

초등학교부터 대학교까지 우리는 많은 동기 친구를 사귀고 선후배들을 알게 됩니다. 학업을 마치고 졸업을 하면 몇몇 친한 친구들을 제외하면 다시 만날 일이 없을 거라고 대부분 생각합니다. 하지만 졸업 후 직장이나 이런저런 사회모임에서 친구나 선후배들을 다시 만나는 경우가 종종 있습니다. 이때 이분들이 나를 어떻게 받아들일까요? 학교 다닐 때 교류가 있었다면 그때의 내 모습 그대로 기억할 것이며, 나를 모른다면 나를 아는 사람으로부터 전해 들은 정보로 나를 받아들일 겁니다. 이들이 내가 2 목적구에 도달하는 데 도움이 될 건지 아니면 키스를 일으키는 존재가 될 건지는 그들이 인지하는 내 모습에 의해 좌우되겠지요.

직장에서 여러 부서를 근무하면서 다양한 사람들과 인연을 맺게 됩니다. 신입사원 때 함께 근무했던 동료 직원을 나중에 부하직원 아니면 상사로 다시 만나게 되는 경우도 허다합니다. 동료로 근무할 때 상대가 나에게 좋은 인상을 가졌다면 이 상대는 내가 2 목적구라는 목표로 향해 가는데 도움이 될 것입니다. 반대로 좋지 않은 이미지로 나를 기억한다면 그 상대는 내가 2 목적구로 향해 가는데 키스를 일으킬 가능성이 높습니다. 함께 근무하고 헤어질 때는 다시 만날 일이 없을 거라고 생각해도 큰 조직이다 보면 다시 만나게 되는 경우가 많습니다. 그래서 좋은 인간관계를 맺으려면 상대에게 좋은 이미지는 못 주더라도 최소한 나쁜 인상은 남기지 말아야 하는 이유가 되기도 합니다.

각종 모임이나 단체에서 만나는 사람 역시 마찬가지인 것 같습니다. 학연이나 직장 인연이 없는 모임에서도 때로는 한두 사람만 통하면 동창이나 직장 아니면 고향 사람과 아는 사람들이 많습니다. 이들은 처음에는 나를 모르다가도 주변 사람들을 통해 나를 간접적으로 알게 되면서 그 사람들로부터 듣게 되는 평가로 나에 대한 선입견을 가지게 됩니다. 이 사람들이 내가 목적구로 가는 길에 키스 역할을 할 건지 아닌지 결정되는 순간이지요.

당구를 치다 보면 넓은 대대 테이블에서 수많은 공들의 배치를 접하게 됩니다. 똑같은 배치의 공이라 하더라도 저점자는 키스를 일으키지만, 고점자들은 키스를 피해서 무난히 목적구를 향해 내 큐볼을 굴립니다. 1 목적구를 어떻게 컨트롤 하느냐에 따라 키스 여부가 결정되는 것이지요. 사회생활을 하면서 만나는 수많은 사람들과의 인연 역시 같은 상대라 하더라도 누구는 좋은 사람이라는 이미지가 각인되지만, 누구는 다시 만나고 싶지 않은 사람으로 인식되기도 합니다.

사회에서 이루어지는 수많은 사람들과의 관계를 저점자처럼 키스를 내는 관계로 만들 거냐 아니면 내가 목적구로 가는데 방해가 되지 않고 도움이 되는 관계로 만들 거냐는 내가 컨트롤하기 나름인 거 같습니다. 모든 사람을 다시 만나고 싶은 좋은 관계로 만들지는 못하더라도 최소한 다시 만나고 싶지 않은 나쁜 관계는 만들지 않도록 잘 컨트롤하는 것이 우리가 지혜롭게 살아가는 방식이 아닐까 생각합니다.

* 저점자는 뒷공 배치를 운에 의존하지만, 고점자는 뒷공을 만들어 낸다.

매너와 본심 사이

(2023. 9. 12.)

조재호 프로에게 사사 받은 30살 모리 유스케가 돌풍을 일으키며 PBA 준우승을 차지했습니다. 실력도 뛰어나지만 잘 맞든 못 맞든 항상 미소 짓는 모습이 보기 좋았습니다.

모든 스포츠에는 상대를 이기려 하는 경쟁심이 기본적으로 깔려 있습니다. 물론 정해진 룰을 지켜야 하는 것은 기본이겠지만요. 상대를 꺾고 승리의 기쁨을 누릴 수 있는 것은 스포츠가 주는 운동 효과 외에도 즐거움을 주는 주요한 요소이기도 하지요. 하지만 대부분의 스포츠에서는 기본적인 룰 외에도 상대를 배려하는 신사적인 매너가 있기도 합니다. 이것이 없으면 스포츠는 비정한 싸움에 불과할지도 모르겠습니다.

스포츠 경기를 시작하기 전에 페어플레이를 약속하며 서로 인사를 나눕니다. 마치고 나면 승자는 패자에게 격려를 하고 패자를 승자를 위해 축하의 인사를 하기도 합니다. 테니스나 탁구 경기를 보면 네트를 맞고 넘어가 상대가 받는 데 실패하면 미안하다는 제스처를 취합니다. 테니스 선수 가운데는 상대가 멋진 플레이를 해서 본인이 받지 못해도 상대에게 찬사를 보내는 모습을 종종 보게 됩니다.

배구에서도 강하게 때린 스파이크 볼이 상대의 몸에 직접 맞을 경우 상대 코트로 넘어가 괜찮은지를 물어보는 모습도 봅니다. 야구에서는 투수가 던진 공이 상대의 몸을 맞추게 되면 투수는 미안하다는 신호를 보냅니다. 축구에서도 강한 태클로 인해 상대 선수가 넘어져서 일어나지 못하면 일으켜 주면서 위로하기도 합니다. 골프에서도 상대가 홀인원이나 이글 또는 칩인 버디를 하게 되면 동반자들이 하이파이브를 하면서 축하해줍니다.

이러한 스포츠 매너들은 룰에는 없지만 스포츠를 더욱 품격 있게 만드는 요소들인 것 같습니다. 우리가 즐기는 당구 게임에서도 이러한 매너에 해당하는 모습들이 많이 있습니다. 이러한 모습들은 기본적으로는 상대를 배려하는 마음에서 나오는 것이지만 가끔은 자신의 본심과는 다르게 억지로 표현하거나 행동으로 나타내는 경우도 더러 있는 것 같습니다.

선구를 정하기 위한 뱅킹을 하면서 어떤 분들은 "한 수 배우겠습니다"라고 합니다. 특히 상대가 고점자인 경우에 저점자가 이런 말을 하는 경우가 많습니다. 상대인 고점자의 실력을 인정하고 배우겠다는 자세로 임하겠다는 겸손한 마음의 표현이겠지요. 하지만 그럼에도 불구하고 상대를 이겨보겠다는 승리에 대한 마음 이면의 의지 표현이기도 한 것 같습니다.

게임이 끝나고 나서 승자는 패자에게 가끔 "제가 운이 좋았습니다"라고 합니다. 진 사람이 실력이 없고 내가 실력이 좋아서 이긴 것이 아니라 내게 좋은 공이 많이 배치되고 운이 좋아서 이긴 것이라고 상대를 배려해 주는 말인 것 같습니다. 하지만 승자인 본인도 이렇게 생각하지는 않겠지요. 대부분은 자신의 실력으로 상대를 꺾었다고 생각하지 않을까요?

경기 도중 상대가 어려운 공 배치를 멋진 공격으로 성공할 경우에 "굿샷"이나 "브라보"라고 외쳐주거나 자신의 큐대를 두드리는 등의 행동을 통해 조용히 찬사를 보내줍니다. 상대의 공이 아깝게 빗나가서 실패할 때에는 "아까비"라고 말하기도 합니다. 이 역시 상대의 멋진 난구풀이나 아깝게 빠지는 공에 대한 진심 어린 찬사나 안타까움의 표현이기도 하겠지만 본심은 아닐 수도 있겠다 싶습니다.

내 공이 터무니없이 실패했음에도 불구하고 공끼리의 충돌로 인해 운 좋게 성공한 경우에 "쏘리"라고 외치거나 미안하다는 인사를 하기도 합니다. 고점자의 경우에는 자신의 실력이 아니라 운으로 들어간 것이 자존심이 상하기도 하기 때문에 미안하다는 말이나 제스처를 취하는 마음이 진심인 것으로 받아들여지기도 합니다. 하지만 저점자가 의도와 다르게 운 좋게 성공할 경우 외치는 미안하다는 말이나 행동은 진심과는 약간 거리가 있어 보입니다.

매너 있게 행동하려는 이런 유의 말이나 행동이 지나칠 경우에는 상대가 조롱하는 것으로 받아들이는 부작용이 생길 수도 있습니다. 예를 들어 상대가 의도치 않은 운으로 성공했을 때 "굿샷"이라고 외치는 경우가 대표적이겠지요. 진 상대에게 "오늘 당신 샷이 너무 좋았습니다"라고 하는 경우도 여기에 해당할 것 같습니다.

본심인 지의 여부를 떠나 이런 유의 매너 있는 말이나 행동은 함께 경기하는 상대를 위로하는 효과는 분명히 있는 것 같습니다. 스포츠라는 것이 본디 경쟁이라는 본질을 지니고 있지만 함께한다는 동반자 의식도 동시에 지니고 있기 때문에 상대를 배려할 수만 있다면 자신의 본심과는 약간 다르더라도 매너 있는 말이나 행동을 하는 것이 좋아 보입니다.

* 저점자에게 타임아웃은 난구보다는 기본 공을 반드시 성공시켜야 할 때 사용하는 것이 좋다.

하나를 보면 열을 안다?

(2024. 1. 23.)

체감 영하 20도! 아주 춥습니다. 3년이라는 코로나의 긴 터널을 빠져 나오니 우크라이나 전쟁과 중동 전쟁이 이어집니다.

코로나만 벗어나면 모든 것이 좋아질 거라는 기대와는 달리 물가는 오르고 경기는 좋아질 기미를 보이지 않습니다. 그래서 그런지 오늘의 날씨가 더욱 춥게 느껴지는지도 모르겠네요.

하나를 보면 열을 안다는 말이 있습니다. 한가지가 나쁘거나 미운 사람에 대해서는 다른 모든 것도 나쁘기를 원합니다. 반대로 내가 지지 하거나 한두 가지가 좋아 보이는 사람은 다른 모든 것들도 좋을 거라고 기대합니다. 내가 지지하는 정치인은 다른 모든 모습도 좋게 보려고 하고 좋을 거라고 기대합니다. 반대로 내가 싫어하는 정치인은 하나에서 열까지 모두 싫어하고 싶은 심리가 작동합니다. 그래서 우리의 정치판에 는 양극단이 지배하는 것인지도 모르겠습니다.

일반 대중들은 단순하게 이해하는 경향이 있는 것 같습니다. 영화나 드라마에서 선한 역할을 하는 주인공의 모든 모습이 선하게 그려지는 것을 좋아합니다. 악역을 맡은 사람은 하나에서 열까지 행동하는 모든 모습이 악한 짓만 하도록 묘사되면 인기가 좋습니다.

역사에서도 이런 사례는 많습니다. 위대한 업적을 남긴 사람에 대해서는 모든 면에서 영웅으로 묘사됩니다. 반대로 역사 속에서 잘못된 선택을 하거나 권력 싸움에서 패한 사람은 모든 것이 나쁜 것으로 서술됩니다. 역사는 영화나 드라마가 아닌 현실인데 이런 식으로 절대적인 영웅과 악마가 존재할 수 있을까요? 영웅의 선하지 못한 단면이 노출되면 애써 외면하려고 하고, 악인의 선한 모습이 보이면 그럴 리 없다고 무시합니다.

내 편이면 모든 것을 응원하고 싶어 하고 내 편이 아니면 모든 것을 부정하고 싶어 하는 것이 일반 대중들의 심리인 것 같습니다. 그리고 바쁜 세상이라서 그런지 사람들의 한두 가지 모습만을 보고 나머지 전부를 판단하려고 합니다. 하나의 모습을 지지한다는 이유로 그 사람의 다른 모습을 지지하지 않으면 오히려 손가락질당하는 것도 이러한 심리의 영향인 것으로 보입니다.

한 분야에서 나와 생각이 같다고 해서 다른 모든 분야에서도 같을 거라는 기대를 할 수는 없습니다. 그런데 우리 사회에서는 진영을 나눠서 특정 사안에 대한 인식 차이를 기초로 하여 다른 모든 사안에 대해서도 진영 논리를 적용하려고 합니다.

재능은 어떨까요? 학교 공부를 잘하면 사회생활도 잘할까요? 학교 공부를 못하면 사업도 성공하지 못할까요? 하나를 보면 열을 안다는 말은 재능에까지도 확대해석되는 경향이 있습니다. 하지만 특정 분야에 재능이 있다고 해서 다른 모든 분야에서도 유사한 수준의 재능을 발휘할 수는 없습니다.

하나를 보면 열을 안다는 말은 특히 재능에서는 잘 적용되지 않는 말인 것 같습니다. 축구를 잘한다고 야구나 골프를 잘할 수는 없을 겁니다. 비슷한 원리인 탁구와 테니스를 모두 잘하는 사람조차도 드물 것입니다. 하물며, 같은 종목 내에서도 잘하는 포지션이나 세부 종목이 따로 있습니다. 축구의 신인 메시가 골키퍼나 수비수 역할을 잘할 수 없듯이 말입니다.

당구를 처음 시작하는 사람은 스트로크부터 시작해서 두께 조절이나 당점이 엉망이며, 앞뒤돌리기나 옆돌리기는 말할 것도 없고 뱅크샷도 제대로 구사하지 못합니다. 하지만 고점자들은 모든 면에서 고수의 향기가 납니다. 말 그대로 스트로크 하나만 봐도 그 사람의 전체적인 실력을 알 수 있을지도 모르겠습니다.

하지만 이것은 극히 일부 고점자나 저점자에게만 해당하지 않을까요? 대부분의 중간 정도의 실력을 갖춘 사람들은 앞돌리기는 30점 정도로 치지만 뒤돌리기는 20점도 안 되는 실력을 가진 사람들도 많습니다. 앞돌리기를 구사하는 모습만으로 그 사람의 실력 전체를 판단하기가 어렵다는 이야기죠. 어떤 분은 웬만한 뱅크샷 포지션은 거의 대부분 성공시키지만 옆돌리기 포지션은 기본 구마저 놓치는 경우도 많습니다.

프로선수 중에도 모든 공 배치를 비슷한 수준으로 성공시키지는 않는 것 같습니다. 어떤 선수는 세워치기를 잘 치고, 어떤 선수는 뱅크샷을 거의 성공시키기도 합니다. 프로선수들의 TV 경기를 보다 보면 대부분 프로다운 샷을 구사하다가도 어떤 공 배치에서는 아마추어보다도 못 치는 경우도 가끔 있습니다.

여러 운동을 동시에 잘하는 사람이 드물고, 한 종목 안에서도 세부적으로 들어가면 그 사람의 강약점이 다르게 발휘됩니다. 우리의 재능뿐만 아니라 성격과 가치관은 분야별로 다양하고, 하나를 보고 그 사람의 모든 것을 판단할 수는 없기에 일상에서 이런 오류를 범해서는 안 되겠습니다.

* 반드시 성공시켜야 하는 상황에서의 1점은 쉬운 기본 공이라도 어렵기 마련이다.

비교 결과는 기준에 따라 달라진다

(2024. 1. 30.)

오늘 밤(내일 새벽)에 한국과 사우디의 아시안컵 16강전이 펼쳐집니다. 우리 팀의 예선에서의 졸전을 감안하면 사우디를 쉽게 이기지 못할지도 모르지만, 실력은 결정적일 때에 발휘된다는 믿음으로 응원해 보려고 합니다.

식당에서 한 친구가 김치찌개보다는 된장찌개가 좋으니 다들 된장찌개를 먹자고 합니다. 된장찌개가 아닌 김치찌개를 선택한 친구에게 눈치를 주면서 된장찌개가 맛있다고 한 번 더 강조합니다. 물론 그 식당이 된장찌개를 주력으로 공을 들이기 때문에 맛이 좋을 수는 있겠지만 입맛은 개인별로 다른 것은 인정해야 하지 않을까요? 아침에 이미 된장찌개를 먹었을 수도 있고요.

비교 대상을 달리해서 B식당의 된장찌개보다는 A식당의 된장찌개가 더 맛이 좋으니 A식당에서 먹자고 하면 대부분 동의할지도 모르겠습니다.

사과와 귤 중에서 어느 것이 더 좋으냐고 질문하면 나는 그때그때 다르다고 답합니다. 최근까지 사과를 자주 먹었다면 귤을 선택할 것입니다. 하지만 사과를 먹어본 지 오래되었다면 귤보다는 사과를 선택할 것입니다. 하지만 같은 사과 가운데 생산 지역이 서로 다른 사과라면 언제나 내 입맛에 맞는 지역에서 생산된 사과를 선택할 것입니다.

테니스와 탁구를 어떻게 비교할 수 있을까요? 내가 테니스를 즐기니 다른 이에게도 테니스가 좋다고 절대적으로 이야기할 수 있을까요? 테니스는 탁구에 비해 운동량이 많아서 운동 효과는 탁구보다 좋을 겁니다. 하지만 무릎이 튼튼하지 않거나 나이가 많은 사람들에게는 테니스보다는 탁구가 건강에 더 좋을지도 모르겠습니다.

A아파트의 가을철 관리비와 B아파트의 겨울철 관리비를 동등하게 비교할 수 있을까요? 유사한 가치를 지닌 두 아파트의 관리비를 이런 식으로 비교하여 B아파트의 관리비가 비싸다고 한다면 비교기준이 다르기 때문에 정당한 비교가 될 수 없을 것입니다. 겨울철에는 비싼 난방비가 추가되기 때문이지요.

진보 정당과 보수 정당 가운데 어느 당이 더 좋다고 절대적으로 이야기할 수 있을까요? 재건축을 앞둔 아파트에 거주하고 있는 사람이라면 재건축에 유리한 정책을 펴는 보수 정당을 선택할 것입니다. 보편적인 복지를 필요로 하거나 중요시하는 사람은 진보 정당을 선택할 것입니다. 어떤 기준으로 판단하느냐에 따라 선택의 결과는 달라질 것입니다.

3쿠션 당구를 치다 보면 내가 앞돌리기를 선구해서 실패하면 상대는 뒤돌리기가 더 좋지 않았느냐고 말합니다. 앞돌리기를 선구해서 실패했기 때문에 결과적으로 보면 뒤돌리기가 더 좋았을 수도 있을 겁니다. 하지만 내가 앞돌리기를 선구한 이유는 뒤돌리기보다는 앞돌리기가 더 자신이 있고 키스를 피하기 좋아서일 겁니다. 만약에 상대가 같은 앞돌리기라도 두께를 달리하거나 스피드를 달리했으면 좋았겠다고 이야기해 준다면 흔쾌히 받아들일지도 모르겠습니다.

이처럼 앞돌리기보다는 뒤돌리기가 좋다고 절대적으로 이야기할 수는 없을 것 같습니다. 각자가 자신 있게 칠 수 있는 선구가 따로 있고 공격보다는 수비에 중점을 둘 수도 있는 등 각자가 의도하는 상황이 서로 다르기 때문입니다. 물론 어떤 공 배치에서는 2 목적구를 맞출 확률, 충돌이나 연타 가능성 등의 측면에서 절대적으로 유리한 선구가 있을 겁니다. 이런 선구를 많이 할 수 있으면 실력은 늘어날 수 있겠지요.

저점자에게 선구에 대한 조언을 할 때에는 왜 앞돌리기 혹은 뒤돌리기를 선택해야 하는지에 대한 이유를 덧붙여 말해준다면 저점자에게는 많은 도움이 될 것입니다. 그냥 앞돌리기가 실패했기 때문에 뒤돌리기를 선택해야지라는 식의 조언은 저점자에게는 큰 도움이 안 될지도 모르겠습니다. 그게 아니라면 같은 앞돌리기라도 성공 가능성을 높일 수 있는 두께나 스트로크에 대해서 조언을 해준다면 더 많은 도움이 될 것입니다.

이처럼 우리가 어떤 기준으로 판단하느냐에 따라 비교에 따른 선택의 결과는 다를 것입니다. 각자가 생각하는 비교의 기준이 모두 다르기 때문에 선택을 강요할 수도 없을 것이고요. 각자가 느끼는 행복의 기준이 같을까요? 성공의 기준은 어떤가요?

백만 원이라는 돈은 가난한 사람에게는 큰 기쁨을 줄 수 있지만 부자에게는 별다른 기쁨을 주지 못할 것입니다. 저점자에게는 2연타가 큰 성취이지만 고점자에게는 평범한 것에 불과할 것입니다. 귤은 귤의 새큼

한 맛이 좋고 사과는 사과의 상큼한 맛이 좋습니다. 김치찌개의 얼큰한 맛과 된장찌개의 깊은 맛이 좋습니다. 어떤 기준으로 판단하느냐에 따라 선택의 결과는 달라집니다. 비교기준이 같지 않다면 각자의 선택의 결과는 언제나 존중되어야 할 것입니다.

* 테이블에서 한두 발짝 뒤로 떨어져서 보면 선구안이 좋아진다.

가성비 좋은 배려

(2024. 2. 14.)

언제나 그렇듯 가는 계절은 보내기 아쉽고 오는 계절은 빨리 맞고 싶습니다. 갑진년 새해도 벌써 2월 중순입니다. 금년은 우리 친구들이 환갑을 맞이하는 해라서 그런지 다른 때보다 더 빨리 지나가는 것 같습니다.

나의 작은 배려로 상대에게 큰 기쁨이나 편안함을 주는 경우가 많습니다. 운전할 때 방향지시등을 켜는 것은 그리 어려운 일이 아닙니다. 이 방향지시등을 켜는 행위는 자신보다는 상대 운전자나 보행자에게 많은 도움을 줍니다. 하지만 반대로 이 간단한 지시등이 없이 차가 움직일 경우 다른 차와의 접촉 사고를 일으킬 우려가 있거나 보행자를 놀라게 할 수도 있습니다.

약속 장소에 5분 일찍 도착하는 것도 그리 어려운 일이 아닙니다. 이 간단한 행위가 약속 상대에게는 상대의 시간을 존중해주는 의미로 다가갈 수 있습니다. 이뿐만 아니라 이러한 약속 시간을 준수하는 행동으로 인해 그 사람에 대한 전반적인 신뢰감마저 들게 합니다. 반대로 늘 약속 시간에 늦는다면 어떨까요? 자신의 시간만 소중하고 기다리는 상대의 시간은 안중에도 없으며 상대에게 존중받지 못한다는, 느낌을 줄 수도 있을 것입니다.

택시를 잡으려고 기다리고 있을 때도 내가 기다리기 좋은 곳이 아니라 택시가 정차하기 좋은 곳에서 기다리는 것도 그리 어렵지 않을 것입니다. 택시기사 입장에서는 달리는 차들을 피해 손님을 태우려다 보면 무리할 수밖에 없는데 이렇게 택시가 정차하기 좋은 곳에서 손님이 기다리고 있으면 하루 종일 운전해도 피곤하지 않을 듯합니다.

이 외에도 나의 작은 배려가 상대에게는 큰 기쁨이나 고마움으로 다가가는 사례는 많습니다. 귀가하는 시간에 엘리베이터를 이용하고 나서 1층 버튼을 눌러주면 뒤 이어 이용하는 사람이 엘리베이터를 기다리지 않고 바로 이용할 수 있도록 해줄 수도 있습니다. 뒤에 오는 사람을 위해 출입문을 잡아주는 것도 뒷사람에게는 엄청난 존중을 받는다는, 느낌을 줄 수 있습니다. 엘리베이터 안에서 만난 주민에게 간단한 목례를 하는 것도 어색함을 없애고 주민 의식을 공유할 수 있게 만들어 줍니다.

매주마다 조당 모임을 갖는 우리 덕패 모임에서도 이런 배려하는 행위들은 다른 회원들이 편리하게 게임을 즐길 수 있게 해줍니다. 조당 모임은 주인장 없이 우리 회원들끼리만 즐기다 보니 당구장 문을 열고 테이블이나 공을 닦는 등의 일들을 우리 스스로 해결해야 합니다. 남들보다 일찍 와서 문을 열고 테이블을 세팅하는 것도 그리 힘든 일은 아니지만 여러 회원이 편안하게 게임을 즐길 수 있게 해줍니다. 게임을 치르고 난 뒤 먼저 테이블과 공을 닦는 일도 함께 게임을 하는 회원들을 기분 좋고 편안하게 해줍니다.

게임을 하고 나서 식사하기 위해 식당으로 함께 이동할 경우에도 근처에 자신의 차가 주차되어 있다면 태우고 가는 것도 동료들을 아주 편안하게 해줍니다. 게임을 마치고 나서 이겼으면 잘 쳤다고 하고 졌으면 잘 배웠다고 상대에게 한마디 해주면 상대는 이기든 지든 가벼운 마음으로 마무리할 수 있을 것입니다. 당구장에서 배달 음식을 먹고 난 뒤에도 뒷마무리를 자발적으로 해주면 함께 식사한 동료들이 소화가 잘될 것입니다.

테이블이 부족하여 대기하는 동료가 있을 경우에는 팀전 형태로 해서 함께 게임을 할 수도 있을 것입니다. 1시간이 지나도 승부가 나지 않았는데 대기하는 회원이 있으면 끊어주는 것도 좋은 배려 행위일 것입니다. 옆 테이블 사람과 근접해서 샷을 할 때에는 먼저 양보하고 기다려주는 것도 좋겠습니다. 매 게임 시작 전에 미리 테이블 모니터에 게임 세팅과 뱅킹을 위한 공 배치를 해두면 상대는 고마운 마음으로 게임에 임할 수 있을 것입니다.

상대나 공동체 구성원들을 위해 배려하는 나의 행동은 의외로 그리 힘들지 않고 간단한 것들이 많은 것 같습니다. 한마디로 가성비가 좋은 것이 많다는 것이지요. 우리는 물건을 구입하거나 경제활동을 할 때에 투입 대비 산출이 좋은 가성비를 추구합니다. 내가 큰 노력이나 많은 돈을 들이지 않고도 상대나 구성원들이 편안할 수 있고 이들에게 기쁨을 줄 수 있는 행동들이야말로 가성비 좋은 행동들이 아닐까 생각합니다.

* 테이블이나 공의 상태를 탓하지 않고 그에 맞게 샷을 구사하는 것이 진정한 애당가이다.

선택의 연속

(2024. 4. 23.)

모처럼 비도 안 내리고 공기도 깨끗한 날씨입니다. 나이 들면서 뼈가 약해지는 우리에게는 봄과 가을 햇살은 어느 보약보다고 좋다고 하니 야외 나들이를 통해 비타민D를 마음껏 보충하는 하루가 되면 좋겠습니다.

예전 TV 프로그램 가운데 <인생극장>이라는 것이 있었습니다. 주인공이 두 가지 선택지에서 각각을 선택했을 때 달라지는 인생 스토리를 재미있게 묘사한 프로그램이었습니다. 우리 인생도 이 TV 프로그램처럼 선택지 모두를 선택해서 살아볼 수 있으면 좋겠지만 그것은 드라마에서나 가능한 일이겠지요.

우리는 인생을 살면서 수많은 선택을 해야 합니다. 크게는 대학 전공이나 직장, 배우자 등을 선택해야 하고, 작게는 식사 메뉴와 목적지에 도달하는 경로 등을 선택해야 합니다. 한 가지를 선택했다고 해서 이후로 같은 길을 가는 건 아닙니다. 같은 전공 학생들 안에서도 어떤 부전공이나 진로를 선택하느냐에 따라 수많은 서로 다른 길을 가게 됩니다.

직장 입사 동료들 사이에서도 선택하는 부서가 다르고 만나는 사람들이 다르기 때문에 가는 길은 헤아릴 수 없이 많아지게 됩니다.

우리는 내가 가는 길이 험하고 힘들 때 앞의 <인생극장>처럼 다른 길을 선택했으면 어땠을까 하고 후회하기도 합니다. 마치 그 다른 길은 행복이 가득한 길인 것처럼요. 고속도로에서 길이 막히면 차선 변경을 고민합니다. 옆 차선이 비어 있어서 변경했더니 조금 가다가 아예 멈추어 버립니다. 대신 원래 차선은 느리지만 계속 앞으로 진행합니다. 차선 변경이 성공하는 경우도 있지만 실패하는 경우도 많이 있습니다.

명절 때 차를 운전하고 고향 가는 길은 언제나 막힙니다. 고속도로가 막히기 시작하면 그때부터 고민하기 시작합니다. 경부를 탈 것인가, 중부를 탈 것인가, 아니면 고속도로를 빠져나와 국도로 우회할 것인가를 결정해야 합니다. 경부를 선택하면 중부가 막히는지를 가면서 계속 체크합니다. 반대로 중부를 선택하면 경부가 막히지는 않는지 계속 주의를 기울입니다. 어차피 되돌아가지도 못하는 길인데 우리는 바보같이 내가 선택하지 않은 길에 계속 미련을 둡니다. 그러면서 다른 길이 막히면 내 선택이 옳았다고 좋아하고, 다른 길이 원활하게 달리면 내 선택을 후회합니다.

어떤 목적지에 도달하는 길은 너무도 다양합니다. 우회전해서 가다가 막히면 유턴해서 돌아와 다시 좌회전해서 갈 수도 있습니다. 막히더라도 그냥 계속 가는 방법도 있습니다. 어느 길이 목적지에 빠르게 도달할지는 아무도 모릅니다. 그리고 그 선택 하나로만 결정되는 것이 아니고 이후 이어지는 여러 갈림길에서의 선택에 따라서도 많이 달라지게 됩니다.

이런 많은 선택을 하면서 내 선택이 옳았다고 하기도 하고 후회하기도 합니다. 하지만 분명한 것이 하나 있습니다. 내가 선택한 길을 되돌릴 수 없다면 선택하지 않은 다른 길에 대해 미련을 가지면서 시간 낭비하지는 말아야 한다는 것입니다.

내가 선택한 길에서도 앞으로 또 다른 많은 추가적인 선택지가 놓여 있을 테니 말입니다. 이 선택지들에서는 선택에 따른 후회를 줄이도록 열심히 살아가야 하지 않을까요?

당구에서 앞돌리기를 할 것인지, 뒤돌리기를 할 것인지 고민될 때가 많습니다. 앞돌리기를 선택해서 성공하면 다행이지만 실패하면 뒤돌리기를 선택했어야 한다고 후회합니다. 하지만 뒤돌리기를 선택했으면 성공한다는 보장이 있을까요? 충돌은 나지 않았을까요? 다행히 성공하더라도 뒷공이 어렵지는 않았을까요? 다음번 유사한 상황에서는 앞돌리기 대신 뒤돌리기를 선택합니다. 그래서 성공하기도 하지만 예상치 못한 충돌로 실패하기도 합니다.

같은 상황에서도 내가 실패한 앞돌리기를 다른 사람은 성공하기도 합니다. 앞돌리기냐 되돌리기냐의 선택의 문제라기보다는 선택한 길에서 당점이나 큐스피드 등에 따라 달라지기 때문입니다. 대부분의 저점자들은 이번에 앞돌리기로 실패하면 다음번에는 뒤돌리기를 선택합니다. 그렇지만 또 실패합니다.

길의 선택도 중요하지만 하나의 길에서 샷을 어떻게 구사하느냐에 따라 많은 변수가 생기기도 합니다. 앞돌리기 대신 뒤돌리기를 연습하는 것이 아니라 앞돌리기에서 샷 구사 방식을 바꾸어서 연습하는 것이 더 중요할지도 모르겠습니다. 물론 확률적으로 앞돌리기보다는 뒤돌리기가 성공 가능성이 높거나 뒷공 배치에서도 유리할 수는 있습니다. 이러한 것들은 많은 경험이 쌓이면서 터득해 나가는 것이겠지요. 우리가 살아가는 인생과는 달리 당구에서는 가능한 것이기도 한 것 같습니다.

옆돌리기를 직접 3쿠션으로 시도할 것인지, 아니면 대회전을 통해 5쿠션으로 시도할 것인지 고민될 때가 많습니다. 직접 시도하면 예민해서 성공 확률이 떨어지지만 대회전으로 시도하면 성공 확률이 높아진다고 합니다. 하지만 그만큼 충돌의 가능성도 높아지기 마련입니다. 경험을 지닌 고수들은 성공 가능성뿐만 아니라 성공 후의 뒷공 배치나 실패 시 상대의 뒷공 배치까지도 고려하면서 선구하겠지만 중하수들은 선택한 길에서 샷을 달리하면서 다음번에는 성공시킬 수 있도록 연습하는 것이 더 중요할지도 모르겠습니다.

선택하지 않은 길에 대해 후회하거나 미련을 가질 바에는 선택한 길에서 샷을 다듬어 다음번에는 성공하려고 연습하는 당구처럼 우리의 인생길도 그렇게 한번 살아보면 어떨까요?

* 당구공처럼 둥글고, 당구대처럼 넓고, 큐대처럼 곧으며, 초크와 같은 희생정신으로 살자.

좋게 생각하기

(2024. 4. 30.)

봄의 대표적인 계절 4월의 마지막 날입니다. 낮 기온이 30도 가까이 되면서 벌써 여름인가 했지만 아직 신록의 계절 5월이 남아있습니다. 봄을 더 즐길 수 있다는 마음에 4월을 보내는, 아쉬움을 달래봅니다.

행복과 불행의 감정은 절대적인 기준이나 조건에 의해서가 아니라 모두 내 마음에 달렸다는 말이 있습니다. 가벼운 차량 접촉 사고가 나면 대부분 운이 없다고 생각하며 실망하기 쉽습니다. 하지만 어떤 사람은 사람이 다치지 않고 차만 조금 긁힌 것이 다행이라고 생각하기도 합니다. 전자처럼 생각하면 접촉 사고로 인해 스트레스받고 운이 나쁜 것에 대해 누군가를 원망하기 마련입니다. 후자처럼 생각하면 비록 차가 훼손되기는 했지만, 사람이 다치지 않은 것에 감사하며 앞으로 더욱 조심하게 될 것입니다.

모든 것은 마음먹기에 달렸다는 의미로 유명한 원효대사의 일화가 있지요. 목이 마른 상태에서 아무것도 분간이 안 되는 어둠 속에서 해골 물을 시원하게 마시고 편한 잠을 잡니다. 아침에 일어나 어젯밤에 마신

물이 해골 물이었다는 사실을 알고 나서는 구토를 하게 됩니다. 어릴 적 개고기를 못 먹던 내가 어머니가 염소 고기라고 해서 맛있게 먹었던 기억이 있습니다.

물론 나중에 알고 나서는 속이 좋지 않았지만 말입니다.

종교를 가진 사람들은 대체로 죽음을 두려워하지 않는 것 같습니다. 죽은 후에 맞이할 내세를 믿기 때문이 아닐까 생각이 됩니다. 믿음이 있는 사람은 행복에도 겸손할 줄 알고 불행에도 그리 슬퍼하지 않으며 자신을 강하게 단련시켜 가는 과정이라고 생각하는 듯합니다. 이런 측면에서 보면 종교를 통해 믿음이 생기면 매사를 담담하게 받아들일 수 있어 좋은 것 같습니다. 종교가 없는 내 입장에서는 종교인들의 이런 사고방식이 부럽기도 합니다.

"골프 핸디 귀신은 아스팔트도 뚫고 나온다"는 말이 있습니다. 컨디션이 아주 좋거나 나쁜 경우를 제외하고는 대부분 평균 핸디 수준에 근접한 성적을 기록한다는 의미이죠. 전반 홀에서 보기 없이 좋은 경기를 하다가도 후반에 들어서면 어김없이 보기 이상을 남발하며 평소의 스코어를 기록하게 됩니다. 그 반대도 마찬가지이고요. 전반에 경기가 잘 풀리지 않더라도 참고 편하게 임하다 보면 평소 성적에 크게 벗어나지 않는 결과를 가져오게 됩니다. 조급하게 스트레스받을 일이 아니라는 것이지요.

당구 게임에서도 마찬가지인 것 같습니다. 초반에 평소 에버리지 이상의 성적을 기록하다가도 후반이 되면 어김없이 공타가 이어지면서 자신의 핸디 수준에 근접한 성적을 기록합니다. 반대로 초반에 공타와 단타만 치면서 형편없는 에버리지를 기록하다가도 후반이 되어서 하이런을 기록하면서 경기를 역전시키는 경우도 우리는 많이 경험합니다. 설령 첫 번째 게임에서 형편없는 기록을 남기더라도 두 번째 경기에서는 이를 회복하고도 남을 성적을 기록하기도 합니다. 매 타 매 경기에 일희일비하면서 그리 기뻐하거나 실망할 필요 없이 차분하게 경기를 즐기는 마음가짐이 필요한 이유가 아닌가 생각합니다.

마음가짐이 중요한 걸 알지만 마음먹기가 그리 쉽지는 않은 것 같습니다. 자신의 의지력도 문제지만 주변의 환경적인 요인도 이런 긍정적인, 마음먹기를 어렵게 만들기도 합니다.

차량 접촉 사고가 났지만 사람이 다치지 않아서 다행이라고 좋게 마음먹으려다가도 주변에서 다른 사람은 접촉 사고조차도 나지 않았는데 왜 너만 사고를 냈느냐고 하면 마음이 심란해집니다. 당구공이 의도한 대로 잘 맞지 않지만 나중에 잘 맞을 거라는 기대로 담담하게 치려고 합니다. 그런데 같이 치는 동료가 예전 안 좋은 샷이 다시 나온다는 둥, 컨디션이 안 좋으냐는 둥, 요즘 성적이 별로라는 둥 한마디 하게 되면 마음에 동요가 생기면서 경기가 더 꼬이기도 합니다.

반대로 초구에 하이런을 치면서 좋은 성적이 기대되지만 겸손하면서 차분하게 경기를 하려고 마음을 먹습니다. 그런데 동료가 요즘 샷이 많이 부드러워졌다는 둥, 실력이 많이 좋아졌다는 둥, 핸디 점수를 올리라는 둥 한마디 하게 되면 그때부터 샷에 힘이 들어가면서 망가지기 시작합니다.

그래서 사회생활이나 당구 생활에서 매너가 있는 것 같습니다. 상대가 의도한 대로 마음을 다잡을 수 있도록 옆에서 도와주는 행위가 매너가 아닌가 싶습니다. 힘들어하는 친구에게는 긍정적인 마음을 가질 수 있도록 도와주고, 기뻐하는 친구에게는 겸손한 마음을 갖도록 조언해 주는 것이 필요하겠습니다. 당구에서는 언제든 핸디귀신이 뚫고 올라오기 때문에 잘 치든 못 치든 묵묵히 지켜봐 주는 것이 매너가 아닐까 생각합니다.

* 상대 공에 내가 몸을 쓰는 것은 좋은 매너가 아니다.

다른 것이지 틀린 것은 아니다

(2024. 6. 4.)

우리가 어릴 적 아니면 부모님 시절에는 5~6월이 춘궁기에 해당했다고 합니다. 전년에 수확한 양식은 바닥이 나고 보리 수확은 본격적으로 이루어지지 않아 식량이 모자라서 고통받았던 시절을 일컫는 말입니다. 먹을 것이 없어서 진달래꽃도 따 먹고 술을 빚고 남은 찌꺼기인 술찌끼를 어린애들이 먹고 취하기도 했다고 합니다. 요즘은 아무 때나 휴대폰으로 주문만 하면 먹거리를 집까지 배달해 주는 시절이니 춘궁기라는 말이 실감이 되지 않습니다.

우리의 일상 대화 중에는 상대의 의견에 대해 다른 의견을 말하면서 상대가 틀렸다는 식으로 이야기하는 경우가 많습니다. "그 식당은 김치찌개가 맛있다", "아니다, 된장찌개가 더 맛있다." 이 대화에서는 내가 좋아하는 음식과 다른 음식을 좋아하면 틀린 것으로 간주하는 오류가 들어있습니다. "그 식당은 김치찌개가 주 메뉴다", "아니다, 된장찌개가 주 메뉴다." 이 대화에서는 식당 주인에게 물어보면 누가 맞고 틀렸는지 알 수 있습니다.

이처럼 의견이 다른 것과 맞고 틀린 것을 혼동하는 사례가 많습니다. 의견이 다른 것을 다른 것으로 인정하는 사회는 자유로운 사회이고, 다른 의견을 틀린 것으로 간주하는 사회를 우리는 독재사회라고 합니다. 독재사회에서는 다양한 의견이 표출되기 어려워서 창의로운 아이디어나 기발한 생각들이 자리 잡지를 못합니다. 하지만 자유로운 사회에서는 다양한 의견이 존중받으면서 다수가 선택하는 방향으로 의견이 모아져서 나갑니다.

부자든 가난한 사람이든 상관없이 전 국민에게 얼마씩 나눠줘서 경제를 살리자는 의견이 있습니다. 그 돈으로 폐지를 주우며 하루하루를 근근이 살아가는 노인과 어려운 형편의 소년소녀가장이나 난치병에 걸려 평생을 돌봄 속에서 살아야 하는 사람들을 지원하자는 의견도 있습니다. 이것은 맞고 틀린 의견일까요? 아니면 서로 다른 의견일 뿐일까요?

크고 작은 공동체 안에서도 이런 유의 갈등들은 많이 발생하고 있습니다. 분담금을 내더라도 서둘러 재건축을 해서 깨끗한 아파트에서 살자는 의견이 있습니다. 아직 살 만한 아파트인데 왜 돈을 들여가면서까지 허물고 새 아파트를 지어야 하는지 모르겠다는 의견도 있습니다. 각자는 상대를 틀렸다고 간주하고 첨예하게 대립합니다. 농어촌지역에 기피 시설을 유치해서라도 지역 소멸 위기를 극복하자는 의견이 있습니다. 기피시설이 들어오는 순간 농어촌은 본연의 모습을 잃어버리기 때문에 반대하는 의견도 있습니다. 이 역시 상대를 다른 의견으로 존중하는 것이 아니라 틀렸다고 전제하고 극한의 대립을 합니다.

예전에는 다른 것과 틀린 것에 대한 사회적 기준이 어느 정도는 정립되어져 있어서 큰 갈등이 없었습니다. 성인이 되면 당연히 결혼을 하는 것이 맞다. 사랑은 남자와 여자가 하는 것이 맞다. 한국인은 한국인끼리 결혼을 해야 한다. 부모는 돌아가실 때까지 부양해야 하고, 자식은 성인이 되어도 챙겨줘야 한다. 이러지 않으면 틀린 것이니 생각을 바꿔야 했습니다. 하지만 요즘은 이 같은 생각들이 틀린 것이 아니라 다른 것으로 간주되고 있습니다. 틀린 것인지, 다른 것인지에 대해 혼란스럽다 보니 사회가 더욱 갈등 속으로 내몰리는 것이 아닌가 생각됩니다.

결혼해서 아이가 태어나면 당연히 돌봐야 합니다. 지금까지는 이것이 여러 의견 중 하나가 아니고 이렇게 하지 않으면 잘못된 것으로 간주되어져 왔습니다. 그런데 요즘은 아이가 태어나더라도 내 삶을 포기하거나 희생하면서까지 돌보지는 않겠다는 생각들이 많아지고 있습니다. 그러다 보니 결혼도 안 하고, 하더라도 아이를 낳지 않는 경우가 많아지고 있습니다.

우리 세대는 위와 같은 현상들을 틀렸다기보다는 여러 다른 생각과 가치관 중의 하나라고 머리로는 이해하면서도 가슴으로는 용납이 되지 않는 것이 사실입니다. 내가 가진 생각이 맞고 틀린 것이 아니라 여러 의견 중의 하나일 수 있습니다.

뿐만 아니라 이전에는 맞는 생각조차도 시대가 바뀌고 가치관이 변하면서 여러 의견 중의 하나일 수 있습니다. 그런데 나이가 들수록 이러한 변화의 흐름에 둔감해질 수 있습니다. 그래서 내가 맞다고 생각해 온 사안에 대해서 젊은 사람이나 다른 이들을 함부로 가르치려 들어서는 안될 것입니다. 이럴 경우 우리는 그들로부터 소위 '꼰대'라는 비아냥을 듣게 됩니다.

골프장이나 당구장 등에서 자기가 알고 있는 비법(?)을 동료들에게 가르치려 드는 사람들이 있습니다. 마치 이것이 정답이니 이대로 하면 된다는 식으로 말입니다. 하지만 골프의 스윙이나 당구의 샷은 사람마다 다릅니다. 체격조건이나 스윙 혹은 샷 습관도 모두 다릅니다. 이러한 상황에서 자신에게 적합한 특정한 방법론이 다른 이들에게도 그대로 적용된다는 보장이 없습니다. 그래서 골프나 당구의 경우, 일정한 티칭 자격이 없으면 함부로 남을 가르쳐서는 안 된다고 합니다.

똑같은 포지션의 공을 같은 당점과 두께로 쳐도 누구는 키스가 나지만 누구는 키스가 나지 않습니다. 이것은 당점과 두께 외에도 스트로크 방식이나 스피드 등 다른 요인이 복합적으로 작용하기 때문입니다. 이러한 모든 요인을 함께 고려해서 체계적으로 가르치거나 배우지 않으면 배움의 효과는 별로 없습니다. 그래서 골프 라운드 중에는 잘 맞지 않는다고 동료에게 원포인트 레슨을 요청하거나 해주어서는 안 된다는 것이지요. 당구에서도 종합적인 고려 없이 단편적으로 레슨을 해서는 그 효과가 거의 발생하지 못합니다.

당구의 특정 포지션에서 내가 구사하는 샷은 수많은 해법 가운데 하나일 뿐이지 정답이라고 할 수는 없습니다. 당구 TV 해설자들은 대부분 당구를 잘 치는 고수들이 많습니다. 이들도 선수들이 샷을 하기 전에 특정 포지션에서 나름의 해법을 이야기합니다. 하지만 선수가 다른 방식으로 샷을 해서 성공할 뿐만 아니라 하이런으로 이어지는 경우도 종종 발생합니다. 끝오름(리버스엔드)의 경우도 처음에는 운(후루크)으로 성공한 것이라 간주되었을 것입니다. 물론 지금은 끝오름 현상을 의도하고 치는 경우도 많습니다. 되돌아오기(리버스샷)도 마찬가지였을 것입니다.

당구에서 특정 포지션의 공을 성공시키는 방법은 수없이 많습니다.

각자의 스트로크 방식이나 큐의 특성, 파워 보유 유무 등에 따라서 다릅니다. 뒷공 디펜스를 염두에 두고 칠 것인지, 연타를 노리고 칠 것인지 등에 따라서도 모두 다르게 구사합니다. 그래서 당구에서는 정답도 없지만 그렇다고 풀어내지 못할 공도 없다는 말이 있습니다. 다른 사람의 조언은 참고하되 수많은 성공과 실패의 경험을 통해 성공 확률이 높은 나만의 방법으로 소화하는 것이 중요합니다. 그렇다고 다른 사람의 원포인트 레슨을 전적으로 무시할 필요도 없습니다. 그 사람은 나름의 방법으로 성공 확률을 높여온 것이기 때문입니다.

이것이 맞고 저것은 틀리다가 아니라 이런 방법으로 하니 나의 경우 성공하는 경우가 많더라고 이야기하는 것이 좋겠습니다. 세상사의 경우와 마찬가지로 당구에서도 맞고 틀리다는 논쟁으로 갈등을 야기하기보다는 여러 다른 방법론들을 내게 최적화된 것들로 소화해 나가는 것이 중요한 것이 아닌가 생각합니다.

* 브릿지는 총알이 발사된 후의 총구처럼 흔들려서는 안 된다.

내게 맞는 것이 좋은 것

(2024. 9. 23.)

　　라디오에서 들려오는 <아, 가을인가> 노래가 가슴에 아리게 스며드는 가을 아침입니다. 여름인지 가을인지 애매한 9월 대부분을 여름에 확실하게 양보하고 이제는 본격적인 가을이 온 모양입니다. 선선한 공기와 구름 한 점 없는 청명한 가을 하늘이 나를 야외로 유혹하는 계절, 아, 가을인가 봅니다.

　　한때 외제 차가 부의 상징인, 때가 있었습니다. 독일, 미국, 일본 등에서 만들어진 외제 차를 타고 다니면 부자로 인식되었습니다. 하지만 요즘은 많이 달라진 것 같습니다. 평범한 월급쟁이가 고급 외제 차를 타고 다니기도 하고, 알부자가 경제적인 하이브리드차를 운행하기도 합니다.

　　예전엔 자가용으로 승용차가 대세였는데 요즘은 SUV, 하이브리드, 경차, 승합차 등 차종이 다양합니다. 젊은 층은 개성이 강한 차를 선호하고 나이 든 사람들은 무난한 평범한 차를 좋아합니다. 식구가 많으면 승합차를 선택할 것이며, 시내 주행이 많으면 하이브리드, 고속도로를 자주 이용하면 크루즈 컨트롤 기능이 있는 차를 선택할 것입니다. 주말

농장을 운영하거나 여행을 자주 다니면 SUV를 선택할 것이며, 비포장도로를 많이 이용하면 지프류의 차를 선호할 것입니다.

집도 마찬가지인 것 같습니다. 바다나 강을 조망할 수 있는 집이 좋다고 하지만 어떤 사람들은 사시사철 똑같은 모습을 가진 물을 보면 우울해진다는 사람도 있습니다. 그래서 사시사철 옷을 갈아입는 산이나 숲을 볼 수 있는 집이 좋다고 합니다. 또 어떤 사람들은 탁 트인 조망을 할 수 있는 집이 좋다고도 합니다. 고층보다는 화단이 가까이 있는 1층이 더 좋다고 하는 사람들도 꽤 많습니다. 식구가 많으면 방이 많은 집이 좋을 것이고, 혼자이거나 둘이 살면 작은 집이 아담하고 좋을 것입니다. 한강변을 산책할 수 있는 집이 좋다고 들어갔으나 1년에 한 번도 한강변을 산책하지 않는 사람도 있습니다. 한강뷰가 좋다고 들어갔으나 한 달 만에 매일 똑같은 강물이 지겨워지는 사람들도 많습니다.

학창 시절에 영어로 된 팝송을 즐겨 듣는 친구는 음악을 많이 아는 왠지 모를 엘리트 같아 보였습니다. 트로트를 좋아하면 옛날 사람 같아 보이고 음악을 좋아하기보다는 그냥 놀기 좋아하는 사람으로 간주되었습니다. 많이 배운 사람들은 당연히 클래식 음악을 즐겨 들어야 하는 것처럼 느껴졌습니다.

하지만 요즘은 클래식 음악을 전공하던 사람이 트로트로 전향하기도 하고, 팝송이나 가요에 대한 편견도 없습니다. 클래식 음악과 팝 음악 간의 경계도 점점 옅어지고 있습니다. 음악의 종류는 개인별 취향의 차이일 뿐, 좋고 나쁜 차이는 아닐 것입니다. 가난하고 못 배운 사람도 클래식 음악이 좋을 수 있고, 많이 배운 부유층도 트로트 음악을 좋아할 수 있습니다.

물론 차의 경우 안전성이나 편의 기능 등은 어떤 용도로 차를 선택하더라도 중요하며 좋은 차의 기준이 될 수 있습니다. 집의 경우에도 보안이나 교통 편의성, 자연 친화성 등은 좋은 집의 절대적인 기준이 될 수 있습니다. 음악의 경우에도 자주 들어도 지겹지 않고 뛰어난 악기 연주가 동반되면 좋은 음악에 가까울 것입니다. 이런 경우들을 제외한 나머지 요소들은 개인의 취향 차이일 뿐이지 좋고 나쁜 선택의 기준이 될 수 없는 것이 아닌가 생각됩니다.

당구 큐대를 선택할 때도 다양한 기준이 존재하는 것 같습니다. 초보자가 지나치게 비싼 당구 큐대를 보유할 필요는 없을 것입니다. 어차피 비싼 큐대의 좋은 기능을 활용하지 못할 테니까요. 파워를 주로 구사하는 사람과 부드러운 샷을 위주로 구사하는 사람들의 큐대 선택 기준은 달라져야 하지 않을까요? 힘이 약한 여성의 경우 전진력이 좋은 큐대가 좋을 것이며, 파워 있게 끌어치기를 자주 구사하는 경우에는 끌림이 좋은 큐대가 좋을 것입니다.

아무리 좋은 큐대를 사용하더라도 그 큐대의 특화된 기능을 활용하지 못하면 저렴한 하우스 큐나 다를 바가 없을 것입니다. 오히려 다양한 고객들의 샷 스타일에 맞추어 일반화되어 있는 하우스 큐가 더 적합할지도 모를 일입니다. 가끔 하우스 큐가 개인 큐보다 더 공을 잘 맞춘다고 하는 경우가 이런 경우에 해당할 것입니다.

요즘 시대에는 다른 사람들의 눈치와 기대에 부응해서 겉치레로 자신을 포장하는 사람들이 그리 많지 않은 것 같습니다.

무조건 번드르르한 외제 차를 고르지 않고 자신의 취향에 맞거나 용도에 적합한 차를 선택하는 경향이 많아지고 있습니다. 이런 차 가운데 가성비까지 좋다면 그것이 좋은 차가 아닐까 생각합니다.

집도 무조건 역세권이나 큰 집이 좋은 집은 아닐 것입니다. 대중교통을 이용할 일이 거의 없다면 비싼 역세권보다는 자연을 가까이할 수 있는 곳이 좋을 것이며, 식구가 많지 않다면 굳이 재산세가 많이 나오는 큰 집을 선택할 이유가 없을 것입니다. 집은 내가 편하고 가성비가 좋다면 그곳이 좋은 집일 것입니다. 음악도 클래식, 트로트, 민요 구분하지 않고 자신의 취향에 따라 즐길 수 있으면 그것이 좋은 음악일 것입니다.

당구 큐대도 자신의 강점을 더 강하게 해주고 약점을 보강해 줄 수 있는 기능이 있는 것이 좋은 큐대일 겁니다. 일반적으로 비싼 큐대보다는 자신의 샷 스타일에 적합한 큐대를 전문가에게 추천받을 수 있다면 좋을 것 같습니다. 골프클럽 피팅하듯이 말입니다.

* 당구를 치면서 예민해지는 이유는 내 성격 때문이 아니라 당구가 원래 예민한 스포츠라서이다.

빅볼처럼, 리버스 엔드같이

(2024. 11. 4.)

　나뭇잎의 색깔이 하루가 다르게 짙어지고 있습니다. 사실 단풍잎은 나뭇잎이 푸른 생명을 다하고 떨어지기 직전의 모습인데도 우리에게는 낭만을 선사합니다. 낙엽으로 떨어져서도 밟으면 바스락거리는 소리를 내며 추억을 떠올리게 합니다. 우리도 늙어가며 귀찮게 쓸어내야 하는 낙엽이 아니라 누군가에게 낭만이 되고 추억이 될 수 있으면 좋겠다는 생각을 해봅니다.

　3쿠션 당구에서 2 목적구가 테이블 코너 근처에 위치하거나 테이블 쿠션과 공 1~2개 공간을 두고 위치할 경우를 '빅볼'이라고 합니다. 내 큐볼이 2 목적구를 맞출 가능성이 높아서 마치 큰 당구공을 맞추는 것과 같이 쉽다고 하여 빅볼이라고 불리는 것 같습니다. '리버스엔드'(끝오름)는 코너 근처에 위치한 2 목적구를 내 큐볼이 바로 맞추지 못하고 빠지는 듯하다가 약간의 역회전의 영향으로 코너를 돌아 올라오면서 2 목적구를 맞추는 경우를 말합니다. 마치 운 좋게 들어가는 행운샷인 것처럼 보이지만 이를 의도하고 치는 경우가 많기 때문에 반드시 행운샷이라고 할 수는 없을 것입니다.

빅볼의 원칙을 알고 2 목적구를 빅볼이 되도록 샷을 컨트롤할 수 있으면 고수의 경지로 금방 올라갈 수 있을 것입니다. 내 큐볼에 부딪힌 1 목적구가 굴러서 코너 근처로 가거나 테이블 쿠션에서 약간 떨어져서 위치하도록 컨트롤할 수 있으면 뒷공의 성공 가능성은 훨씬 높아지기 때문입니다.

리버스엔드는 직접 2 목적구를 맞출 수 있는 방법이 도저히 없을 때 생각할 수 있는 방법입니다. 이렇게 의도하고 치기도 하지만 의도치 않게 운 좋게 들어갈 수 있는 경로이기도 합니다. 실패한 것처럼 보이지만 실은 성공 가능성을 높이는 경로가 리버스엔드라고 할 수 있을 겁니다.

우리 주변에는 빅볼과 같은 기회를 찾아다니는 사람들이 많습니다. 좋은 학군에서 자녀 교육을 시키는 경우가 대표적입니다. 직장에서는 인사부서나 기획부서와 같이 승진 가능성이 높은 부서를 찾아다니기도 합니다. 안정적인 일자리를 위해 전문 자격증을 취득하는 경우도 많습니다.

3쿠션 당구에서의 빅볼과 같이 이러한 경우들은 다소 노력이 부족하거나 성과가 모자라더라도 목적하는 바를 달성할 가능성이 높아질 것입니다. 실제 2 목적구가 빅볼로 배치되어 있는 경우에는 정확한 포인트가 아니라 대략적으로 타깃팅을 하는 경향이 있습니다. 그렇게 해도 성공하기 때문입니다.

그런데 어떤 측면에서 보면 빅볼은 허용오차의 범위를 넓게 해주기 때문에 정교함이 부족하더라도 성공할 수 있게 해주는 경우에 해당합니다. 따라서 빅볼 배치 위주로만 샷을 구사하다 보면 정교함이 떨어져서 막상 정확하게 샷을 해야 하는 상황에서는 실패할 확률이 높습니다.

빅볼과 같은 상황을 추구하되 너무 여기에만 매몰되면 안 되는 이유이기도 합니다. 빅볼은 게임에서 승리할 가능성을 높여 주지만 3쿠션 실력 향상을 담보해 주지는 않습니다. 빅볼을 만들기 위한 목적구 컨트롤 연습 못지않게 정교한 샷을 위한 시스템 등에 대한 연습도 소홀하면 안 되겠습니다.

리버스엔드는 코너로 들어갈 때까지는 실패한 것 같지만 돌아 나오면서 성공하는 '양빵'(두 길 공략)의 대표적인 케이스입니다. 마치 처음 선택한 길이 잘 못 된 것 같지만 시간이 흐르면서 좋은 선택일 수도 있는 우리의 일상과 비슷합니다. 두 길을 처음부터 염두에 두고 공략하면 정확성이 떨어지는 문제점이 있습니다. 한 길을 공략하되 실패하더라도 또 한 번의 기회에 도전할 수 있도록 내 큐볼의 회전이나 속도를 컨트롤하면 단순한 행운샷이 아닐 수 있을 겁니다.

리버스엔드는 코너 근처에 있는 2 목적구가 빅볼이 되게 하는 중요한 역할을 합니다. 2 목적구가 빅볼이 되려면 3쿠션, 4쿠션, 5쿠션으로 2 목적구를 맞출 수 있어야 되는데, 이 중 5쿠션을 가능하게 하는 것이 리버스엔드입니다.

처음 선택한 길이 잘못된 길인 것처럼 보여도 나중에는 잘 선택한 길이 될 수 있기에 우리 인생의 빅볼 기회는 더 넓어질 것입니다.

* 대대 테이블 주위에서는 같은 포지션이라 해도 보는 위치에 따라 공의 배치는 확연히 달리 보인다.

원리와 본질에 충실해야

(2024. 12. 17.)

지난 주말에는 고향에 모임이 있어 다녀왔습니다. 어머니도 뵙고 왔습니다. 예전에는 내가 모처럼 내려가면 이런저런 마을 이야기를 전해 주곤 했는데, 이제는 묻는 말에만 대답합니다. 이러다 어머니가 아들 얼굴도 기억하지 못할까 두렵습니다. 자주 찾아뵈어야겠습니다.

공부든 운동이든 연습을 아무리 많이 해도 실전에서는 제대로 되지 않는 경우가 많습니다. 하물며 무리한 연습으로 인해 실전에서 부작용이 발생하는 경우도 더러 있습니다. 이는 원리를 모르고 연습하기 때문입니다. 골프를 치러 나가기 전날 연습장에 가는 경우가 많습니다. 하루 전날 하는 연습은 가볍게 몸을 푸는 정도로만 해야 한다는 원리를 모르고 무리하게 연습하다 보면 골프 당일에 오히려 공이 잘 맞지 않는 경우가 많습니다.

학교 다닐 적에 시험 성적이 좋은 학생들의 경우에는 대부분 선생님이 가르쳐 주는 원리를 제대로 이해하고 공부하기 때문입니다. 암기력이 좋아 단순 암기만 하는 경우에도 문제를 많이 맞출 수 있지만, 이 경우에는 운 좋게 응용이 필요 없는 동일한 유형의 문제가 출제되었기 때문일 것입니다. 원리를 알아야만 응용이 가능하여 다양한 유형의 문제를 풀어 낼 수 있습니다.

서비스업에 종사하는 사람들의 경우, 본질을 아느냐에 따라 서비스의 질에서 차이가 큽니다. 서비스업에서 서비스의 본질은 곧 고객의 입장에서 판단하고 행동하는 것입니다. 나와 회사의 입장이 아니라 고객의 입장에서 고객이 원하는 것을 충족시켜 주는 것입니다. 예를 들어 휴대폰이 고장 나면 서비스센터에 가져가는데, 여기서는 하드웨어적인 문제 위주로 수리합니다. 연습에서는 고객이 하드웨어적으로 문제가 있는 휴대폰을 가져오면 수리하는 것으로 되어 있습니다. 하지만 고객은 문제가 하드웨어인지, 소프트웨어인지 잘 모릅니다. 소프트웨어적인 문제인, 경우에는 그냥 돌려보내는 것이 아니라 서비스센터에서 소프트웨어 파트와 연락하여 문제를 해결해 주어야 할 것입니다. 이것이 고객 서비스의 본질을 알고 실전에 응용하는 경우입니다.

장애인 전용 주차구역 서비스의 본질은 장애인이 운전하거나 장애인을 태운 차량의 주차 편의를 제공하는 것입니다. 하지만 현실은 장애인인 가족 명의로 자동차를 등록하거나 가족 명의로 주차 카드를 받아 비장애인이 이용하는 경우가 많습니다. 현실에서는 장애인 주차 카드만 확인할 뿐, 장애인이 운전하거나 동승하고 있는지 여부는 확인하지 않습니다. 그러다 보니 주차 카드를 보유한 차량의 경우 상당수가 비장애인이 운전하여 주차하고 있는 실정입니다. 렌터카는 개인 소유가 아니므로 렌터카를 운전하는 장애인은 장애인 전용 주차구역에 주차할 수 없습니다. 결국 행정 편의 때문에 렌터카를 운전하는 장애인은 장애인 전용 주차구역을 이용하지 못하고, 비장애인이 운전하는 개인 차량은 동승하지 않은 장애인 가족 덕에 장애인 전용 주차구역을 이용하는 경우가 있습니다.

내 큐볼을 세게 치면 전반적으로 짧아진다는 사실만 알고 실전에 적용하면 낭패를 겪습니다. 이는 1 적구를 적당한 두께로 치고 쿠션에서 튕겨 주어야 가능한데, 1 적구를 너무 얇게 치게 되면 쿠션 튕김 효과가 없어 오히려 길게 떨어지는 경우가 많습니다. 그리고 세게 치더라도 1 적구를 너무 두껍게 치면 밀려서, 이 역시 의도와 달리 길게 떨어집니다. 세게 친다는 사실이 중요한 것이 아니라 적당한 두께를 통해 쿠션의 튕김 효과를 일으키는 것이 세게 쳐서 짧게 만드는 원리입니다.

회전을 많이 주면 길어진다는 사실만 알고 현장에서 쳐 보면 이 역시 제대로 적용되지 않는다는 것을 알게 됩니다. 회전은 쿠션이 제대로 받아주는 경우에만 효과가 있습니다. 쿠션이 미끄럽거나 반발력이 떨어지면 더 많이 길어지거나 오히려 짧아지는 경우도 있습니다. 내 공에 회전을 주는 것만이 중요한 것이 아니라 쿠션이 회전을 어느 정도 받아주느냐가 중요하기 때문입니다. 이러한 원리를 알면 쿠션의 상태에 따라 회전력을 적절히 조절할 수 있을 것입니다.

끌어치기는 하단을 주고 세게 쳐야 한다고 생각해서 실전에 적용하면 제대로 작동하지 않는다는 사실을 알게 될 것입니다. 너무 세면 전진력 때문에 오히려 밀릴 수 있습니다. 그리고 1 적구가 너무 멀면 하단 당점 효과가 사라져서 끌림 효과는 떨어집니다. 하단 당점 효과가 잘 작동하는 적당한 거리와 스피드를 제대로 아는 것이 중요하며, 이 원리대로 해야만 끌어치기를 실전에서 쳐낼 수 있습니다.

각종 시스템도 이론만 익히고 실전에 임하면 당황하는 경우가 많습니다. 테이블의 상태나 본인의 속도 등에 따라 경기 시간이 길어지거나 짧아지기 때문입니다. 특히 코너 근처에서는 예상치 못한 많은 변화가 많습니다. 시스템은 그 자체로 이론에 불과하며 제대로 활용하려면 현장 상황에 맞춰 보정을 할 수 있어야 합니다. 시스템은 상황에 맞게 보정하거나 응용하지 못하면 오히려 시스템을 모르는 것이 더 나을 수도 있습니다. 시스템은 테이블의 상태를 반영할 때만 그 원리를 제대로 발휘합니다.

* 당구는 어제 전승하다가도 오늘 전패할 수 있는 스포츠이다.

프로는 다르다

(2024. 12. 31.)

금년은 우리 친구들이 회갑을 맞는 용의 해라서 많은 기대로 시작했습니다. 하지만 어처구니없는 큰 일들로 인해 1년 같은 12월 한 달을 보내면서 한 해를 마무리합니다. 무안공항 사고로 돌아가신 분들의 명복을 빕니다. 오늘을 살고 내일을 기대할 수 있음에 감사하며 늘 겸손하게 살아야겠다는 다짐을 해봅니다.

2년 전에 나에게 당구를 가르쳐 주었던 분이 이달 초에 당구장을 개업했습니다. 축하차 들렀는데 뜻밖의 소식을 들었습니다. 우리금융캐피탈 소속 여자 선수들이 이곳에서 앞으로 세 달 동안 전문 코치로부터 레슨을 받는다는 것입니다. 그 명단에는 내가 평소 TV에서 게임하는 장면을 챙겨 봤던 서한솔 선수가 포함되어 있었습니다. 반가운 마음에 당구장 사장에게서 프로와의 게임을 주선해 달라고 부탁했습니다. 바로 답을 받지 못하고 며칠 지나서 가능하다는 연락을 받았습니다. 밤 12시에 문자를 받고 막상 어떻게 쳐야 할지 걱정이 되어서 이후 1시간 정도 잠을 청하지 못했습니다.

그간 당구를 치면서 두어 명 정도의 PBA 남자 선수와 게임을 해본 적은 있었습니다. 그때는 3쿠션을 막 배우던 때라 게임이라고는 했지만 내가 상대의 샷을 일방적으로 관람하는 모드였다고 할 수 있을 것입니다. 3쿠션을 어느 정도 배운 단계에서 아마추어 남자 중 잘 치는 정도의 실력을 보유한 여자 프로와의 경기라 한번 해볼 만하다는 생각이었습니다. 하지만 막상 게임에 들어가니 제대로 샷이 되지 않았습니다. 평소 TV에서 응원해 왔던 선수 앞에서 엉터리 샷을 해서는 안 된다는 생각이 몸을 굳게 만들었습니다. 여기에다 평소 게임 환경과 다른 PBA 전용 테이블과 전용 당구공 그리고 뱅크샷 2점 제등으로 인해 게임을, 일방적으로 지고 말았습니다.

여자 프로와의 게임이라서 잘하면 이길 수도 있을 거라는 생각만 앞섰을 뿐 실제는 실력 차이가 많다는 사실만 깨닫게 되었습니다. 게임에서 지기는 했지만 프로 선수와 경기하는 동안 일반인들과는 다른 점을 많이 보고 경험했습니다.

먼저, 상대를 배려하는 절제된 매너가 돋보였습니다. 프로선수라고 거만함은 티끌만큼도 보이지 않았습니다. 함께 게임한다는 사실에 오히려 감사한 마음을 표했습니다. 게임 내내 샷 하는 것 외에는 어떠한 멘트도 없었습니다. 중간에 내가 질문하는 것이 오히려 미안할 정도였습니다. 그럼에도 질문에는 일일이 답해 주었습니다. 난구를 해결했을 때를 제외하고는 내 샷에 대해 과한 칭찬도 해주지 않았습니다. 멋진 샷에 대해 칭찬 멘트를 해주면 그에 대해 감사의 표시도 해주었습니다. 감사의 응답을 받을 만큼 칭찬 표시는 오히려 상대에게 방해가 될 수도 있겠다는 생각을 했습니다.

매 샷에 신중함을 유지하고 있었습니다. 쉬운 기본 공조차도 바로 샷 자세를 취하지 않고 이리저리 둘러본 후 샷을 합니다.

내 큐볼의 출발 지점뿐만 아니라 도착 지점까지 직접 가서 확인합니다. 내게 기본 공이 주어졌을 때 평소 습관대로 내가 바로 자세를 취하기가 오히려 미안하기까지 합니다. 이렇다 보니 평소 내 페이스를 자연스럽게 유지하지 못하고 상대 페이스에 휘말린다는 느낌이 들었습니다. 하지만 샷 하나하나에 신중하게 임하는 자세는 분명 배울 점이었습니다.

적극적으로 배우려는 자세가 남달랐습니다. 코치와 레슨 중일 때에도 잠시도 게으름 피우지 않고 성실히 임했습니다. 주변에서 게임 하던 일반 손님들이 기념사진 등을 요청할 틈이 없을 정도였습니다. 연습 게임을 마치고 나면 게임 중 잘 안된 부분을 코치에게 바로 질문해서 교정받았습니다. 나와의 게임도 마치자마자 바로 코치를 불러 피드백을 받기 위해 질문했습니다. 마치고 나서 기념사진과 사인을 받으려 했던 나는 당황스러웠습니다. 잠시 기다리다가 레슨 중임에도 틈을 노려 기념사진과 사인을 받았습니다.

일반인을 대하는 태도가 몸에 배어 있었습니다. 코치와의 수업 시간을 제외한 자유 연습 시간에는 당구장 손님들의 게임 요청을 흔쾌히 받아들입니다. 기념사진과 사인 요청에도 기쁜 마음으로 성의 있게 응합니다. 상대의 실력이 수준에 미치지 못하더라도 아무런 내색 없이 열심히 게임을 합니다. 마치고 나면 상대에 대해서는 아무런 언급 없이 자신이 운이 좋아서 잘 쳤다거나 아니면 잘 치지 못해서 죄송하다고 합니다. 상대를 함부로 평가하지 않았습니다.

우리 회원끼리는 편하게 게임을 하기 때문에 이렇게까지 하지는 않습니다. 하지만 비회원과의 게임을 할 때에는 반드시 본받을 필요가 있지 않을까 생각합니다.

* 조금씩이나마 승점을 기대할 수 있다는 것은 행복한 당구를 치고 있다는 증거다.

| 5장 |

당구에 깃든 지혜

당구 1만 회의 법칙

(2021. 11. 30.)

가을을 떠나보내고 겨울을 재촉하는 비가 내리는 11월 마지막 날입니다. 이제 1개월 후면 우리 1기들이 59세가 됩니다.

2024년이면 우리 1기가 회갑이고 이듬해인 2025년은 우전형님이 칠순이 되는 해입니다. 세월 참 빠르네요. 6기들이 뭘 해줄 지 지금부터 기대가 됩니다.

대부분의 영역에서 1만 회 혹은 1만 시간을 투자하면 전문가 내지는 배테랑이 된다고 합니다. 어떤 직업이든 하루 2~3시간 365일 공부하고 노력하면 1만 시간이 되는 10년 후에는 그 분야의 장인 소리를 듣게 됩니다. 주말골퍼가 월 4회 12년을 열심히 필드 나가서 1만 홀을 넘기면 싱글을 달성한다고 합니다. 물론 골프 시작 나이에 따라 다소 차이는 있겠지만요.

당구의 경우 월 16회 당구장을 방문하고 매회당 4게임을 소화하면 13년 후면 1만 게임을 넘기면서 평균 에버 1을 달성할 수 있지 않을까요? 나는 덕패에서 이미 3년 가까이 열심히 당구 쳤기 때문에 앞으로 10년을 더 치면 평균 에버 1을 달성할 수 있으리라 생각합니다.

여기에 고수의 도움을 받고 스스로 시스템 공부도 열심히 하면 10년을 5년으로 단축할 수 있지 않을까요?

저뿐만 아니라 우리 회원 모두가 지리산(智異山) 프로젝트에 입문하고 더욱 정진해서 향후 5년 내에 고교 동창 3쿠션대회에서 우승하는 꿈을 꿔 봅니다.

* 양빵을 의도하고 치지 마라, 양빵은 결과일 뿐이다.

당구와 애인의 공통점과 차이점

(2022. 2. 17.)

　입춘도 지나고 정월대보름도 지났지만 맹추위가 기승을 부립니다. 코로나 하루 감염자가 10만 명에 임박했다고 합니다. 우크라이나의 전운은 진정되고 있는 분위기이고 대선은 본격 선거운동에 돌입하여 여기저기서 시끄럽네요. 우리 덕패회 당구 모임도 감염 예방을 위해 당분간 당구만 치고 식당에서 함께 식사하는 건 자제하기로 했습니다.

　당구를 좋아해서 치면서도 제대로 들어가지 않거나 키스로 방해를 받을 때는 당구공을 향해 무수한 욕과 원망을 합니다.

　그러다 의도한 대로 깔끔하게 성공할 때는 굴러가는 당구공이 그렇게 예뻐 보입니다. 슬럼프에 빠져 스트로크가 잘 안되거나 키스만 남발하면서 연패의 늪에 빠지면 당구와의 궁합이 맞지 않다고 생각되어 그만두고 싶은 마음도 듭니다. 애인과 성격 차이로 헤어지고 싶은 마음이 들 때와 마찬가지이지요. 공이 잘 맞지 않을수록 스트로크에 힘이 들어가면서 당구는 점점 더 악순환의 늪에 빠지고 맙니다. 애인이 내 말을 듣지 않을 때 주도권을 더욱 강하게 하기 위해 상대를 압박하면 할수록

애인의 마음은 점점 더 내게서 멀어져 갑니다. 당구를 잠시 접고 있는 사이 우연히 당구 채널을 보거나 당구장 간판을 보게 되면 당구를 치고 싶은 마음이 꿀떡같이 듭니다. 싸워서 잠시 헤어진 애인을 보고 싶은 마음과 같은 이치겠지요. 이렇듯 애인처럼 당구와의 밀당은 이어집니다.

하지만 당구는 애인과 다른 점이 있습니다. 내가 그렇게 키스 나거나 아슬아슬하게 빠져나가는 공에 욕을 해대도 언제 그랬냐는 듯이 멋있는 뱅크샷과 하이 에버를 내게 선사해 줍니다. 그래서 나는 오늘도 당구장을 찾습니다.

* 당구의 시작과 끝은 스트로크다.

당구 3락

(2022. 7. 19.)

벌써 초복도 지나고 본격적인 삼복더위에 진입했습니다. 더위로 잠을 제대로 청하지 못하는 날이 이어지고 있네요. 다들 더위 먹지 않도록 건강에 유의하시길 바랍니다.

골프 3락이라고 들어보았나요?

나에게 골프 3락은
- 골프 라운드 마치고 샤워장에서 바깥에 내리기 시작하는 비를 바라다볼 때
- 오비난 줄 알았던 내공이 카트길을 타고 그린 근처에 가 있을 때
- 새벽 일찍 골프장으로 가면서 여명을 볼 수 있을 때입니다.

당구에서 3락은 무엇일까요? 각자 느끼는 즐거움은 다를 텐데요. 나에게 있어 당구 락은,
- 내 공은 키스 나서 성공하고 상대는 키스로 실패할 때

    ― 바깥은 엄청 춥거나 더울 때 쾌적한 실내에서 당구를 즐길 때

    ― 게임비와 식사 내기 모두 이겨서 공짜로 당구를 즐길 때입니다.

    여러분에게 당구 3락은 무엇인가요?

    그냥 좋은 친구들과 당구를 칠 수 있다는 것 자체가 즐거움 아닐까요? 오늘도 즐기러 갑시다.

* 시스템을 알아야 하지만 너무 의존하면 감각이 무뎌지는 문제가 생긴다.

노력하는 자는 즐기는 자를 이길 수 없다

(2022. 9. 16.)

우리 집은 저층이라 여름철 모기에 많이 시달립니다. 어제저녁에는 바람도 시원하게 불어 모기 걱정을 하지 않았는데, 예상과는 달리 모기 때문에 잠을 설치고 말았습니다.

나는 직장 다닐 때 인사 부서에도 근무하고 인사관리에 많은 관심이 있었으며 박사학위 역시 인사 분야에서 받았습니다.

그러다 보니 직원들의 행동을 유심히 관찰하는 버릇이 있었습니다.

그냥 돈벌이 목적이나 경력 쌓으려는 목적으로 직장을 대충 다니는 친구가 있는가 하면 맡은 업무를 열심히 배우려 노력하는 친구들도 있었습니다. 하지만 이들을 능가하는 업무처리 능력을 보여주는 친구가 있습니다. 바로 자신에게 주어진 일을 즐길 줄 아는 친구입니다.

물론 그 일이 게임이나 오락처럼 진짜 즐겁지는 않겠지만 목표를 정하고 이를 하나씩 성취해 가면서 만족감을 느낄 수 있다면 진정 그 일을 즐긴다고 할 수 있을 겁니다.

골프나 당구 등 스포츠도 마찬가지인 것 같습니다. 50세 넘어서 골프를 시작한 사람 가운데 열심히 노력하여 80대 타수를 치는 사람이 간혹 있습니다. 하지만 골프를 진정 즐기지 않는 바에는 아무리 노력해도 싱글 타수를 치기는 불가능에 가깝다고 합니다.

당구(3쿠션)는 우리 나이에 어느 정도 수준까지 도달할 수 있을까요? 당구 자체를 즐기지 못하고 매번 스트레스받고 지나치게 승부에 집착한다면 아무리 열심히 노력해도 30점을 넘어서기는 어렵지 않을까요? 나의 상황은 애매합니다. 당구가 즐겁기는 한데 매번 스트레스를 받고 승부에 대한 집착을 벗어던지지를 못하니까요.

30점 이상의 진정한 고수의 길을 가기 위해 당구 자체를 즐길 수 있도록 오늘도 마음과 정신을 가다듬어봅니다.

* 동일한 조건이라면 가까이 있는 목적구를 먼저 치는 것이 성공 확률을 높인다.

당구가 잘 안 되는 날의 대처법

(2022. 10. 13.)

날씨가 무척 쌀쌀해졌습니다. 다음 주부터는 본격적으로 단풍이 물들기 시작한다고 하니 단풍놀이 계획 한번 잡아보는 것이 어떨까요?

당구를 치다 보면 유독 잘 맞는 날이 있어 상대에게 미안한 마음이 들 정도로 의도한 대로 거의 성공하는 경우가 있습니다.

이런 날은 자주 오지 않고 가끔 오기 때문에 당구가 마냥 즐겁지만은 않은 거죠.

대부분의 당구는 내 공이 근처로는 가지만 아슬아슬하게 빠지고 마는 경우가 많습니다. 유독 키스가 많이 나는 경우도 많고요. 뒷공이 어렵게 배치되어 선구하기가 어려운 날도 많습니다. 다른 사람과 칠 때는 헤매다가도 유독 나만 만나면 잘 치는 상대와 경기를 할 때도 상당히 곤혹스럽습니다.

내 공이 아슬아슬하게 빠지면서 득점에 실패하는 경우는 몸이 아직 준비가 덜 된 상태에서 감각에만 의존해서 치려고 하는 경우에 발생하는 현상인 것 같습니다. 이때는 시간을 약간 쓰면서 시스템 계산을 해가면서 내 몸이 풀리는 시간을 벌면 좋아지지 않을까 생각합니다.

유독 키스가 많이 나서 실패하는 경우는 몸에 힘이 잔뜩 들어가서 1 목적구를 강하게 타격하기 때문인 것 같습니다. 큐대 그립을 평소보다 강하게 잡고 있는 건 아닌지 점검해서 좀 더 부드럽게 잡고 스트로크를 하도록 노력해 보면 도움이 되지 않을까요?

상대가 치고 난 뒤 내 공 배열이 유독 어렵게 배치되는 것 같다고 여겨질 때는 무리해서 난구를 풀려고 시도하지 않는 것이 좋겠습니다. 이럴 때는 가급적 상대 공을 1 목적구로 선택하여 디펜스 위주로 플레이를 하면서 인내심을 가지고 공 배치가 열릴 때를 기다려보는 것이 어떨까요.

나만 만나면 유독 잘 치는 것 같은 상대를 만나면 어떻게 하면 좋을까요? 이런 경우는 상대가 나를 편하게 생각하기 때문에 주로 나타나는 현상입니다. 이 경우에는 상대의 멘탈을 흐트러지게 하는 적절한 멘트를 날리면서 디펜스 위주로 선구하면서 상대의 기세가 꺾이고 내 공 배치가 열리는 시점을 노리는 것이 좋겠습니다.

3쿠션 당구를 치다 보면 몸과 마음의 컨디션이 최상이어서 좋은 에버를 기록하는 날이 자주 있지 않고 대부분은 위에서 예시한 것과 같이 잘 안 풀리는 경우가 많습니다. 이럴 때는 조급하게 덤벼들지 말고 몸과 마음이 적응될 때를 차분히 기다리는 플레이 습관을 가지는 것이 오래도록 당구를 즐기는 지혜가 아닐까 생각합니다.

* 어떤 시스템도 스트로크가 받쳐주지 않으면 무용지물이다.

복식경기의 심리학

(2023. 2. 7.)

겨울 끝자락에 다소 포근해서 좋기는 하나 불청객인 미세먼지 때문에 공기도 탁하고 터키 대지진 소식도 들리고 해서 왠지 우울한 아침입니다. 기온도 적당하고 공기도 깨끗하여 모든 조건이 완벽한 날씨는 1년 365일 중 한두 달 될까요? 90년을 산다고 했을 때 어디 한구석 아프지 않고 지내는 날이 10년이나 될까요?

개인전에서는 본인의 수지에 걸맞은 성적을 내는 사람이 복식전에서는 제대로 실력 발휘를 못 하는 경우가 많습니다. 반대로 개인전에서는 수지에도 못 미치는 성적을 내다가도 복식전만 하면 평소 에버 이상의 성적을 내는 사람도 있습니다.

그 원인은 개인전과 복식전의 여러 가지 다른 특성 때문이 아닐까 생각합니다.

우선 복식전은 2명이 치는 단식과 달리 4명이 치다 보니 내 순서가 되려면 평균 2~3분을 기다려야 하고 한두 번 공타를 치거나 다른 사람이 하이런을 치게 되면 5분에 한 번 치는 경우도 더러 있습니다. 그러다 보니 복식전에서는 개인전에서의 한 번씩 번갈아 치는 리듬감을 잃고 매번 초구를 치는 듯한 느낌을 갖게 됩니다. 매 타 집중하지 못하고 리듬감을 잃어버리면 실력 발휘가 어렵게 되는 특성을 지니고 있습니다.

복식전은 동료와 함께 치기 때문에 혼자서 알아서 치는 단식전과는 달리 동료의 도움을 구하거나 동료의 의견을 듣다 보니 자기 페이스대로 치지 못하게 됩니다. 각자 선호하는 선구나 스트로크가 다르다 보니 동료의 눈치를 보게 되고 그러다 보면 평소의 자신감이 위축되기도 합니다.

단식은 상대 1명과 자신과의 싸움이기 때문에 상대적으로 부담이 덜하지만, 복식은 상대 2명과 동료에 대한 책임감까지 더해져 심리적으로 부담이 배가됩니다. 내가 못 치면 동료에게 미안함도 들고 더 잘 쳐야 한다는 부담으로 인해 어깨에 힘이 들어가서 평소의 스트로크가 안 나오는 경우가 많습니다.

복식은 뱅크샷을 2점제로 하기 때문에 무리한 뱅크샷 시도를 많이 하는 경향이 있습니다. 특히 상대 팀이 많은 점수 차이로 앞서 나가는 상황에서는 조급함 때문에 더더욱 확률이 떨어지는 뱅크샷을 남발하게 됩니다. 평소 뱅크샷 성공률이 좋은 사람이 다소 유리한 측면이 있기도 하지만 쉬운 배치의 1점짜리도 포기하면서까지 뱅크샷에 집착하다 보면 게임을 그르치기 일쑤입니다.

복식은 단식과는 달리 어느 한쪽이 큰 점수 차로 이기는 경우보다는 박빙의 승부로 끝나는 경우가 대부분입니다. 두 팀 간 수지를 어느 정도 맞추어서 경기를 하기 때문에 당연한 결과이기도 할 것입니다. 더군다나 큰 점수 차로 앞서나가는 팀의 경우, 잔여 포인트는 동료가 알아서 처리

하겠지 하며 긴장을 풀게 되고, 지고 있는 팀은 각자 긴장의 끈을 바짝 조이고 서로 협의하기도 하면서 매 타 성공률을 높여서 점수 차이를 좁혀나가기 때문입니다.

이와 같은 복식전의 특성을 감안하면 상수 조합이 반드시 하수 조합을 상대로 승리를 거둔다는 보장이 없습니다. 상수 조합은 같은 팀 동료에 대한 믿음이 강하기 때문에 자신은 긴장이 많이 풀어진 상태에서 단식전 특유의 번갈아 치는 리듬감을 유지하지 못하며 1점보다는 무리한 2점짜리 뱅크샷이나 멋있는 샷에 대한 유혹에 빠지게 됩니다. 하수 조합을 상대로 하다 보니 당연히 이겨야 한다는 부담감 때문에 어깨가 굳어지는 현상도 발생할 가능성도 있고요.

어쨌든 개인전과 복식전이 지닌 각각의 특성을 감안하여 실력과 정신력을 연마해야만 진정한 고수가 될 수 있을 듯합니다.

* 키스가 나는 이유는 내가 운이 나빠서가 아니라 지난번 키스가 났던 포지션을 기억하지 못하기 때문이다.

테이블 위의 사자성어 #1

(2023. 3. 9.)

이슬비가 내립니다. "이슬비 내리는 이른 아침에 우산 셋이 나란히 걸어갑니다"라는 동요가 흥얼거려지는 날이네요.

당구를 치면서 일어나는 여러 가지 상황에 적합한 사자성어들을 연결해 봤습니다. 표준 한자어도 있지만 속어적인 표현도 있으니 감안하여 참고하시길 바랍니다.

'무단횡단'(無斷橫斷)

횡단이나 종단 샷을 치다 보면 3쿠션을 다 맞기 전에 1, 2쿠션 만에 목적구를 맞추는 경우가 있습니다. 이럴 경우에 무단횡단이라고 하면 어울리지 않나요? 횡단 샷을 칠 때에는 무단횡단하지 말고 꼭 3쿠션 이상 맞추길 바랍니다.

'문전박대'(門前薄待)

1 목적구를 맞추고 3쿠션을 성공한 뒤 2 목적구에 도달하기 직전에

2 목적구 바로 앞에서 키스로 인해 실패하는 경우에 해당합니다. 문전박
대당하지 않으려면 공을 살살 다루어야 할 듯합니다.

'금상첨화'(錦上添花)

후루크로 간신히 성공한 뒤 장타로 이어지는 경우가 이에 해당하지
않을까요? 상대의 기분을 감안하여 후루크 뒤에는 하이런을 자제하면
어떨까요?

'도로무공'(徒勞無功)

헛되이 애만 쓰고 아무런 보람이 없다는 한자어인데, 난구를 풀려고
타임아웃까지 쓰면서 노력했으나 성공하지는 못하고 상대에게 쉬운 배
치를 허용하는 경우가 이에 해당할 듯합니다. 난구는 풀려고 너무 애
쓰기보다는 방어를 고려해야 도로무공이 안 되겠지요?

'양수겸장'(兩手兼掌)

3쿠션 후 코너로 진입하면서 성공하기도 하고 코너를 돌아 나오면서
도 성공하는 일명 '양빵'의 경우가 이에 해당하겠지요.

양빵을 의도하면 이도 저도 안 될 수 있으니 하나를 선택하여 구사하
는 게 좋을 듯합니다.

'설상가상'(雪上加霜)

내 공이 깻잎 하나 차이로 목적구를 피해 가면서 공타가 이어지다가
마침내는 키스가 나서 긴 공타로 이어질 때 적합한 표현입니다. 이럴

때 짜증 내면 해법이 없으며 인내심을 길러야 하겠습니다.

'과유불급(過猶不及)'

당구는 세게 치다 보면 의도치 않게 성공하는 경우가 있다지만, 1 목적구를 지나치게 세게 때리다 보면 키스나 큐볼의 변형 등으로 인해 실패하는 경우가 많습니다. 적당한 스피드가 정답이겠지요.

'배은망덕(背恩忘德)'

당구에서는 상대에게 좋은 공 배치를 주게 되면 나에게는 쓰라린 패배만 돌아옵니다. 냉정한 승부의 세계에서만은 상대에게 은혜를 베풀 수는 없는 일인 듯합니다.

'사면초가(四面楚歌)'

큐볼이 목적구에 둘러싸여 코너에 박혀 있는 경우가 이에 해당하는 듯합니다. 고수들은 찍어치기 등을 통해 탈출하기도 하지만 하수들은 난감할 따름입니다.

'사통팔달(사통발달)'

좌우 옆돌리기와 좌우 뒤돌리기 등 선택할 수 있는 루트가 여러 가지 있는 경우 이렇게 표현할 수 있겠습니다. 실전에서는 길이 많아서 오히려 헤매는 경우도 허다합니다.

'속수무책(束手無策)'

큐볼과 두 개의 목적구 포함 세 개의 공 모두 테이블에 바짝 붙어 있어 마땅히 길이 보이지 않는 경우가 이에 해당합니다. 이때에는 무리하게 시도하지 말고 상대 공 배치를 고려한 전략적 선구가 필요할 듯합니다.

'도로무익'(徒勞無益)

헛되이 수고만 한 경우를 뜻하는 말인데, 강한 스트로크로 대회전을 구사했으나 실패하는 경우가 이에 해당하겠습니다. 대회전은 다쿠션을 통해 성공 확률이 높을 수도 있지만 반대로 키스 가능성 또한 높으니 신중히 구사할 필요가 있겠습니다.

'주화입마(走火入魔)'

지나친 수련으로 인해 기가 빠져서 오히려 실력 발휘를 못 하는 경우에 해당하는 말인데, 당구에서도 원리를 익히지 않고 마구잡이로 연습만 하다 보면 실력이 늘지 않는 경우에 적용할 수 있을 듯합니다.

'당랑거철(螳螂拒轍)'

자기의 실력은 헤아리지 않고 강자에게 함부로 덤벼드는 경우를 일컫는 말인데, 당구에서도 하수가 한 수 배운다는 자세로 상수와 경기를 하는 것이 아니라 이기겠다고 덤벼드는 경우에 해당하겠습니다.

* 의도적 수비는 상대의 날을 무디게 만들기도 한다.

테이블 위의 사자성어 #2

(2023. 3. 14.)

꽃샘추위와 봄샘추위를 구분하는 사람들도 있습니다. 본격적인 봄은 3월 중순부터라고 하는데 3월 초순경에 찾아오는 추위는 봄샘추위라고 하고, 봄이 시작된 3월 중순경에 찾아오는 추위는 꽃샘추위라고 합니다. 어제오늘의 추위는 꽃샘추위라고 할 수 있겠네요.

지난번에 이어 당구를 치면서 일어나는 상황을 사자성어와 연결해 보겠습니다.

'고군분투(孤軍奮鬪)'

Scotch Double 방식의 복식경기와는 달리 K-Double 방식의 복식경기는 두 명 중 한 명만 잘 쳐도 상대를 이길 수 있습니다. 식사 내기 복식경기를 할 때에는 본인이 잘 못 쳐도 당일 컨디션 좋은 파트너를 잘 골라 고군분투하게 만들면 충분히 승산이 있습니다.

'접촉사고(接觸事故)'

큐볼이 대회전을 잘 돌아 들어가는 길에 예상치 않는 다른 목적구와 키스가 나서 실패하는 상황이 많습니다. 말 그대로 접촉사고가 난 경우입니다. 접촉사고를 미연에 방지할 수 있으려면 에버리지 0.6(25점) 정도 이상은 되어야 가능할 듯합니다.

'운칠기삼(運七技三)'

에버리지 0.3점 미만을 치는 사람들은 실력보다는 운(Fluke)이 성패를 가르는 것 같습니다. 0.3~0.4점대는 운과 실력이 반반이고, 0.5점 이상을 치는 분들은 아무리 운이 좋아도 실력이 받쳐주지 않으면 게임을 이길 수 없는 것 같습니다.

'전화위복(轉禍爲福)'

뱅크샷 2점제 복식경기에서 1점짜리를 치기 위해 1 목적구를 얇게 맞추려 했으나 맞지 않고 그냥 지나쳐서 실수했나 생각했는데 이것이 돌아와서 완전 뱅크샷 형태로 성공하여 2점을 획득하는 경우에 해당합니다. 이 경우 상대 팀은 멘탈이 무너지면서 게임에서 질 가능성이 높습니다.

'이판사판(理判事判)'

마땅히 다른 길이 없어서 키스가 예상됨에도 불구하고 샷을 강행하는 경우에 해당하는데, 가끔 키스를 간발의 차이로 아슬아슬하게 피해서 성공하는 경우도 있습니다. 하지만 변칙적인 스트로크를 통해 키스를 피할 수 있는 고점자가 아니라면 키스가 예상되는 길은 피하는 것이 상책일 듯싶습니다.

'용두사미(龍頭蛇尾)'

처음에는 공타 없이 하이런도 치면서 기세 좋게 출발했다가 어느 순간부터 공타가 이어지면서 결과적으로 게임에서 패하는 경우에 해당하겠습니다. 반대로 후반에 잘 쳐서 게임을 이기는 경우는 '유종지미', '대기만성' 등이 아닐까요?

'역지사지(易地思之)'

당구 게임을 하다 보면 이기기도 하지만 지기도 많이 합니다. 성패보다는 상대의 태도나 행동으로 인해 화가 나는 경우가 많습니다. 상대를 배려할 줄 아는 당구 매너는 역지사지의 마음으로 행동할 때만 가능할 듯합니다.

'육식/초식동물(肉食/草食動物)'

고수들을 육식동물이라 하고 하수들을 초식동물이라고 속칭 부르는데, 육식동물인 고수가 하수들을 상대로 이기는 경우 육식동물이 풀을 뜯어 먹은 꼴이 되어 체력이 약해지는 경향이 있으며, 반대로 하수가 고수를 상대로 자주 게임을 하다 보면 초식동물이 고기를 많이 먹어 체력이 강해진다고 할 수 있을 듯합니다.

'동상이몽(同床異夢)'

게임을 시작하기 전 선구를 정하기 위해 뱅킹을 할 때 두 사람은 각자의 승리를 꿈꿉니다. 이에 비해 선구를 정하는 뱅킹 자체에는 그다지 신경을 쓰지 않는 것 같습니다. 20점 내외를 치는 분들이 선구를 잡아 3~4점을 먼저 획득하면 초반 기세에서 우위를 점하면서 승리할 가능성이 상당히 높습니다.

'백중지간(伯仲之間)'

비슷한 실력을 가진 두 사람이 시종일관 1~2점 차이로 엎치락뒤치락할 때를 이르는 말입니다. 평소 라이벌로 서로 인식되는 사람들끼리 승부를 가리다 보면 이런 백중지간의 승부가 펼쳐지는 경우가 많습니다.

* 당구는 가까이 있는 공이나 제각으로 돌리는 선구를 하는 것이 순리에 맞다.

당구와 물리학

(2023. 4. 5.)

메마른 대지를 흠뻑 적셔주는 봄비가 내립니다. 자전거나 골프와 같이 야외 활동이 예정된 분들에게는 반갑지 않겠지만 남부지방의 극심한 가뭄 해갈과 산불 잔불 정리와 예방에는 큰 도움이 되겠네요. 매사에는 양면이 있으니 한쪽 면만 보고 전체의 가치를 판단하면 안 되겠다는 생각을 해봅니다.

당구를 치다 보면 당구공의 움직임이 쿠션의 반발이나 테이블 천의 상태 그리고 당구공의 회전과 당점 등에 따라 다양한 변화를 일으킵니다. 2000년 동아사이언스에 게재된 당구 물리학의 내용을 기초로 하여 당구에 담겨 있는 물리학적인 요소들을 살펴보겠습니다.

우선 당구공은 경도가 높은 압축 플라스틱 재질로 만들어졌다고 합니다. 이 재질은 큐볼이 정지해 있는 목적구와 정면으로 충돌할 경우, 큐볼은 정지하는 대신 목적구는 충돌할 때와 같은 속도로 움직이도록 하는 특성이 있다고 합니다. 반발계수가 1에 가깝게 되면 완전탄성체라고 부른다고 합니다.

당구 테이블의 각 모서리에 있는 쿠션은 탄력 있는 고무 재질로 만들어져서 큐볼의 운동에너지를 담았다가 방향을 바꾼 후 그대로 되돌려주는 특성을 지닌다고 합니다. 무회전 중간 당점으로 공을 칠 경우 쿠션에 충돌한 당구공의 입사각과 반사각은 같게 되는 것이죠. 하지만 당구공에 회전이 가해지면 그 정도에 따라 반사각이 커지기도 합니다. 또한 쿠션의 단면이 삼각형으로 되어 있기 때문에 끌어치기 형태의 회전을 주면, 당구공이 쿠션과 바닥의 틈새에 끼게 되는 효과로 인해 마찰력이 더 크게 작용하여 반사각이 입사각보다 작아지게 됩니다.

당구 테이블에 깔려 있는 천은 당구공과의 마찰을 일으켜 당구공이 굴러가게 만드는 역할을 한다고 합니다. 이 천과의 마찰 효과는 당구공이 천천히 움직일 때 많이 나타나며 끌어치기나 밀어치기도 이러한 천의 마찰 효과 때문에 가능하다고 합니다. 만약 당구공에 왁스 칠이 많이 되어 있거나 당구 천이 새것이면 쿠션에서 마찰 효과가 작아져서 미끄러짐 현상이 발생하거나 당구공의 구름이 제대로 일어나지 않게 된다고 합니다.

큐의 끝에 있는 팁은 소가죽으로 만든다고 하는데, 이는 큐와 당구공 사이에서 완충작용을 하며 서로 미끄러지지 않도록 하는 역할을 합니다. 또한 이 효과를 높이기 위해 초크라는 분가루를 발라서 사용하면 마찰력이 커져서 당구공의 회전과 이동 방향 조절이 쉬워집니다.

큐볼과 목적구의 충돌 후 분리 각도는 항상 90도에 가깝다고 합니다. 예를 들어 큐볼이 목적구와 30도의 각도로 충돌하면 큐볼의 운동량 중 30도 방향의 성분을 목적구에 주고 큐볼은 처음 운동량 중 나머지 60도 방향의 운동량만을 가지고 움직이며 목적구는 30도의 각도로 전달받은 운동량을 갖고 움직이게 됩니다.

큐를 바닥과 평행하게 해서 큐볼과 충돌할 경우, 그 공은 미끄럼마찰력 때문에 어느 정도까지는 미끄러지면서 이동하다가 굴러가기 시작합니다. 큐의 당점이 공의 상단으로 향하면 초기 미끄러짐이 짧아지고 하단으로 향하면 더 많이 미끄러진 후 굴러가게 됩니다. 큐를 같은 힘으로 가격해서 더 많이 굴러가게 하려면 초기 미끄러짐이 적게 발생하도록 상단으로 큐를 가격하면 될 듯합니다.

아무 생각 없이 당구를 치기보다는 이상과 같은 당구의 물리적 특성을 조금이라도 알고 치면 더 재미있게 응용이 가능하리라 생각합니다.

* 개인 핸디가 15점까지는 가까운 목적구를, 20점까지는 빅볼을, 25점까지는 키스를, 30점까지는 후구 배치를 고려하라.

당구와 수학

(2023. 4. 11.)

도감청 전문가의 말에 의하면 노트북 타이핑이나 프린터 출력 시 발생하는 전자파를 감지하여 분석하면 그 내용을 파악할 수 있다고 합니다. 초강대국은 이런 정보력을 기반으로 강대국의 지위를 유지할 수 있다고 하니 우리도 여기에 대비해야겠네요.

대형 당구 테이블(대대)에서 3쿠션을 칠 때 여러 가지 시스템을 활용하면 많은 도움이 됩니다. 이는 테이블 위 당구공의 위치를 테이블 모서리에 표시된 포인트와 수로 나타낼 수 있는 기하학적인 특성 때문이라고 합니다.

이러한 시스템들은 여러 당구 고수가 각자가 연구하여 개발한 것들을 온라인상에 소개하면서 당구 애호가들 사이에서 많이 활용되고 있습니다. 하지만 이렇게 소개된 시스템들은 각자의 스트로크 스타일에 따라 크고 작은 오차가 발생하기 때문에 막상 실전에서는 제대로 작동하지 않는 경우가 많습니다. 시스템의 종류도 많아 게임 중에 활용할라치면 헷갈리는 경우도 많이 발생하는 것 같습니다.

시스템을 많이 배워서 적용하는 것도 좋지만 더 중요한 것은 소수의 시스템이라도 자신의 스트로크 습관에 맞도록 최적화하여 익혀두는 것이 아닐까요? 내가 지금까지 접해본 여러 시스템 가운데 가장 기본적이고 실전에 다양하게 응용 가능한 시스템은 '마이너스 시스템', '플러스 시스템' 그리고 '볼 시스템'이라고 생각합니다.

'마이너스 시스템'은 큐볼이 출발하는 지점의 포인트 수에서 첫 번째 쿠션의 포인트 수를 빼면 세 번째 쿠션에 도달하는 포인트 수가 되는 시스템입니다. '파이브 앤 하프'라고 불리는 시스템이 마이너스 시스템의 대표적인 예입니다. 대부분 장쿠션에서 출발해서 장-단-장의 형태로 경로를 만듭니다. 이 시스템은 기본적으로는 3뱅크샷 형태에 적용되지만 뒤돌려치기 등에도 응용이 가능합니다.

'플러스 시스템'은 마이너스 시스템과는 달리 큐볼이 출발하는 지점의 포인트 수와 첫 번째 쿠션의 포인트 수를 합하면 세 번째 쿠션에 도달하는 포인트 수가 되는 시스템입니다. 대부분 장쿠션에서 출발하여 단-장-장의 경로로 이동합니다. 이 시스템 역시 3뱅크샷 형태를 기본으로 하여 적용하지만 앞돌리기나 빗겨치기 등의 경우에도 유용하게 활용이 가능한 것 같습니다.

앞의 두 시스템이 주로 쿠션 포인트 위주로 산술 계산에 의해 만들어지는 시스템이라면 '볼 시스템'은 큐볼의 회전 당점과 목적구의 두께 조합을 기본으로 하여 주로 옆돌리기 상황에서 많이 활용됩니다. 큐볼과 1 목적구가 횡단에 나란히 있을 때 기본적으로 적용합니다. 하지만 큐볼과 1 목적구가 횡단에서 기울기를 가지며 배치되거나 1 목적구가 쿠션에서 떨어진 정도에 따라 적합한 보정치를 가감하여 응용되기도 합니다.

이 외에도 다양하게 불리는 시스템들이 존재합니다. 하지만 시스템에 너무 의존하여 게임 중에 시스템 수치 계산을 하다 보면 지연 플레이의 원인이 되기도 합니다. 다른 사람은 유용하게 활용하는 시스템이라도 자신이 시도해 보면 잘 맞지 않는 경우도 있고 테이블 상태나 스트로크 방식에 따라서도 많은 오차가 발생하기도 합니다. 어떤 사람은 아예 시스템을 활용할 생각을 안 하고 자신의 경험으로 만들어진 감각에만 의존해서 치기도 합니다. 이런 경우에는 자신의 컨디션에 따라 게임 성적의 편차가 많이 발생하기도 합니다. 시스템이든 감각이든 너무 한쪽에만 의존하지 않고 상호 보완하는 방식으로 활용하면 가장 안정적인 스코어를 만들어 낼 수 있을 거라 생각합니다.

* 상대의 샷에 "굿샷"을 외쳐준다고 상대가 항상 감사한 마음을 갖는 것은 아니다.

구두 방해의 심리학

(2023. 4. 13.)

동해안 산불은 매년 발생하고 음주로 제대로 걷지도 못하는 사람이 운전대를 잡아 꽃 같은 어린 목숨을 무도하게 앗아가는 일이 반복됩니다. 정치인과 정부는 이번에도 대책이랍시고 시늉만 하겠지요. 입산 허가증을 발부하고 산속 전봇대 근처에는 스프링클러를 설치하면 안 될까요? 음주 운전으로 사람을 다치게 하거나 인명 피해를 주면 살인(미수)죄로 다스리면 안 될까요?

요즘 3쿠션 대대 전용 구장에서는 과거 4구를 칠 때와는 달리 상대에게 말을 통해 방해하는 행위를 하지 않는 것이 매너라고 합니다. 하지만 부담 없는 친구나 지인끼리 칠 때에는 종종 상대의 샷에 대해 칭찬 내지는 견제하는 언급을 하기도 합니다. 이러한 구두 언급들은 어떤 형태로든 본인의 스트로크에 알게 모르게 영향을 미치곤 합니다.

"너무 쉬운 공을 줬네!"

내 순서에 기본 공에 가까운 쉬운 공이 배치될 경우 상대가 이런 말을 하면 나는 반드시 성공시켜야 하는 부담을 갖게 됩니다. 이런 부담을 가지는 순간 스트로크에 힘이 가해지거나 아니면 너무 조심스럽게 쳐서 힘이 빠지면서 실패하는 경우가 종종 발생합니다.

"너 요즘 많이 늘었구나"

그날따라 공 배치도 좋고 잘 맞으면서 초반 기세를 몰아갈 즈음에 상대가 이런 말을 하면 그때까지 부드럽게 나가던 샷에 변화가 생깁니다. 늘었다고 하니 스트로크도 조심하게 되고 쉬운 루트보다는 어려운 루트를 선택해서 뭔가 보여주려고 하는 심리가 작동하면서 무리수를 두게 됩니다.

"어제 무리했나, 오늘 샷이 별로네"

오늘따라 공 배치도 좋지 않고, 키스를 피하지 못해서 속으로 '오늘은 쉽지 않겠다'고 생각하는 중에 상대가 이런 말을 하면 내 샷은 더욱 주눅이 들기 마련입니다. 상대에게 나의 좋지 못한 컨디션이 들통나버린 기분이 들면서 이후의 공은 더욱 꼬이게 되는 것 같습니다.

"이제 내가 역전하면 되겠네"

내가 앞서 나가면서 몇 점 남겨두지 않은 상황에서 상대가 이런 말을 하면 무시하는 척하지만 내 마음은 급해지기 시작합니다. 이런 상황에서 상대가 하이런을 치면서 차이를 좁혀오기라도 하면 내 샷은 조급함 때문에 무너지기 시작합니다. 특히 마지막 한점을 남겨두고서 상대가 쫓아오는 상황에서 나의 공타가 이어지면 초조함이 극에 달하면서 역전당하는 경우가 자주 발생합니다.

"뒷공 잘 주네"

의도치 않게 상대에게 쉬운 공 배치를 주게 되었는데 상대가 이런 말을 하면 그때부터 후구 배치를 신경 쓰느라 선구와 샷이 자연스럽게 이루어지지 않고 어색해지면서 샷 성공률이 현저히 떨어지곤 합니다. 설상가상으로 후구 배치를 어렵게 하려고 친 공이 키스가 나거나 실패하면서 또다시 상대에게 좋은 공을 주게 되면 좌절에 가까운 심리로 인해 이후 샷이 계속 어려워지기도 합니다.

"굿샷!"

내가 난구를 풀었을 때 굿샷이라는 말을 듣게 되면 상대적으로 쉬운 공은 반드시 성공시켜야 하는 부담을 갖게 됩니다. 내 샷이 미처 마무리되기도 전에 상대가 굿샷을 외쳤는데 실패로 끝나면 나의 실망감은 더욱 배가되면서 이후에도 영향을 미치게 됩니다.

"왜 안 치냐?"

공 배치도 어렵고 그날따라 쉬운 공도 키스가 많이 나면서 초반 공타가 많이 발생해서 자신에게 실망하고 있던 차에 상대가 이런 말을 하면 자존심을 건드리게 됩니다.

가까운 사이끼리 당구를 칠 때에는 어느 정도의 구두 간섭은 허용되겠지만, 모르는 사람끼리 칠 때에는 철저하게 매너를 지켜 행동에 조심을 해야겠습니다. 구두 언급은 칭찬이든 비난이든 상대에게 영향을 준다는 점 항상 명심하면 좋겠습니다.

* 1 목적구가 적게 움직여야 키스 확률이 줄어든다.

당구에서 지각(Perception)의 오류

(2023. 8. 8.)

매년 그렇듯이 입추와 말복을 즈음하여 폭염이 절정을 이루다가 태풍이 올라오고 8.15 광복절이 지나면 끝날 것 같지 않던 더위도 한풀 꺾이고 맙니다. 이번에도 그걸 것 같습니다.

집에 편안하게 거주하고 좋은 음식 먹고 안전하게 차를 타고 이동하는 행위는 인간 삶의 가장 기본적인 욕구이자 질서에 해당합니다. 그런데 아파트 지을 때 철근을 빼돌리거나 음식물에 장난을 치는 사람 그리고 신호를 위반하고 차선을 임의로 변경하는 사람들이 있습니다. 이들은 인간 삶의 기초적인 질서와 믿음을 파괴하는 행위를 저지르는 것이기 때문에 지금보다 훨씬 엄하게 처벌하면 좋겠다는 생각을 이 아침에 해봅니다.

조직행동론 이론 가운데 지각의 오류라는 것이 있습니다. 자존적 편견(Self-Serving Bias), 선택적 지각(Selective Perception), 후광효과(Halo Effect), 대비효과(Contrast Effect), 유사효과(Similar-to-Me-Effect), 고정관념(Stereotyping), 관대화(Leniency), 가혹화(Strictness), 최근효과(Recency),

자성적 예언(Pigmalion Effect) 등입니다.

'자존적 편견'은 자신의 성공은 내적인 요소에 기인하고 실패는 외부 탓으로 돌리는 것입니다. 당구 게임에서 상대를 이기면 자신의 실력이 좋아서이고, 지면 뒷공이 나쁘게 배치되거나 상대가 운이 좋아서라고 생각하는 현상이지요.

'선택적 지각'은 자신에게 필요한 자극만 선택하여 관심을 기울이는 것을 말합니다. 상대가 내 샷의 잘못된 부분을 지적하면 귓등으로 듣다가도 내 샷을 칭찬하면 관심을 가지고 들어주는 현상과 유사한 듯합니다.

'후광효과'는 하나의 지엽적인 특성만을 고려하여 그 사람의 모든 측면을 긍정적으로 평가하는 오류를 말합니다. 그날따라 운이 좋거나 컨디션이 좋아서 샷이 부드럽게 나가고 좋은 성적을 거두면 바로 승점하라고 주위에서 권유하는 현상이 여기에 해당할 듯합니다.

'대비효과'는 대비되는 정보로 인하여 다음의 판단이 왜곡되는 것을 의미합니다. 이전 게임에서 상대가 너무 잘 치면 다음 게임의 상대는 웬만히 잘 치지 않고서는 잘 친다고 인식되기 어려운 현상이라고 할 수 있겠습니다.

'유사효과'는 자신과 비슷한 사람을 좋아하는 오류입니다. 당구를 치면서 실력 차이가 많이 나는 사람보다는 자신과 실력이 비슷한 상대에게 친근감을 느끼고 편안하게 칠 수 있는 현상도 이와 유사하지 않을까 생각합니다.

'고정관념'은 개인 간의 차이보다는 그 개인이 속한 집단의 속성으로 타인의 행동이나 성격을 규정하는 것을 의미합니다.

식사 내기, 팀 경기를 할 때 특정 개인이 내 편이면 잘 쳐줬으면 하는 기대 때문에 평소대로 쳐도 쉬이 만족하지 못하지만, 그 사람이 상대편이면 조금만 잘 쳐도 너무 잘하는 것처럼 보이는 현상에 비유할 수 있겠습니다.

'최근효과'는 가장 최근에 얻은 정보에 큰 비중을 두고 인식하는 경향을 의미합니다. 당구를 치다 보면 성적이 들쭉날쭉하기 일쑤입니다. 그런데 상대는 내가 지난번 게임에서 못 친 것보다는 최근에 잘 친 것만 기억하고 수지를 올리라고 하는 경우가 있습니다. 이것이 최근효과가 아닐까요?

'피그말리온효과'는 자신에게 기대를 갖는 타인의 기대에 부응하기 위해 노력하는 현상을 말합니다. 당구를 치다 보면 어쩌다 내가 어려운 공을 성공하거나 운이 좋게 들어가면 상대가 칭찬을 과하게 하는 경우가 있습니다. 이 경우 다음번에도 잘 쳐야겠다는 부담이 생기면서 샷이 경직되어 오히려 의도치 않은 실수가 발생하는 현상이 이 효과 때문이라고 생각합니다.

'관대화'는 상대를 너무 관대하고 좋게 평가하는 경우이며, '가혹화'는 상대를 너무 안 좋게 평가하는 오류입니다. 저점자는 어쩌다가 운 좋게 샷이 성공하면 소질이 있다는 둥 과하게 칭찬을 하는 경우가 관대화이며, 고점자는 웬만히 잘 치지 않으면 상대로부터 칭찬을 듣지 못하는 가혹화 현상을 경험합니다.

이러한 지각의 오류들은 좋다 나쁘다의 문제라기보다는 상황에 따라 동일한 현상도 다르게 인지하고 반응하는 경향이 있다는 것을 의미합니다. 우리가 당구를 치면서도 이러한 현상들은 나타나기 때문에 지각하는 오류의 정도가 과하지 않도록만 스스로 노력하면 어떨까 생각합니다.

* 게임에서 지면 성장의 여지가 있어서 좋고, 이기면 그 성장을 확인해서 좋다.

당구에 숨어든 속담 #1

(2024. 3. 5.)

다시 경칩입니다. 경칩이 지나면 북쪽 대동강물도 풀리면서 완연한 봄을 느끼게 된다고 합니다. 초목의 싹이 돋아나고 동면하던 벌레들도 땅속에서 나온다고도 합니다. 지구온난화 때문인지는 몰라도 이런 경칩 때의 현상은 진작 나타났던 것 같기도 합니다. 그래도 어김없이 다가오는 계절의 변화에 다시금 숙연해집니다.

우리의 일상이나 삶의 규칙을 축약적으로 표현하는 많은 속담이 있습니다. 이 속담들 가운데에는 시대나 가치관의 변화와 함께 그 의미가 퇴색된 것들도 있지만, 여전히 우리의 일상을 대변하는 것들이 더 많은 것 같습니다. 이 속담들은 우리네 삶의 축소판인 당구에서도 그대로 적용되는 것 같습니다.

"가는 날이 장날이다"

일상에서 예상치 못한 문제가 발생하거나 계획이 꼬이는 상황을 일컫는 말입니다. 당구장을 찾았는데 그날따라 나보다 고점자들이 많아서 대부분의 게임에서 패하는 경우가 여기에 해당하겠습니다.

"가는 말이 고와야 오는 말이 곱다"

상대방에게 예의나 친절을 베풀 때 그에 대한 보답으로 좋은 대우를 받을 것이라는 뜻입니다. 편한 상대와 당구 게임을 즐기다 보면 상대의 기분을 상하게 하는 구두 견제를 하는 경우가 있습니다. 상대는 이를 받아서 반드시 나의 기분을 상하게 하는 말로 되갚아 줍니다.

"가랑비에 옷 젖는 줄 모른다"

일상에서 가볍게 일어나는 작은 일이라도 주의를 기울이지 않으면 나중에 문제가 발생할 수 있다는 의미입니다. 우리 덕패 모임에서는 매 게임 승패에 따라 각자가 부담하는 게임비가 3천 원에서 1만 원까지인 경우가 대부분입니다. 하나하나의 게임만을 보면 큰 금액이 아닐 수 있지만 게임에서 자주 지거나 여러 게임을 치르다 보면 부담하는 게임비가 만만치 않게 됩니다.

"개구리 올챙이 적 생각 못 한다"

지난날 형편이 어려웠던 사람이 형편이 좋아지면서 어려웠던 때를 생각하지 못하고 잘난 듯이 행동할 때 사용하는 말입니다. 당구 입문 시절에 스트로크도 불안정하고 쳤다 하면 충돌만 발생시키던 초보자가 조금 익혔다고 상수로부터 배우려 하지도 않고 저점자에게 섣불리 가르쳐 주려고 하는 경우가 있습니다.

"계란으로 바위 치기"

도저히 불가능하고 이길 수 없는 게임을 비유적으로 표현하는 말입니다. 3쿠션 핸디 10점대를 놓고 치는 사람이 30점 이상의 핸디를 놓고 치는 사람과 경기를 할 때 해당한다고 할 수 있겠습니다. 하지만 아주 가끔은 10점대를 치는 저점자가 30점대를 치는 고점자를 이기는 경우도 당구에서는 발생합니다.

"고생 끝에 낙이 온다"

어려운 일을 겪고 난 뒤에 반드시 즐겁고 좋은 일이 온다는 뜻입니다. 당구에 입문해서 서툰 실력으로 상수들과 게임을 치르면서 게임비도 많이 내고 내기에서 져서 밥도 많이 사주게 됩니다. 하지만 그 과정에서 하나씩 배워가면서 어느 순간 자신도 고점자 대열에 이르게 되는 경우가 반드시 오게 됩니다.

"고양이 쥐 생각한다"

해칠 마음을 품고 있으면서 생각해 주는 척한다는 말입니다. 만만한 상대에게 1승 줄 테니 한 게임 하자고 합니다. 뒷공 잘 줄 테니 한 게임 하자고도 합니다. 하지만 그 사람의 마음에는 승리하겠다는 의욕만 가득하고 더 열심히 쳐서 결국에는 이깁니다.

"귀에 걸면 귀걸이, 코에 걸면 코걸이"

정해 놓은 원칙이 있는 것이 아니라 보는 관점에 따라 이렇게도 될 수 있고 저렇게도 될 수 있다는 뜻입니다. 3쿠션을 의도하고 쳤지만 약간 길어서 코너를 돌아 나오면서 5쿠션으로 성공하는 경우가 있습니다. 길게 4쿠션으로 치려고 하다 짧아져서 3쿠션 만에 성공하는 경우도 있습니다. 사전에 얘기하고 친 것이 아니기 때문에 성공한 것은 마찬가지입니다. 하지만 프로들의 경기나 매너를 지키는 사람이라면 이럴 경우에 상대에게 미안함을 표시하기도 합니다.

"꼬리가 길면 밟힌다"

다른 사람 모르게 나쁜 일을 속이고 한다 해도 여러 번 반복되면 결국에는 들킨다는 의미입니다. 공이 아슬아슬하게 빠졌는데도 가까이서 봤다는 이유로 맞았다고 우기는 경우가 있습니다. 쿠션과 공을 거의 동시에 맞추어서 실패했는데도 쿠션부터 맞았다고 우기는 경우도 있습니다. 이런 일이 자주 일어나면 그 사람과 같이 치려고 하지 않을 겁니다.

"될 성싶은 나무는 떡잎부터 알아본다"

자라서 크게 될 사람은 어릴 때부터 다르다는 말입니다. 당구 초보자라 하더라도 브릿지가 단단하고 부드러운 스트로크를 구사할 수 있는 사람이라면 다른 사람들에 비해 실력이 일취월장할 수 있다는 것에 비유할 수 있을 것 같습니다.

"닭 쫓던 개 지붕 쳐다보듯 한다"

애쓰던 일이 실패로 돌아가거나 남보다 뒤떨어져 어찌할 도리가 없을 때 사용하는 말입니다. 개인전이나 팀전에서 상대와 많은 점수 차이를 극복하고 동점까지 도달했으나 상대가 마지막 샷을 성공하면서 허무하게 패배할 경우에 비유할 수 있을 듯합니다.

"도토리 키 재기"

고만고만하여 견주어 볼 필요가 없는 경우를 일컫는 말입니다. 초보자들끼리 게임을 하면서 이렇게 쳐야 한다는 둥 저렇게 쳐야 한다는 둥 하면서 서로 옥신각신하는 상황에 적합한 표현이 아닐까 생각합니다.

"땅 짚고 헤엄치기"

매우 간단하고 쉬운 일을 가리키는 말입니다. 당구에서 아주 쉬운 기본 공 배치를 두고 이런 표현을 쓸 수 있을 겁니다. 하지만 이런 기본 공조차도 반드시 성공시켜야 하는 상황에서 긴장을 하다 보면 실패하기도 합니다. 땅을 짚더라도 물은 물이기 때문에 매사에 조심하고 신중해야 하겠습니다.

"똥 묻은 개가 겨 묻은 개를 나무란다"

자신에게 더 큰 결함이 있으면서 다른 사람의 작은 결점을 비난하는 경우에 사용하는 표현입니다. 자신은 큐미스를 해서 터무니없는 공을 치면서 상대가 충돌을 일으켜 실패할 때 이를 비난하는 경우에 비유할 수 있을 것 같습니다.

"뛰는 놈 위에 나는 놈 있다"

아무리 재주가 뛰어나도 그보다 더 뛰어난 사람이 있다는 말입니다. 같은 동호인 그룹이나 같은 당구클럽 안에서 가장 잘 치는 사람도 외부 시합에 나가면 예선에 탈락하는 경우가 많습니다. 그 안에서는 가장 잘 치는지는 모르겠지만 언제나 자신을 능가하는 사람이 있기에 늘 겸손해야 할 필요가 있겠습니다.

* 당구는 머리로 배운 정교한 시스템과 몸으로 익힌 경험치의 합산물이다.

빌리어드십(Billiardship)

(2024. 5. 8.)

어버이날이네요. 부모님께 안부 전화라도 한번 할 수 있음에 감사한 하루입니다.

동시대에 같은 학교를 다닌 사람들을 우리는 동기라고 합니다. 동기는 졸업 후 오랜 시간이 흘러서 다시 만나도 반갑습니다. 같은 반이었던 적이 없어도 그때 함께 그 학교에 다녔다는 이유만으로도 수십 년을 사귄 사람 못지않게 반갑고 금방 친숙함을 느끼게 됩니다. 몇 년의 차이를 두고 다닌 선후배의 경우도 동기만큼은 아니더라도 금방 친근감을 느낄 수 있습니다.

우리가 특별히 친한 감정을 느끼는 대상은 이뿐만 아닙니다.

서울과 같은 타향에서 고향이 같은 사람을 만날 때에도 이와 유사한 감정을 느끼게 됩니다. 특별히 그 사람에 대해 아는 것이 없어도 비슷한 말투와 사투리로 고향 얘기를 하다 보면 금방 많은 공감대가 형성되면서 친해집니다.

예전에 몸담았던 직장 동료나 선후배를 만날 때에도 마찬가지 현상이 발생합니다. 이 사람과 내가 아는 사람이 겹치기라도 하면 마치 오랜 친구를 만난 것처럼 반가워하기도 합니다. 그 사람과 그 직장에서 함께 직접 나눈 시간이 없어도 말입니다. 직장과 관련된 얘기를 하노라면 금방 많은 부분에서 서로 공감하면서 그때 그 직장 같은 부서에서 함께 근무한 사람처럼 친해지고 맙니다.

왜 그럴까요?

아마도 그때 그곳에서 비슷한 환경과 문화를 겪으면서 유사한 희로애락을 공유한 때문이 아닌가 생각합니다. 이러한 현상을 충분히 표현하는 단어가 마땅하지는 않은 것 같습니다. 동기 친구들 간에는 friendship(우정) 정도가 있는 것 같습니다.

같은 고향 사람들끼리 느끼는 감정은 homelandship(?)이라고 하면 맞을까요? 같은 직장을 다녔던 사람들끼리 느끼는 감정은 colleagueship(?)이라고 하면 될까요? 그냥 내가 임의로 작명해 보았습니다.

그렇다면 billiardship은 어떤가요?

나는 몇 해 전에 당구를 본격적으로 배우고 치기 시작하면서 당구를 즐기는 사람을 만나면 왠지 반갑습니다. 덕패 모임이 아닌 다른 모임에서 이런저런 취미나 스포츠 얘기하다가 당구를 즐긴다는 사람을 만나면 관심이 갑니다. 특히 드물게 3쿠션을 친다는 사람이 있으면 금방 그 사람과 말문을 트면서 당구에 대한 많은 얘기를 하면서 친근감을 느끼게 됩니다.

당구 테이블은 중대에서 치는지, 대대에서 치는지, 수지는 어느 정도인지, 어느 지역 어느 당구장에서 주로 치는지, 얼마나 자주 게임을 즐기는지, 개인 큐는 가지고 있는지, 동호인 모임은 있는지, 좋아하는 프로선수는 누구인지 등등 많은 이야기를 나누게 됩니다. 그러다가 기회가 되면 함께 게임을 해보자고도 합니다. 마치 장소와 시간은 다르지만 가상적으로는 오랫동안 당구를 함께 쳐온 사람처럼 느껴집니다.

처음 스트로크 자세를 잘못 배우니 나중에 교정하기가 쉽지가 않다는 이야기에 공감합니다. 키스를 피하기가 왜 그리 어려운지에 대해서도 같이 호응합니다. 어느 정도까지는 수지가 올라가더니 그다음부터는 1년에 1점 올리기가 만만하지 않다고 서로들 이야기합니다. 대대 전용 3쿠션 당구장에서는 예전 4구를 즐길 때와는 다른 당구장 분위기를 이야기합니다.

은퇴하고 나니 친구들 사귀면서 시간을 보내기 좋은 가성비 높은 취미생활이라는 점에 맞장구칩니다.

축구, 야구, 배구, 농구 등 많은 사람이 직접 즐기거나 관람하는 대중적인 스포츠의 경우에는 이 같은 동료의식이 덜할지도 모르겠습니다. 서울이 고향이라고 해서 특별한 동료의식을 느끼지 못하는 것처럼요. 당구와 탁구 등 그렇게 대중적이지 못해서 소수가 즐기는 스포츠의 경우에 이런 동료의식이 더 강한 것 같습니다.

당구, 특히 3쿠션 게임을 즐기는 사람끼리 공감하는 동료의식, 즉 billiardship은 분명 존재하는 것 같습니다.

- 시간이 남을 때 게임을 즐기는 것이 아니라 일부러 시간을 만들어서 즐긴다.
- 3쿠션 게임 매니아의 경우 하우스 큐가 아닌 개인 큐를 소지하고 다니는 사람이 많다.

- 상대가 있는 게임이지만 승패보다는 나의 성적(에버리지)에 더 큰 의미를 부여한다.
- 상대를 이기면 내가 공을 잘 받아서고, 지면 내가 실력이 부족해서 미안하다고 한다.
- 상대의 직업과 나이는 불문에 붙이고 당구로만 대화를 한다.
- 내 수준에서의 굿샷이 아니라 상대의 수준에서 굿샷을 응원한다.
- 모르는 사람과의 게임에서 내가 이기면 한 번 더 게임할 기회를 제안한다.
- 충돌(키스)이 발생하지 않는 게임이었다면 재미없어서 진작에 그만두었을 거라고 공감한다.
- 함께 게임을 즐기면서 서로를 닮아간다.

* friendship과 billiardship은 상승작용 관계다.

당구에 숨어든 속담 #2

(2024. 6. 24.)

낯의 길이가 가장 긴 하지가 지난주에 지나고 이제부터는 밤의 길이가 점점 길어지겠지요. 장마가 시작되어서인지 본격적으로 습한 더위가 시작된 것 같습니다. 추운 겨울이 되어서야 뜨거운 여름을 그리워하지 말고 지금 바로 여름을 즐깁시다.

이번 주말 덕패 상반기 결산대회 겸 회갑 축하연이 있다니 기대 만땅입니다.

당구에도 속담이 적용되는 상황이 많습니다.

"말 한마디에 천 냥 빛도 갚는다"

말만 잘해도 어려운 일을 해결할 수 있다는 의미로 쓰이는 말입니다. 상대가 게임을 잘했지만 내가 더 잘해서 이길 경우 "내가 운이 좋았다"라든가 "하마터면 내가 질 뻔했다"는 등과 같은 말 한마디를 해주면 상대의 실망감을 위로해 주고 다음에도 기쁜 마음으로 같이 게임을 다시 즐길 수 있을 것입니다.

"말이 씨가 된다"

뭣 모르고 말한 것이 실제로 일어날 수 있다는 의미로 사용되는 표현입니다. 팀전을 펼치다가 우리 팀이 앞선 상황에서 "상대가 하이런을 몰아치면 우리가 질 수도 있다"는 말을 했다가 실제로 역전당하는 경우가 많습니다. 특히 팀전에서는 아무리 앞선 상황이라고 하더라도 변수가 많기 때문에 불길한 말은 삼가고 끝까지 최선을 다해야 하겠습니다.

"무쇠도 갈면 바늘이 된다"

꾸준히 노력한다면 아무리 어려운 일도 이룰 수 있다는 말입니다. 운동신경이 떨어지고 샷이 불안정하더라도 꾸준히 당구장에 나와서 배우면서 실전을 거듭하다 보면 실력이 좋아질 수 있다는 의미로 사용할 수 있을 것 같습니다.

"미꾸라지 한 마리가 온 웅덩이를 흐린다"

한 사람의 못된 행동으로 인해 여러 사람들에게 나쁜 영향을 미친다는 뜻입니다. 예선 4구 당구와는 달리 3쿠션 경기는 조용한 분위기에서 즐기는 경향이 있습니다. 어떤 당구장에서는 음주할 경우 아예 당구장 출입을 허용하지 않는 경우도 있습니다. 조용한 당구장에서 한두 사람이 큰 소리로 떠들면 전체적인 분위기가 어수선해지면서 테이블마다 집중이 안 되는 경우에 비유될 수 있을 듯합니다.

"믿는 도끼에 발등 찍힌다"

잘될 것이라고 생각했던 일이 실패하거나 믿었던 사람이 배신할 경우에 사용하는 말입니다. 당구에서 팀전을 하기 위해 평소 잘 치는 사람을 골라 파트너로 삼았는데 영 엉망으로 쳐서 완패 당하는 경우에 사용할 수 있을 것 같습니다.

"우물 안 개구리"

전체를 보지 못하고 매우 좁은 견해를 지닌 사람을 일컫는 말입니다. 동호회나 당구클럽 안에서 상수에 해당한다고 해서, 마치 모든 해법을 지니고 있는 마냥 거들먹대는 경우에 해당하겠습니다. 항상 자신이 부족하다는 점을 인정하고 외부 고수들과도 게임을 하고 TV 등을 통해서 프로선수들의 경기를 자주 보면서 자신의 시야를 넓힐 필요가 있겠습니다.

"배보다 배꼽이 더 크다"

당연히 작아야 할 것이 큰 경우를 비유하는 말입니다. 보통 당구 큐대가 당구 가방에 비해 가격이 비싼 편입니다. 하지만 어떤 사람은 당구 큐대는 저렴한 것으로 장만하면서 당구 가방은 고급진 비싼 가방을 사용하는 경우가 있습니다.

"빈 수레가 더 요란하다"

잘 알지도 못하는 사람이 아는 체하고 더 떠들어 댄다는 말입니다. 동호인들 사이에서는 유튜브 당구 영상을 통해서 배운 것을 다른 사람들에게 알려준다고 한 수 지도하는 경우가 많습니다. 새로운 시스템을 배웠다고 하수를 불러 레슨하는 경우도 있습니다. 진정한 고수는 팁을 가르치는 것이 아니라 기본을 가르치는 것이 아닐까 생각합니다.

"사공이 많으면 배가 산으로 간다"

지시하고 간섭하는 사람이 많으면 일이 제대로 되기 어렵다는 의미로 쓰입니다. 팀전을 할 때 샷마다 동료에게 간섭이나 조언을 해주는 경우 그 동료는 자신의 페이스를 잃어버리고 평소 실력을 발휘하지 못하는 경우가 많습니다. 명백히 잘못된 선구를 하거나 난구를 풀지 못하여 도움을 요청할 경우에만 조언을 해주면 팀워크도 살리고 각자의 페이스도 유지할 수 있지 않을까 합니다.

"세 살 버릇 여든까지 간다"

어릴 때 몸에 밴 버릇은 늙어 죽을 때까지 고치기 힘들다는 의미입니다. 처음 당구에 입문할 때 바른 자세와 단단한 브릿지 그리고 삐뚤어지지 않고 똑바로 내뻗는 스트로크 습관을 들이지 않으면 나중에 고치려해도 쉽게 고치기가 어렵습니다.

"열 번 찍어 아니 넘어가는 나무 없다"

여러 번 계속해서 애쓰면 어떤 일이라도 이룰 수 있다는 말입니다. 상수와 하수의 게임에서는 핸디를 적용해서 하더라도 대부분 상수가 이기는 경우가 많습니다. 하지만 열 번 경기하면 그중 한두 번은 상수가 컨디션이 좋지 않거나 하수가 신들린 듯이 치는 경우가 있기 때문에 열에 한두 번은 이길 수 있는 경우가 있습니다.

"원숭이도 나무에서 떨어진다"

아무리 능숙한 사람이라도 실수할 때가 있다는 말입니다. 3쿠션 30 점 이상의 핸디를 갖고 치는 사람도 아주 쉬운 기본 배치의 공을 놓치는 경우가 있습니다. 큐미스를 하거나 가까이에 있는 1 목적구를 못 맞추는 경우도 있습니다. 중요한 경기에서는 아무리 고점자라 하더라도 실수하지 않기 위해 집중할 수밖에 없는 이유이기도 합니다.

"자라 보고 놀란 가슴 솥뚜껑 보고 놀란다"

어떤 사물에 몹시 놀란 사람은 비슷한 사물만 봐도 겁을 낸다는 의미의 말입니다. 상대가 충돌을 일으켜 운 좋게 성공하는 경우를 두세 번 보여주면 상대가 큐미스를 하더라도 안심하지 못하고 뱅크샷으로 들어가지 않을까 놀라는 경우에 이런 표현을 적용할 수 있을 것 같습니다.

"좋은 약은 입에 쓰다"

예전부터 진하게 달여서 만든 약이 좋은 약이며 이렇게 만든 약은 당연히 입에 쓸 수밖에 없다는 말입니다. 당구에서 져서 게임비를 많이 부담하기 싫어서 자신보다 실력이 못한 상대와 게임을 하면 실력이 많이 늘지 않습니다. 비록 게임에 져서 게임비를 많이 부담하는 출혈(?)이 있더라도 자신보다 고수와 경기를 자주 해야 많이 배우고 실력이 늘어날 수 있습니다.

* 엎드렸다가 다시 일어나는 건 비매너가 아니라 신중함이다.

따로 또 같이

(2024. 9. 30.)

9월의 마지막 날입니다. 축복받은 계절 가을이기도 하고요. 여기에 더해 이번 주는 징검다리 휴일이 이어집니다. 그래서 친구들을 최대 네 번 볼 수 있고 함께 당구를 즐길 수 있어 행복합니다. 남들은 1년에 한두 번 볼까 말까 하는 친구들과의 만남을 이번 주에는 네 번이나 보면서 좋아하는 당구를 칠 수 있다는 사실에 새삼 놀랍습니다.

우리 덕패회 회원들은 당구를 좋아한다는 공통점이 있습니다. 물론 대구 지역에서 함께 고교 시절을 보내기도 했지요. 이것들을 제외하면 회원 개개인들은 서로 다른 환경에서 살아왔기 때문에 살아가는 방식이나 가치관 등에서 다른 점들이 훨씬 더 많을 것입니다. 고교 졸업 이후 다닌 학교도 다르고, 사회에 진출하면서 들어간 직장도 달라서 각자 다른 조직문화를 경험했을 것입니다. 사회에서 만난 사람들도 각자의 이해관계에 따라 서로 다른 부류들이었을 것입니다. 극히 일부 멤버들은 고교 졸업 이후에도 가끔 교류를 통해 서로를 이해할 수 있는 시간을 가졌을지도 모르겠습니다.

하지만 대부분의 회원들은 졸업 후 몇십 년 만에 처음 만나거나 중간에 만났다고 하더라도 우연한 기회에 스치듯이 만난 정도에 불과할 것입니다. 매일 얼굴 보면서 사는 가족 구성원들끼리도 지향하는 정치 성향이 다르며 종교도 같지가 않습니다. 다만 함께 지내다 보니 서로 다른 점들을 알고 이해해 주려고 노력하는 점이 다르다고 할 수는 있겠지요.

서로 다른 환경에서 살아온 회원들이기에 같은 점보다는 여러모로 다른 점들이 많을 거라는 것은 어쩌면 당연하다고 할 수 있겠습니다. 당구를 매개로 해서 함께하는 시간이 많다고는 하지만 당구 스타일이나 당구를 치는 과정에서 간간이 드러나는 성격 정도는 알 수 있을 것입니다. 동호인 모임이다 보니 조직 구성원으로서의 각자의 스타일도 조금씩 나타나면서 조직의 일원으로서의 모습들을 이해할 수 있게 되기도 합니다.

매번 당구를 함께 치면서 즐거운 시간을 가지다 보면 당구가 아닌 다른 것에 관해서도 많은 공통점이 있을 거라고 착각하기도 합니다. 그러다 당구가 아닌 다른 주제에 대해 이야기를 나누다가 내가 기대한 것과 다른 상대의 모습을 발견하고는 당황하기도 합니다. 인생 2막에 대한 자세, 의료 개혁에 관한 생각, 통일에 대한 인식, 자식 결혼과 출산에 대한 생각, 반려동물에 대한 인식, 종교가 갖는 의미, 취미생활의 장단점 등등입니다.

이런 민감한 주제들이 예전 같으면 비록 생각이 다르다 하더라도 토론이나 논쟁을 통해서 상대를 설득시키기도 하고 내 생각을 바꾸기도 했습니다. 하지만 지금은 흐르는 세월과 함께 각자 나름의 가치관이 확고하게 형성되어 있습니다. 상대의 이야기를 듣고 내 생각을 바꾸기가 그리 쉽지 않습니다. 웬만한 근거를 들이대지 않으면 내 생각과 고집을 꺾지 않습니다. 그래서 민감한 주제들이 이야깃거리로 올라오면 목소리가 커질 수밖에 없습니다.

당구 치기 편한 상대라고 해서 돈거래를 하거나 사업을 같이하는 등 당구 이외의 분야에서 함께하려다 보면 서로 오해를 하거나 관계가 틀어지는 부작용이 생기기도 합니다. 당구는 최소한의 공통점이라 다른 대부분의 영역에서는 각자 생각이나 행동이 다를 수밖에 없습니다. 당구를 좋아한다는 이유로 다른 영역에서도 서로 호흡이 잘 맞고 기대한 대로 상대가 행동하리라 기대하는 것은 착각인 것 같습니다.

당구에 관해서는 더 좋은 스트로크 방법이나 난구 해법, 키스 피하기 등의 주제에 대해 주장도 하고 상대를 설득시키는 노력도 할 수 있다고 생각합니다. 당구라는 영역에서는 서로를 너무나 잘 알고 실증적으로 검증이 가능하기 때문에 주장을 하더라도 설득하거나 설득되기도 합니다. 하지만 당구 외의 영역에서는 자신의 주장을 하더라도 상대의 다른 주장을 억지로 설득하려고 하거나 내 입장을 주입하려고 해서는 안 될 거라고 생각합니다.

당구 외의 영역에서는 비록 같은 고교를 졸업했다고는 하지만 서로를 잘 알지 못합니다. 그래서 정치, 종교, 결혼, 통일, 반려동물, 의료 개혁 등 당구 외의 주제에 대해서는 각자의 생각을 존중해줘야지 서로 다른 생각을 설득하려고 하는 건 바람직하지 않아 보입니다. 이로 인해 그나마 함께하는 당구의 지속성에 부정적인 영향을 줄 수도 있을 것입니다.

우리는 서로 다른 환경에서 많이 다른 사고방식과 행동양식을 배우고 익혀왔습니다. 그러다 당구라는 최소공배수를 만나 잦은 교류를 하고 있습니다. 이러한 관계가 훼손되지 않고 지속성을 가지려면 당구 외의 영역에서 서로를 존중하고 이해해 주는 노력이 필요하겠습니다. 그러다 보면 당구가 아닌 영역에서도 조심스럽게 서로에게 다가가면서 거리를 좁혀갈 수도 있을 것 같습니다.

* 시합 우승자는 대단한 실력 차이보다는 약간의 신중함의 차이에서 나온다.

선구의 원칙

(2024. 11. 26.)

예년보다 가을이 늦어져서 그런지 10월 마지막 주 같은 11월 마지막 주입니다. 오늘 내리는 비는 가을비, 내일 내릴 비는 겨울비 혹은 첫눈이 될 것 같습니다.

가을 잎 찬바람에 흩어져 날리면
캠퍼스 잔디 위엔 또다시 황금물결
잊을 수 없는 얼굴 얼굴 얼굴 얼굴들
루루루루 꽃이 지네
루루루루 가을이 가네
머물 수 없는 시절 우리의 시절
루루루루 세월이 가네
루루루루 젊음도 가네
_ 김정호, 〈날이 갈수록〉(1975)

당구를 치다 보면 사람마다 자신의 순서에 샷을 위해 준비하고 셋업 들어가는 방식이 다양합니다. 공이 멈추자마자 바로 샷 자세를 취하고 별 고민 없이 샷을 하는 사람이 있습니다. 어떤 사람은 기본 공임에도 불구하고 테이블 반대편까지 가서 공의 위치를 확인하고 예비 스트로크도 충분히 한 다음에 샷을 하는 사람도 있습니다. 배울 때부터 들인 습관 때문에 별생각 없이 버릇대로 치는 경향이 있습니다. 각자 장단점이 있는 것 같습니다.

나도 배우는 입장이고 아직 고수의 반열에 들려면 한참 멀었지만 TV에서 중계하는 당구 프로그램에서 해설자들이 언급하는 내용이 많은 도움이 됩니다. 이 해설자들은 대부분 당구 상급자들이거나 아니면 오랜 당구 경력을 지닌 분들이라서 당구를 잘 치는 데 도움이 되는 팁들을 많이 말해줍니다. 이분들이 언급한 팁들 가운데 선구와 관련된 것들을 몇 가지로 정리해 보았습니다.

먼저, 1점짜리 길이 보일 때에는 2점짜리 뱅크샷을 자제하라는 겁니다. 뱅크샷을 2점으로 쳐주는 PBA 룰과는 달리 아마추어 동호인들은 뱅크샷도 1점으로 처리합니다. 하지만 개인전이 아닌 팀전을 할 때에는 뱅크샷을 2점으로 인정해 주고 있습니다. 그러다 보니 한방에 2점을 얻기 위해 무리한 뱅크샷을 시도하는 경우가 많이 있습니다. 뱅크샷은 내 공이 목적구를 치기 전에 테이블 쿠션을 한 번 이상 먼저 맞추고 들어가다 보니 쿠션의 상태 등에 따라 많은 변수가 작용해서 성공 가능성이 떨어집니다. 뱅크샷이 1점짜리 공보다 동등 이상의 성공 확률이 있을 경우에만 선택해야 하겠습니다.

둘째, 빅볼이 2 목적구가 되도록 선구하는 것이 좋겠습니다. 목적구가 코너 근처에 있거나 테이블에 공 한두 개 차이로 붙어 있으면 맞추기가 좋습니다. 이 경우에는 내 공이 정확하지 않고 오차를 두고 진입하더라도 목적구를 맞출 수가 있습니다. 마치 당구공보다 2~3배 큰 공을 맞추는 것과 같이 쉽기 때문입니다. 다른 조건이 동일하다면 2개의 목적구 가운데 빅볼 위치에 있는 공을 2 목적구로 선택하는 것이 현명해 보입니다.

셋째, 치기 어렵게 배치된 난구이면 무리하게 시도하지 말고 safety play를 하라는 겁니다. 제일 억울하고 당혹스러운 상황이 난구를 풀려다 실패하고 상대에게 쉬운 공을 주는 경우입니다. 마음 같아서는 난구라도 시도해서 성공시키고 싶겠지만 그래서는 이기기 어렵습니다. 시도는 하되 내가 실패하더라도 상대의 뒷공이 어렵게 배치되도록 선구를 하는 것이 좋겠습니다. 물론 스코어에서 여유 있게 앞서는 경우에는 뒷공 신경 쓰지 않고 난구 풀이를 위해 새로운 시도를 해보는 것도 좋을 듯합니다.

넷째, 공의 배치 상황은 테이블에서 한 발 물러나서 살피는 것이 좋겠습니다. 같은 공 배치라고 하더라도 보는 위치에 따라서 공 배치에서 조금씩의 차이를 보입니다. 테이블에서 한두 발짝 뒤에서 살피고 2 목적구가 있는 곳에서도 살피는 등 내 공이 있는 곳에서 한발 물러나 여러 각도에서 보면 깻잎 차이로 빠지는 실패를 줄일 수 있을 것입니다.

다섯째, 다른 조건들이 동일하다면 가까운 공을 1 목적구로 선택하라는 것입니다. 내 공이 목적구와 멀어질수록 1 목적구를 정확하게 맞출 가능성이 떨어집니다. 물론 내 공 가까이에 있는 목적구가 빅볼 위치에 있다면 멀리 있는 공을 1 목적구로 선택해야겠지만요. 어차피 정확하게 맞추기가 쉽지 않다면 성공 확률이 높은 걸 선택하는 것이 당구 게임인 것 같습니다.

여섯째, 2개 목적구의 좌우를 모두 살핀 후 최적의 선구를 하는 것이 좋겠습니다. 고수들의 경우에는 수많은 경험들이 축적되어 있어서 성공 확률이 높은 공을 바로 선구할 수 있습니다. 하지만 하수들의 경우에는 뒤돌리기나 옆돌리기 등 본인이 자주 치는 방식을 우선적으로 선택하는 경향이 있습니다. 실패하고 나면 더 쉬운 길이 있다는 걸 상대의 지적을 통해 알게 되기도 합니다. 그래서 선택하기 전에 2개 목적구의 좌우에서 시작하는 길을 모두 살펴봐야만 더 좋은 공을 선택할 기회를 놓치지 않게 될 것입니다.

일곱 번째, 키스 가능성이 낮은 공을 선택하라는 것입니다. 공 간의 키스는 다양한 유형이 있습니다. 최정상급 프로선수들도 한 게임에서 1~2개의 키스를 발생시킵니다. 키스를 전혀 안 내고 치기는 현실적으로 불가능한 것 같습니다. 하지만 예측 가능한 키스 정도는 피할 수 있다면 좋지 않을까요? 하수일수록 내 공과 1 목적구 간의 키스를 많이 발생시킨다고 합니다. 내 공과 1 목적구가 코너를 향해 나란히 배치되어 있는 경우 등 키스 날 가능성이 높은 위치에 있는 공은 1 목적구 선택하지 않는 것이 좋겠습니다. 어쩔 수 없이 선택하게 된다면 편하게 치지 말고 키스를 피할 수 있는 변형된 스트로크를 구사해야겠습니다.

1 목적구 선구만 잘해도 '맞아 있다'는 말을 듣는 경우가 있습니다. "시작이 반"이라는 말도 있습니다. 그만큼 어느 공을 1 목적구로 선택하느냐에 따라 그 공의 성패 여부는 절반 이상이 결정되는 것 같습니다. 이닝마다 이러한 신중한 선택을 하라고 40초의 시간을 부여해 주고 있

습니다. TV에서 프로선수들의 경기를 보다 보면 내가 보기에는 아주 쉬운 공 배치인데도 주어진 시간을 거의 다 쓰면서까지 고민하다가 샷 하는 경우를 자주 보게 됩니다. 하물며 아마추어 동호인에 불과한 나 같은 사람들이 10초 이내에 샷을 한다는 것은 차라리 무모하다고 할 수밖에 없을 것 같습니다.

* 2~3점 연타를 치고 나면 반드시 한 템포 쉬면서 마음을 가다듬는 것이 좋다.

에필로그

내가 퇴직할 무렵에 친구가 당구 함께 치자고 권유했습니다. 학창 시절과 사회 초년생 시절에만 치고 이후에는 거의 치지 않았던 당구를 이제 와서 치려 하니 마음이 내키지 않아 몇 번 거절했습니다. 그러다 우연한 기회에 그 친구와 함께 당구장을 찾았습니다. 예전에 중형 테이블에서 치던 4구 당구가 아니라 대형 테이블에서 치는 3쿠션이었습니다.

처음에는 어색하고 의도한 대로 공이 굴러가지 않아서 당황하기는 했지만 나름 재미있었습니다. 시끌벅적했던 일반 4구 당구장과는 치는 사람들과 당구장 분위기 자체부터 달랐습니다. 그 이후 모임에 가입해서 본격적으로 치기 시작했습니다. 거금(?)을 들여 개인큐도 장만하고, 프로 선수에게 레슨도 받았습니다.

이 나이에 무슨 당구냐고 뿌리쳤던 그 당구가 퇴직을 전후한 그 시기에 가장 적절하게 나에게 찾아왔던 것입니다.

이전까지만 해도 나에게 당구는 시간 때우기 그 이상도 이하도 아니었습니다. 그저 동네에서 노는(?) 사람들의 놀이터 정도로만 알고 있었습니다. 그랬던 당구가 소원했던 학교 친구들과의 우정을 다시 찾아주었고, 퇴직을 전후한 친구들의 소중한 여가시간이 되었으며, 그 안에서 보다 성숙한 삶의 지혜도 깨닫게 해주었습니다.

통상 당구는 무료할 때 시간 때우기, 회식 후 술 깨기 위한 시간 확보, 친구들과 마땅한 소일거리가 없을 때의 대안, 당구 자체가 재미있어서 즐기거나 실력을 향상시키려고 노력하는 등 그 목적과 의도가 다양합니다.

우리 당구 모임인 "덕패회"에서는 이 모든 것이 가능합니다. 그래서 나는 당구를 좀 더 재미있게 즐기려면 이런저런 당구 동호인 모임에 가입해서 활동하기를 권하고 싶습니다.

퇴직하고 나서 별도의 생업에 종사하지 않으면 일상이 전반적으로 무료해질 가능성이 높습니다. 하지만 나는 다가올 주말이 기다려집니다. 친구들을 보고 싶고 당구를 치고 싶습니다. 지난주에 나에게 패배를 안겨주었던 친구를 이번 주에는 이길 수 있을 것 같습니다. 금년 안에 나의 핸디 수지를 올리기 위해 하나라도 더 배우고 싶습니다.

이렇게 친구들과 좋아하는 당구를 치면서 같이 건강하게 늙어가고 싶습니다. 아내도 당구에 입문시켜 아내와 설거지 내기를 하고 싶습니다.

이 글을 읽는 많은 분이 당구로 인해 좀 더 행복해질 수 있기를 기원합니다.

2025년 4월
정화

빌로더(Bill-Roader)의 당구 에세이
구르는 공에 세월을 얹다

2025년 4월 30일 처음 펴냄

지은이   정화
펴낸이   김영호
펴낸곳   도서출판 아이워크북
등 록   제313-2004-000186
주 소   서울시 마포구 월드컵로 163-3
전화/팩스   02-335-2630 / 02-335-2640
이메일   ymedia@naver.com
인스타그램   instagram.com/dongyeon_press

ISBN 978-89-91581-40-1 03040